남자는
왜 바람을
피울까?

남자는 왜 바람을 피울까?

지은이 M. 게리 뉴먼
옮긴이 최용숙
펴낸이 조유현
편 집 이부섭
디자인 이수경
펴낸곳 늘봄

등록번호 제1-2070 1996년 8월 8일
주소 서울시 종로구 충신동 189-11
전화 02)743-7784
팩스 02)743-7078

초판발행 2011년 5월 5일

ISBN 978-89-6555-009-9 03330

※ 값은 표지에 있습니다.

내 남자의 바람을 알아내는 법!

남자는 왜 바람을 피울까?

M.GARY NEUMAN

게리 뉴먼 지음 최용숙 옮김

상처받은 모든 아내를 위한 행동지침서

늘봄

C O N T E N T S

1부
외도의 원인과 대처법

2부
행복한 결혼 만들기

1부

외도의 원인과 대처법

결혼의 청신호

이유 있는 남자의 외도

경종, 신호 그리고 거짓말

남자의 마음 그리고 감성 연결

섹스의 힘

1

결혼의 청신호

이 책은 파경 없는 결혼 생활을 바라는 모든 아내를 위한 행동 지침서다. 외도하는 남편과 아내에게 충실한 남편에 대해 연구해본 결과, 남자들은 감정을 표현하는 것이 서툴다. 남자의 관점을 통해 뜻있고 충실한 결혼 생활을 하기 위한 방법을 배워보자.

나는 지난 20년간 결혼 상담을 하며 수많은 부부의 결혼 생활을 지켜보았다. 그중에서 어떤 특별한 경험이 나를 자극했고, 이 책을 쓰게 했다. '오프라 윈프리 쇼'에 상담가로 출연하던 중 외도한 남편에게 버림받은 여인을 도왔던 적이 있다. 그 여인의 남편은 소방관이었는데 사망한 동료의 아내를 돌봐주다 그녀와 외도를 하고 말았다. 이 사례를 통해 깨달은 점은 외도는 아주 예상 밖의 상황에서 일어날 수 있다는 것이다.

외도에 대한 연구 결과

과연 외도하는 남편들의 수는 어느 정도나 될까? 혹시 내 남편도 외도를 하고 있을까? 혹은 외도하기 일보직전일까? 연구에 따르면 22퍼센트에서 70퍼센트의 남편이 외도를 한다고 하는데 그 폭이 상당히 넓다. 약 50퍼센트의 남편이 외도를 한 경험이 있다는 것이 현재 많은 관계자들이 수긍하는 통계 수치다. 인피델러티어드바이스닷컴infidelity-advice.com의 창립자인 루스 허스턴Ruth Houston은 미국 남성의 최소 3천8백만 명, 최대 5천3백만 명이 아내 외에 다른 여자와 관계를 가졌다고 주장한다. 즉, 세 부부 중 한 쌍은 외도 문제로 타격을 받는 셈이다. 반응은 두 가지다. '혹시 우리 부부가 그 셋 중 한 쌍?' 아니면 '당연히 아니지(고개를 흔들며), 그런 일은 상상조차 할 수 없어.'

아내들은 남편의 정절에 대해 얼마나 자신을 가질 수 있는 걸까? 내가 조사한 바에 따르면 외도를 한 남편의 69퍼센트가 전에는 그 가능성을 염두에 두지 않았으며, 나머지는 오리발을 내밀었거나 교묘히 화제를 피했다.

아내에게 바람을 피웠다고 고백하는 남편이 과연 있을까? 가능성은 제로에 가깝다. 외도하는 남자는 좀처럼 외도한 사실을 인정하지 않는다. 자신의 외도를 인정한 남자는 고작 7퍼센트에 불과하다. 안타깝게도 아내의 질문 공세에 대부분의 남편은 항복하지 않는다. 놀라운 것은 68퍼센트의 남편들이 아내가 확실한 증거를 제시하기 전까지는 결코 자신의 외도를 인정하지 않는다는 점이다.

인터넷이 외도를 부추겼을까? 1953년, 앨프리드 킨제이Alfred Kinsey의 발표에 따르면 당시 기혼 남성들 중 과반수는 마흔 살이 되기 전에 적어도 한 번은 외도를 경험했다. 인터넷이 외도할 상대를 찾거나 이를 숨기는 것을 아주 쉽게 했음은 명백하다. 남자들은 더 이상 잠자리를 함께하기 위해 미혼인 척하거나 이혼 수속 중인 양 연기할 필요가 없어졌다.

온라인 데이트 사이트인 프라이빗 어페어즈는 결혼 외 관계Extramarital relationships, 이른바 EMR을 찾는 사람을 목표로 한다. 애슐리 매디슨 에이전시 역시 '일부일처제가 식상해질 때'를 모토로 내세우는 온라인 데이트 사이트인데, 이 책이 인쇄될 당시 그 회원수가 1백만 3천 명에 달했고, 관계자는 이 수가 매년 배로 증가하고 있다고 주장한다. 독일 회사인 퍼펙트 알리바이에 따르면 매달 350명의 회원이 가짜 주말 세미나 초대장과 같은 유용한 외도의 핑계거리를 제공받는다고 한다.

♥♥ 윌리엄의 이야기 ♥♥

: 출장

다국적 기업의 매니저인 윌리엄은 수년 간 매달 여러 도시로 출장을 다냈다. 하지만 이 출장은 일과는 아무런 관련이 없었다.

“규칙적인 출장을 핑계로 다른 여자를 만나는 방법은 친구에게 배웠습니다. 비행기를 탄다고 하고 체크인하지 않을 경우 발각될 수 있기 때문에 아내에게는 세 시간 거리에 있는 다른 시로 출장을 간다고 했습니다. 그리고 한 시간 운전을 해서 다른 여자를 만났지요. 몇 년간 애인이 있었습니다. 아내는 제 휴대전화로만 전화를 했기 때문에 한 번도 의심하지 않았고 저도 아내가 사무실에 전화를 걸어 사실을 캐볼 거라고 절대 걱정하지 않았습니다. 게다가 제 일은 유동성이 있어 출근 확인을 하고 일만 제대로 하면 내가 어떤 사무실에 있든 회사에서도 신경 쓰지 않았습니다.”

지난 일을 회상하며 윌리엄은 그의 행동에 양심의 가책을 느꼈다.

“지금 와서 하는 말이지만 특히 집에 돌아왔을 때 마음이 편치 않았습니다. 아내는 출장을 다녀오느라 고생했다고 저를 챙겨주었습니다. 이상하게도 그때가 저와 아내의 마음이 통했던 유일한 시간이었습니다. 저는 아내가 유달리 저의 기분을 맞추려 애쓴다고 생각했고 이는 다양한 방식으로 제게 영향을 미쳤습니다.”

윌리엄은 불륜 사실을 아내에게 함구했다. 그러다가 렌터카 회사에서 주행 기록을 집으로 보냈고 마침내 아내가 눈치를 챘다. 아내는 명백한 증거를 내밀었지만 윌리엄은 절대 불륜을 인정하지 않았다.

이 이야기의 메시지는 명확하다. 우리는 부정으로부터 결혼을 지키는 방법을 배워야 한다는 것이다. 또한 이 방법의 가치는 그 어느 때보다 높다. 20년간 결혼 상담가로 일하며 결혼과 이혼을 다룬 많은 책과 설명서를 쓰고 나자 그 방법이 보였다. 한번은 텔레비전 방송국으로부터 책을 평가해달라고 의뢰를 받았다. 이 책은 외도하는 남편에 대해 아내에게 질문하는 식이었는데 남편이 보내는 경고 메시지에서 외도의 이유까지 질문이 다양했다.이 일을 계기로 나는 외도를 해결할 수 있는 책을 쓰기로 결심했다. 왜 남편의 외도에 대해 아내에게 물을까? 당사자인 남편에게 질문하는 것이 더 이치에 맞지 않을까? 인터뷰에 쓰려고 관련 자료와 잡지를 검색했을 때 그 결과에 놀라지 않을 수 없었다. 찾는 자료가 어디에도 없었기 때문이다.

외도는 결혼 생활에서 결코 빠트릴 수 없는 문제다. 외도는 모든 남녀 관계에서 가장 필수적인 신뢰라는 요소를 담고 있기 때문이다. 하지만 심리학계는 외도를 피하는 방법에 대해 공통된 의견을 제시하지 못하고 있다. 나는 다양한 연구를 통해 이에 대한 답변을 제시할 필요성을 느꼈다.

이 책은 복잡한 미로와 같은 유부남의 심리를 보여줄 것이며 외도의 핵심 문제에 대한 실질적인 답변을 제공할 것이다. 외도의 원인이 단순히 성적 불만 때문일까? 남편의 외도를 예고하거나 이미 외도 중임을 알리는 남자의 행동에는 어떤 것이 있을까? 외도를 하는 남자들은 죄책감을 느낄까? 남자들이 말하는 그들의 결혼에서 빠진 부분은 무엇이며 아내는 어떻게 이 부분을 메울 수 있을까? 애인에게는 있고 아내에게 없는, 그것은 무엇일까?

나는 20년간 상담자들이 직접 해결책을 찾도록 도왔다. 결혼 상담가는 불분명하고 상담자가 미처 깨닫지 못한 것을 명확하게 만든다. 결혼 상담가는 상대방의 말을 아주 잘 들어주어야 한다. 일단 상담자의 말을 듣고 나면 그들의 문제에 어떤 것이 효과가 있을지 없을지를 판단한다. 그 다음 판단한 결과를 상담자를 위한 조언, 충고 또는 이론으로 활용하고 도움을 요청하는 사람에게 이 정보를 보내기도 한다.

여기서 명백히 해야 할 것은 우리 모두가 결혼 이외의 생활이 있으며 하루 종일 앉아 좀 더 나은 결혼 생활에 대해 고민하지 않는다는 것이다. 이 책을 통해 아내들이 관심을 가질 수 있는 일이 한정되어 있다는 사실을 깨닫게 될 것이다. 무엇보다 결코 변치 않는 결혼을 위해 무엇에 중점을 두어야 할지 분명히 알게 될 것이다. 그리고 이를 접목하는 방법을 터득하게 될 것이다. 그러나 여기서 배운 지식을 모든 인간관계에 적용할 필요는 없다.

연구 과정

연구에 도움을 받고자 친구들과 대학 교수들에게 연락을 했다. 수많은 남녀들의 도움과 심사숙고를 거쳐 설문 조사에 쓸 질문 초안을 40개

만들었고, 친구의 도움을 얻어 외도의 수수께끼에 대한 명쾌한 해답을 제시해줄 질문으로 다듬었다.

솔직한 답변을 해줄 외도남을 어떻게 찾았을지 궁금한가? 균형 잡힌 연구를 위해 몇몇 다른 지역에서 연구에 참가할 사람들을 모집했다. 다행히도 이들을 찾을 수 있는 두 가지 방법이 있었다. 마이애미 주는 이혼한 부모들이 일정 수업에 참가하는 것을 법으로 정해놓았는데 오래전에 운 좋게도 이 수업의 상담을 맡은 적이 있다. 내 연구 팀의 일원인 한 상담가와 나는 이를 기회로 수업에 참가한 남자들을 개인적으로 인터뷰했다. 수많은 남자들이 기꺼이 그들의 생각과 이야기를 털어놓았다.

인터뷰 하나하나가 내게는 학습하는 기회였다. 인터뷰 중 이상한 일도 있었다. '거짓말'에 대한 질문을 검토하던 중 참가자가 목소리를 낮춰달라고 부탁했다. 그는 말했다. "아내가 바로 저쪽에 있는데 전혀 사실을 모르거든요."

이 참가자들은 다시 나를 볼 일이 없다. 그 때문에 그들은 같은 남자인 내게 정직하게 답했다. 나는 그들의 이름도 몰랐다. 다양한 참가자들은 나뿐만 아니라 모두에게 많은 것을 가르쳐주었다. 균형 있는 조사를 위해 다양한 의학과 심리학 리서치를 전문으로 하는 국제 온라인 리서치회사도 함께했다. 미국 48개 주의 남자들이 설문지에 답해주었다. 이와 더불어 다른 연구 팀에서 취합한 설문 조사도 첨가했다.

모든 참가자들은 두 종류의 설문지 중 하나를 선택해 답했다. 하나는 '육체적 부정을 저지르고 있거나 과거에 그러한 경험이 있는가?', 또 하나는 '한 번도 육체적 부정을 저지른 적이 없다'이다. 진실한 답을 얻기 위해서는 참가자의 속을 꿰뚫고 있어야 했다. 나는 진심으로 외도의 이유를 말해주는 지표를 찾아 외도하지 않는 남자들의 지표와 대조해보길 바랐다. 각 그룹의 참가자들은 미국의 문화, 민족, 인종 분포를 그대로 반영하도록 했다. 논의되는 해결책과 관련이 있을 때에는 외도하지 않은 남성들의 응답을 살펴볼 것이다.

최종 조사에 참가한 사람들은 성공적으로 인터뷰와 설문지 작성을 마친 외도 남성(이하 외도남—옮긴이) 100명과 외도 경험이 없는 남성(이하 충실남—옮긴이) 100명으로 구성되었다. 모두 2만 5천5백 가지의 답변을 수집했다.

이 책의 활용법

이 책을 쓴 목적은 결혼 생활을 돕고 당신과 남편 모두에게 유익한 방향으로 당신을 변화시키기 위해서다. 2부에서는 '내면의 소리 인식법'Inner Voice Recognition Formulae을 통해 자신의 당면 과제를 이해하고 합리적이고 가치 있는 변화를 꾀하는 방법을 논할 것이다. 인생에서 변화를 만들어 내고 자신이 원하는 결과에 대해 확신할 수 있는 기회는 많지 않다. 아니 사실 거의 없다. 이때 성공에 대한 열망은 큰 동기가 된다. 변화보다 더 어려운 것은 없다. 특히 감정과 사랑의 변화는 더욱 어렵다. 하지만 당신이 변화할 때마다 당신은 결혼에 충실한 남편이라는 목적에 한 걸음 더 가까이 가게 될 것이다.

남편이 당신의 노력을 알아주지 않고 변화하지도 않는다면 무슨 소용일까 하는 의문이 들 수도 있다. 남자는 말한다. "아내가 그러그러한 변화를 보여주었다면 외도를 안 했을 뿐만 아니라 좀 더 나은 남편이 됐을 텐데." 그러니 칼자루는 당신이 쥐고 있다.

외도한 남편을 두둔하는 것이 아니다

책을 읽다 보면 당신은 의문에 빠질 수도 있다. "왜 나한테 이런 말을 하지? '문제를 일으킨 장본인은 당신이야'라는 말은 남편이 들어야 하는 게 아닌가?" 이 책은 남자와 남자를 외도로 이끈 원인을 다룬 책이지만 결혼 생활의 문제로 남자의 외도를 정당화하지는 않는다. 그들의 행동은 옳지 않으며 그들은 신뢰와 결혼의 원칙을 저버렸다.

믿기지 않겠지만 외도를 했다고 아내에 대한 사랑이 식었다는 것은 아니다. 그 누구도 외도를 했다는 자신의 행동에 무신경할 수 없다. 실제로 또다시 외도를 하고 싶다는 남자는 단 한 명도 없었고 모두 외도 전으로 돌아가길 바랐다. 외도남들은 자신을 외도로 내몬 첫째 원인이 아내의 행동 때문이라고 생각했지만 여전히 후회를 하고 책임을 느꼈다.

이 책은 당신에게 희망하는 결혼 생활을 가능케 하는 힘을 주고자 한다. 이 책은 남편의 외도로 인한 아픔을 참고 견디며 결혼의 실패로 고통받는 아내들을 위한 책이다. 외도에서 안전하고 견고한 결혼으로 이끄는 변화는 당신 안에 있다.

경험담

인터뷰 때 들은 경험담들을 이 책에 실었다. 신원을 알 수 있을 만한 부분들은 사생활 보호를 위해 바꿨지만 내용은 거의 사실 그대로다. 많은 여성들의 비공식적인 결혼 생활담도 실었는데 개중에 남편의 외도 사실을 이미 알고 있던 여성들도 있었다. 실제 경험담 외에 몇몇 이야기들을 합쳐서 싣기도 했다. 치료차 나를 찾아온 상담자에 관한 이야기는 공개하지 않았다. 혹, 이 책에 실린 경험담과 내가 상담을 했던 사람들의 이야기 간에 유사점이 있다면 이는 단순한 우연임을 밝힌다.

액션 프로그램

실천에 옮길 수 있는 '액션 프로그램'을 마련했다. 여기에는 행동의 중점 사항, 추천 행동과 스케줄, 연습 문제 들을 간결하게 나열해 이 책을 통해 익힌 지식과 충고들을 결혼 생활에 실제로 활용할 수 있도록 했다. 액션 프로그램은 설문 조사에 참여한 남편들을 통해 얻은 정보를 바탕으로 했다. 액션 프로그램에 실린 단계를 밟아 나가다 보면 배우자가 외도할 가능성이 감소함은 물론 더욱 의미 있고 친밀한 부부 관계를 만들 수 있다.

해답은 이것이다

조사를 하는 내내 머리가 가장 맑은 이른 아침이면 입버릇처럼 되풀이한 말이 있다. 바로 '분석의 마비'라는 말이다. 리서치 연구자들은 자신의 연구가 부족하다고 느껴 계속 연구를 수정하고 더 많은 정보를 모으느라 시간을 허비하다가 결국 최종 결과에 도달하지 못하는 위험에 빠지곤 한다. 나는 연구자의 이 같은 숙명에 빠지지 않기로 결심했고 이로 인해 내 연구는 앞으로 나아갈 수 있었다.

하지만 통계 수치 대부분이 평균으로 되어 있어 남편들의 정확한 행동을 알 수가 없었다. 조사에 참여한 외도남의 12퍼센트는 그들의 외도가 부인의 행동이나 잘못과는 아무런 관련이 없다고 말했다. 당신의 남편이 이 소수 그룹에 속할 경우 남편의 외도를 막을 방법이 달리 없다. 반면, 그 반대일 확률은 88퍼센트다. 조사에 참여한 외도남의 88퍼센트는 그들의 결혼 생활이 상당히 불만족스러웠고 이것이 외도를 하게 된 직접적인 원인이었다고 응답했다.

이제 외도의 해답을 찾아 조치를 취해야 한다. 뒤쪽의 설문지는 외도남에게 사용한 것이다. 그들은 어떻게 답했을까? 그들의 응답을 충분히 상상한 후 답해라. 설문 조사에 참여한 남자들이 이미 외도를 경험한 바 있고 개인적인 면담을 받은 일이 거의 없다는 점을 명심하길 바란다. 치료사처럼 생각하지 말고 남자의 처지에서 답해야 한다는 것을 명심해라. 주위 사람들을 통해 들은 얘기가 답일 거라고 추측하는 것 역시 금물이다. 이 연습의 목적은 솔직하게 설문에 참여하는 데 있다. 최선의 방법은 정답을 맞히려고 하기보다는 당신의 직감으로 외도남의 답을 추측하는 것이다.

설 문 지

남자는 왜 외도를 할까?

남자는 왜 외도를 할까? 외도를 한 남자의 처지에서 그들의 답변을 상상한 후 다음 질문에 답해라. 1번부터 10번까지, 각각의 응답에 퍼센트로 표기하되 모두 더해서 100퍼센트가 되도록 해라.

1. 외도의 가장 큰 원인은

_____ 아내와의 성적 불만족이다. 나는 부부 사이의 정서적 유대보다 성관계의 만족을 더 중시한다.

_____ 부부 사이의 정서적 단절 때문이다. 나는 성관계의 만족보다 부부 사이의 정서적 유대를 더 중시한다.

_____ 부부 사이의 성적 불만족과 정서적 단절 때문이다. 나는 성관계의 만족과 부부 사이의 정서적 유대 모두를 중시한다.

_____ 아내와의 성관계나 부부 사이의 정서적 유대와는 관계가 없다.

2. 외도의 직접적 원인은

_____ 아내와의 성적 불만족이다.

_____ 부부 사이의 정서적 단절이다.

_____ 기타

3. 아내와의 성생활이 만족스럽지 못한 이유는

_____ 성관계가 만족스럽지 못했다.

_____ 아내가 자신의 외모를 너무 등한시했기 때문이다.

_____ 성관계가 너무 드물었기 때문이다.

_____ 기타

4. 부부 사이에 정서적 단절이 생긴 이유는

_____ 아내가 나보다 아이들, 직업, 지역 봉사 등에 관심을 더 가졌기 때문이다.

_____ 아내와 대화가 불가능했기 때문이다.

_____ 아내가 나를 인정하지 않았기 때문이다. 아내는 나를 배려하거나 염려하지 않았다.

_____ 공통된 가치나 관심사가 없었기 때문이다.

_____ 정서적 연결 고리가 없어졌기 때문이다.

_____ 아내의 감정 기복이 심했기 때문이다. 자주 자제력을 잃고 짜증과 화를 내며 적대적이 되는 경우가 자주 있다.

_____ 기타

5. 그녀는

_____ 잠자리에서 아내는 상상조차 못하는 것들을 해주었다.

_____ 나를 원했고 사랑해주고 인정해주었다.

_____ 아내보다 더 매력적이다.

_____ 나와 정서적으로 연결되어 있다.

_____ 나와 가치관과 관심사가 같다.

_____ 열린 마음으로 나와 대화를 나누었다.

_____ 아내와 뭔가가 달랐다.

6. 외도를 하기 전 우리 부부는 결혼 상담사를 찾았다.

_____ 3번 이하

_____ 3번에서 10번

_____ 10번 이상

7. 나는 그녀를

_____ 직장에서 만났다.

_____ 이웃에서 만났다.

_____ 취미 활동을 하다가 만났다.

_____ 인터넷상에서 만났다.

_____ 기타

8. 외도에 대해

_____ 전혀 죄책감을 느끼지 않았다.

_____ 초기에는 죄책감을 느꼈으나 그 이후에는 느끼지 않았다.

_____ 내내 죄책감을 느꼈다.

_____ 죄책감이 점점 커졌다.

9. 결혼 당시

_____ 외도에 대해 생각해보지 않았다.

_____ 외도할 가능성에 대해 생각한 적이 있다.

10. 나는

_____ 자발적으로 외도 사실을 아내에게 말했다.

_____ 아내가 처음 의심을 했을 때 외도 사실을 말했다.

_____ 아내가 여러 번 의심하고 나서야 외도 사실을 말했다.

_____ 아내가 증거를 제시한 후에야 사실을 말했다.

_____ 아내가 증거를 제시했으나 명확하지 않아 외도 사실에 대해 거짓말했다.

_____ 외도 사실을 말하지 않았으며 아내는 지금까지 이에 대해 질문한 적이 없다.

11. 아내는 내 이런 행동에서 외도 사실을 눈치 챘다(실제 응답자가 해당되는 모든 사항에 표시할 수 있도록 했다. 각각의 사항에 대한 응답률을 추측해라).

_____ 연락 회피

_____ 특별한 이유 없이 아내한테 줄 선물을 샀다.

_____ 아내를 더 자주 비난했다.

_____ 잠자리 횟수가 줄어들었다.

_____ 밖에서 보내는 시간이 늘었다.

_____ 송금

_____ 아내와 자주 다투었다.

_____ 기타

2

이유 있는 남자의 외도

이제 외도의 현실에 익숙해졌는가? 그렇다면 사실을 회피하지도 '나한테만은 제발' 이라는 희망을 품지도 마라. 남편이 외도할 생각을 하지 않도록 막는 한편 당신과 남편 모두 만족하는 결혼 생활을 할 수 있는 법을 배워야 한다. 당신은 외도란 단어가 남편 머릿속에 존재하지 않는다고 믿고 싶어한다. 당신의 믿음은 사실일 수도 있고, 오늘 하루만 사실일 수도 있다. 외도를 한 남자의 69퍼센트가 자신의 아내를 두고 바람을 피우게 될 것이라고 상상조차 하지 않았다고 한다. 외도는 반드시 오랜 시간 계획해야 할 수 있는 일이 아니다. 당신은 내 자신이 외도하지 않으니 남편도 외도하지 않을 거라고 생각한다. 그리고는 주위 사람들이 말하는 남자에 대한 관습적인 말들을 기억한다. '남자는 성적이며 모든 것을 항상 성과 연관 짓고 성에 대해 공상한다. 또 여성의 성적 취향은 남성과는 상당히 다르다. 남자는 많은 여자와 잠자리를 해서 자신의 씨를 퍼트리기 위해 외도를 한다.' 정신과 의사 루안 브리젠다인Louann Brizendine이 여성의 뇌에 관해 쓴 최근 저서에 따르면, 여자는 하루에 한 번 정도 섹스에 대해 생각하는 반면, 남자는 52초마다 섹스에 관해 생각한다고 한다.

이제 외도의 가능성에 대해 수긍하는가? 하지만 당신이 보통 여자라면 여전히 외도의 가능성을 인정하지도 또 주시하지도 않을 것이다. 왜냐하면 당신은 어떻게 외도에 대처해야 하는지 알지 못하기 때문이다. 바로 이것이 근본적인 문제다. 우리는 각자 남자가 외도하는 원인에 대한 자신의 생각을 갖고 있다. 만약 당신이 남편들이 입을 모아 말하는 남편의 정절을 지키기 위해 아내가 해야 할 일을 알고 있다면 그대로 행동으로 옮길 것이다.

내가 첫 번째 목표로 하는 것은 외도의 원인을 밝혀내는 것이다. 외도는 생물학의 문제인가? 즉, 남자는 종족 보존에 집착하기 때문에 아내가 욕구를 충족시켜주지 못할 경우 외도를 한다? 한편, 남자는 자신의 감정을 잘 드러내지 않는다? 이 두 가지가 외도의 원인일까 아니면 원인은 전혀 다른 것일 수 있을까? 어쩌면 외도는 결혼의 만족과는 아무 연관성이 없을지도 모른다. 또 남자의 외도에는 특별한 이유가 없을 수도 있다.

통계적으로 상당수의 외도남은 결혼 생활에 만족하지 못했다. 아내와 심각한 문제가 있다고 답한 충실남은 아주 극소수일 뿐이다. 결혼 생활에 만족하는 남편일수록 외도할 가능성은 현저히 낮아진다.

남자가 외도하는 첫 번째 이유

가장 많은 외도남들이 외도하는 첫 번째 이유로 아내와의 정서적 단절을 뽑았다. 1장의 설문지를 펴고 1번의 당신의 답 옆에 48퍼센트라고 적어라. 100명 중 48명의 외도남이 외도의 주요 원인으로 정서적 단절을 꼽았다. 남자가 여자에 비해 덜 감성적이라는 통념에 비추어볼 때 이는 상당히 의외의 결과이다. 하지만 남자의 본능적인 성적 능력, 욕구, 갈망에도 불구하고 대부분의 남자들은 다른 여자와의 환상적인 밀월여행을 꿈꾸지 않는다. 그들은 정서적 유대를 갈구한다.

✣ 외도남의 고백 : 외도의 이유, 여기에 있다 ✣

48% – 부부 사이의 정서적 단절
32% – 부부 사이의 성적 불만족과 정서적 단절
12% – 성관계나 부부 사이의 정서적 유대와는 관계가 없거나 불만족 없음
8% – 성적 불만족

즉,
59% – 결혼 생활의 불만족이 정서적인 데 있다
29% – 결혼 생활의 불만족이 성적인 데 있다
12% – 결혼 생활의 불만족이 정서나 성 문제 외에 다른 데 있다

♥♥ 제이슨의 이야기 ♥♥

: 승산 없는 게임

제이슨은 이혼 전문 변호사로 그의 살림은 상당히 풍족했다. 하지만 생활비가 늘 문제였다. 아이들에게 들어가는 비용이 해마다 늘고 있었다. 그러던 중 제이슨은 아내가 그를 싫어한다는 걸 알아챘다. 이상한 점은 제이슨 역시 이 부분에 대해 왈가왈부하지 않았다는 것이다. "아내는 제가 능력이 없으며 무딘 남편이라고 했습니다. 저도 아내의 말이 맞다고 생각했습니다." 그는 어깨를 들썩이며 말했다. "우리는 그럭저럭 지냈고 휴가 때도 즐겁게 보냈습니다. 하지만 아이들의 파티에 돈이 너무 많이 든다고 반대하거나 개처럼 일하느라 집에 늦게 들어오면 저는 나쁜 남자가 되었습니다. 제가 무엇을 하든 저는 나쁜 남자가 될 수밖에 없었습니다. 얼마 후 저는 제가 좋은 남편이 아니라는 사실을 깨달았습니다. 제가 무엇을 해도 아내는 행복해하지 않았습니다."

두 사람이 사랑에 빠져 연애할 때나 결혼 초에는 그도 아내의 사랑을 받았다. 하지만 제이슨은 더 이상 기대하지 않았다. 잠자리에 대해, "우리는 어쩌다 한 번씩 잠자리를 했지만 짧게 끝났습니다. 그런데도 아내는 마치 제게 자비를 베푸는 양 행동했습니다. 제가 혹 불평을 하면 아내는 잠자리를 같이하는 것만으로도 자신은 정말 훌륭한 아내라고 말하곤 했습니다. 좌절과 동시에 이 결혼이 더 이상 나아질 게 없다는 걸 깨달았습니다. 친구들 역시 저와 크게 다르지 않았습니다. 그들의 아내도 제 아내처럼 잠자리에는 더 이상 흥미가 없었습니다."

제이슨은 결혼 생활에서 사랑을 찾지 못하고 있었다. 그는 아내가 문제를 감지할 수 있도록 그녀에게 다가가는 방법을 몰랐을 수 있다. 차분하게 부부의 문제에 대해 대화를 나누지 못한 점, 또 따로 시간을 내어 아내와 즐거운 한때를 보내지 못한 점은 그의 잘못일 수 있다. 그러던 중 옆 사무실에 쉐릴이 들어오면서 모든 게 바뀌었다.

"쉐릴은 아내보다 외모가 뛰어나지도 않았고 인간성이 좋거나 세련되지도 않았습니다. 하지만 그녀는 남을 즐겁게 해주었고 사람들이 그녀를 좋아하도록 만들었습니다. 지금 생각하면 한심하기 그지없지만 그녀의 칭찬과 세심함에 저는 곧 빠져들었습니다.

쉐릴은 곧 제이슨이 형편없는 남편이 아님을 확신시켜주었다. 제이슨은 자신이 쉐릴이 던져주는 작은 뼈 조각을 씹는 개 같다는 생각을 했다.

"제가 섹시하고 성공한 남자라는 말을 들으니 기분이 정말 좋았습니다. 그녀는 이제 막 변호사 개업을 한 터라 법률 지식을 가진 저를 진심으로 존경했습니다. 마침내 저에게 제가 얼마나 훌륭한 변호사인지 말해주는 사람이 생겼고 아내를 처음 만났던 그때와 같은 기분이 들었습니다. 아내는 법률 잡지에 많은 논문을 발표하지 않는다며 저를 낙오자처럼 취급했습니다. 그녀는 제가 일을 더 해서 돈을 많이 버는 데만 온통 관심을 쏟았습니다. 아내가 전부 틀렸다는 것은 아닙니다. 하지만 쉐릴은 제가 으뜸가는 변호사이며 훌륭한 가장이라고 믿게 해주었고 저처럼 성공할 수만 있다면 뭐든지 하겠다고 말했습니다. 쉐릴은 일을 하며 대학을 다녀야 했고 집안에서 여자로서는 처음으로 대학을 나와 법학 학위를 취득했습니다. 그녀는 엄청난 에너지를 가지고 있었고 법에 관한 한 무엇이든 배우고자 하는 의지가 있었습니다. 저는 그녀의 이른바 선배가 되었습니다. 말이 필요없었습니다. 저는 구름 위에 떠 있는 기분이었습니다."

많은 외도남들 역시 제이슨과 같은 경험을 했다. 그들은 아내로부터 자신들이 기대에 못 미치는 남편이라는 인상을 받았다. 나는 아내들이 이를 되풀이해서 말했을 것이라고 생각하지 않는다. 하지만 남편의 장점보다 단점을 더 자주 입에 올렸고 이로써 남자는 아내에게서 자신이 기대에 부흥하지 못한다는 인상을 받았다. 그들의 아내가 틀렸다는 것은 아니다. 실제로 외도남들이 둔하고 게으르며 이기적인 남편이었을 수도 있다. 하지만 외도남은 어느새 아내가 자신을 그런 사람으로 못을 박아버렸다고 믿기 시작했다. 그러다 어느 한순간 외도남은 자신이 결혼이라는 게임에서 절대 이길 수 없다고 느끼는 시점에 다다른 것이다.

성적 불만 'No' 정서적 불만 'Yes'

정말 외도의 첫 번째 이유가 섹스가 아닌 정서적 불만일까? 나는 이전에 『감정의 외도』라는 책을 출간했기 때문에 이 결과에 크게 놀라지는 않았다. 하지만 외도 경험이 있는 남자들의 시각에 대해서는 확실치 않았다. 한 가지 전혀 예상하지 못했던 결과는 바로 성적 불만을 외도의 첫째 이유로 뽑은 외도남이 겨우 8퍼센트에 그쳤다는 점이다. 인터넷으로 외도의 원인을 조사했을 때 항상 빠지지 않는 단어는 '섹스'였다. "외도의 첫째 원인은 섹스에 관한 것이다", "통계로 본 남자가 외도하는 주요 원인은 바로 섹스" 였기 때문이다. 그래서 나는 내가 인터뷰할 외도남들 역시 외도를 하게 된 첫째 이유로 주저 없이 섹스를 뽑을 것이라 예상했다. 100명 모두는 아니더라도 과반수는 넘을 거라 계산했다. 하지만 결과는 예상 밖이었다. 그들은 한목소리로 답했다. 미국 남성의 92퍼센트가 선택한 외도의 첫째 이유는 섹스가 아니다.

외도남이 말하는 정서적 불만이란 구체적으로 무엇일까? 이들의 결혼 생활에서 빠진 그것은 무엇일까? 그들의 답에 나는 또 한 번 크게 놀랐다. 외도나 이혼의 첫째 이유로 결혼 상담사나 여자들은 대화라고 답했다. 나는 외도남들 역시 정서적 불만의 여러 보기 중에서 대화를 첫째로 뽑을 것이며 또 간소한 차이로 아내의 기분이나 성질을 두 번째로 선택할 것이라고 예상했다. 항상 여자를 관찰하고 남편을 미치게 하는 여자의 급격한 호르몬 변화를 꿰고 있는 내가 아닌가? 하지만 내 예상은 보기 좋게 빗나갔다!

남편의 진가를 인정하라

정서적 불만의 원인을 묻는 질문에 100명 중 37명의 외도남이 이렇게 답했다. "아내는 저의 진가를 몰라주었습니다. 아내는 저를 충분히 배려하거나 보살피지 않았습니다." 그 외 17명은 "아내와 정서적으로 동떨어진 느낌이었습니다"라고 대답했다. 즉, 54명의 외도남들이 자신을 아내가 아닌 다른 여자의 품으로 이끌었던 두 가지 정서적 불만의 원인으로 배려와 정서적 교감을 꼽았다. 여기서 배려와 정서적 교감은 결국 남편에 대한 아내의 인정과 관련된 것이다. 정서적 불만의 원인 중 자신이 인정받지 못하고 또 배려받지 못한다는 대답이 압도적으로 많았다.

- 대화 부족 – 11%
- 나와 아내의 가치관이 다르다 – 10%
- 아내가 자주 화를 낸다 – 12%

정서적 단절이나 인정이라니 마치 여자들의 대화처럼 들리지 않는가? 여자는 감정의 동물이고 남자는 바위처럼 자신의 일만 하며 섹스만 하면 행복하다고 사람들이 말하지 않았던가. 하지만 모두 새빨간 거짓말이다. 이 근거 없는 믿음을 버려라. 그렇지 않으면 남편이 외도할 가능성은 급격히 증가한다.

그렇다고 당장 남편에게 달려가 시시콜콜 이야기를 늘어놓으라는 뜻은 아니다. 외도를 한 남자들을 상담하고 연구하며 배운 것이 한 가지 있다. 남자에 대한 속설을 곧이곧대로 믿지 말라는 것이다. 이제부터 어떻게 남편으로 하여금 그들이 인정과 사랑을 받고 있다고 느끼게 만드는지, 또 어떻게 남편과의 정서적 연결 고리를 만드는지, 그 방법을 조목조목 명확하게 설명하고자 한다.

남편이 아내의 깜짝 생일상을 준비하기 위해 새벽 5시 30분에 일어났다. 그간 부부 사이가 좋지 않았기 때문에 그는 이번 이벤트가 자신의 노력을 보여줄 수 있는 좋은 기회라고 생각했다. 화해의 선물이랄까. 하지만 으레 이런 이야기가 그렇듯 일은 계획대로 되지 않았다. 아이들이 엄마를 위해 팝콘을 준비하고 싶어해서 그는 팝콘을 전자렌지에 넣고 타이머를 맞추었다. 그러나 손을 쓰기도 전에 부엌은 연기와 탄 팝콘 냄새로 가득 찼다. 타이머를 너무 길게 맞춘 것이다. 아내는 자신의 생일날 아침 6시 11분, 쩌렁쩌렁 울려대는 화재경보기 소리에 벌떡 일어났다. 아내가 화를 낸 것도 당연하다. 하지만 그의 의도를 알아차리기도 전에 화부터 내는 아내한테 너무 화가 난 남편은 그 길로 집을 나가 저녁까지 돌아오지 않았다. 그날 남편은 다른 여자와 처음으로 잠자리를 같이했다. 아내는 아직 이 사실을 모른다.

하지만 이 이야기에서처럼 한 번의 실수가 당신의 남편을 곧장 다른 여자의 품으로 내몰지는 않는다. 분명한 건 이 부부의 결혼 생활이 오랫동안 삐걱거리고 있었다는 것이다. 이야기를 하는 그의 얼굴에 서린 허망한 표정을 당신이 볼 수 없어 안타깝다. 그는 시간을 되돌리고 싶어했고 자신의 외도를 부끄러워했다. 결혼을 바로잡으려 했던 그의 행동은 반대로 아내를 더욱 화나게 만들고 말았다. 외도에 관해 조사를 하며 우연하게도 이와 비슷한 이야기를 자주 접했다. 이야기의 핵심은 명확하다. 남편은 노력했고 비록 일은 망쳤지만 자신이 노력하고 있다는 것을 아내에게 알리고 싶어한다는 것이다. 남자는 칭찬을 좋아하며 자신이 잘한 일에 대해 인정받기를 원한다. 이제 남자에게 그들이 원하는 것을 줄 수 있는 비결에 대해 알아보자.

여자들은 흔히 남편의 허세를 자신감과 자존심이라고 오해한다. 학교에서 작은 아이들을 괴롭히는 학생이나 큰 시가를 피우는 남자들을 보자. 그들의 내면은 실제로 주눅이 들어 있어 약한 사람을 괴롭히거나 큰 담배를 피워 자신의 존재를 과장해야만 한다. 겉으로 강하고 건장해 보이는 남자들도 자신의 기술과 능력에 대해 자주 반문하며 걱정한다. '네가 그런 식으로 말하면 난…'하는 식의 말투나 감성적인 어투를 쓰지 않더라도 남자도 역시 온정과 친절, 인정을 받고 싶어하는 감성적 존재임을 잊지 마라.

근래 여성의 사회적 위상이 높아지면서 남자들은 다소 위축되었다. 돈을 잘 벌어 오고 아이와 축구를 하는 것만으로는 더 이상 '훌륭한' 남편이 될 수 없다. 그렇다. 아이의 기저귀를 갈고 아내의 친정 가족들과 바비큐 파티를 위해 일요 축구에 빠지고, 보모를 구하고 외식 계획을 짜야 하며, 집 안 청소도 도와야 훌륭한 남편이 될 수 있다. 즉, 예전보다 남자의 할 일이 늘어났고 이로 인해 남자는 덜 인정받게 되었다.

나는 부부를 상담할 때 치료의 초기 단계에서 항상 감사 연습을 시킨다. 남편과 아내에게 종이를 주고 서로에게 감사하는 것들을 적으라고 한다. 그들의 목록은 언제나 짧게 끝난다. 목록 중에서 두 서너 항목에 대해 같이 얘기를 나눈 후에 나는 아내들에게 남편이 오랫동안 좋은 직장에 다니고 있는지, 그가 아이들에게 신경을 쓰는지, 가족이 휴가를 함께 가는지 묻는다. 대답은 늘 같다. "하지만 그이는 다른 일들을 안 해요." 언제부터인지 우리는 배우자의 당연한 의무라고 여기는 일에 대해서는 감사하지 않는다. 배우자에 대한 기대치가 높아짐에 따라 그에 대한 감사도 줄어들었다. 아내가 남편의 노력을 점점 더 당연히 여기게 되고 남편이 한 일보다는 하지 않은 일에 더 관심을 집중하면서 남편을 배려하고 보살펴야 할 동기 역시 줄어들게 되었다. 결국 남편은 아내에게서 정서적 이질감을 느끼게 된다. 외도남 100명 중 54명은 자신의 외도가 이 과정에서 비롯되

감사 연습

아내는 종종 남편이 남편으로서 당연히 해야 할 일을 했다고 생각하며 남편에게 감사하지 않는다. 요즘 남편 노릇에 대한 기대는 그 어느 때보다도 크다. 당신뿐 아니라 우리는 모두 아무리 사소한 일이라 할지라도 인정받기를 갈망한다.

감사 목록을 만들어라. 당연히 남편의 몫이라고 생각하는 일도 적어라. 적어도 일주일에 세 번은 진심 어린 말과 행동으로 감사의 마음을 전해라.

었다고 말한다.

외도를 한 남편들이 아내에게 원했던 것은 무엇일까? 그들은 아내가 목 마사지를 해주길, 섹스를 먼저 요구해주길, 자신이 좋아하는 앨범을 사주거나 특별 디저트를 만들어주길, 그들이 얼마나 멋진지 말해주길 혹은 다른 사려 깊은 행동을 먼저 보여주길 원했다. 대부분 자신도 아내에게 똑같이 해주어야 한다고 인정하지만, 외도의 주된 원인은 아내의 배려가 부족했다는 느낌을 받았기 때문이라고 털어놓았다.

그렇다면 날마다 남편에게 그들이 얼마나 열심히 일하는지를 짧게나마 언급해야 할까? 남편들은 이것이 공치사처럼 들린다고 말한다. 남편은 아내의 진심 어린 행동에서 자신이 인정받고 있음을 느끼길 원한다. 그들은 자신이 얼마나 열심히 노력하는지를 아내가 알아주길 바란다.

외도를 막는 첫 번째 핵심 요소가 바로 여기에 있다.

"아내에게 어떻게 말해야 할지 몰랐습니다. '나를 사랑해줘, 내가 멋지다고 말해줘. 내가 섹시하다고 말해줘' 라고 말해야 하나요? 한 번도 이런 말을 해본 적이 없습니다. 아내는 제가 이런 말을 해주길 바랐을지도 모릅니다. 하지만 저는 아내가 제게 중요한 것들을 먼저 해주길 바랐습니다. 아내에게 제 마음을 전달하는 데 서툴렀던 것 같습니다. 그렇게 하고 싶었지만 하지 못했습니다."

이야기 속의 외도남은 아내와 더 자주 섹스하기를 원했고 아내에게서 단순히 외모가 멋있다는 말보다는 그의 어떤 면이 매력적인지 구체적으로 듣고 싶었다. 그는 그가 직장에서 큰 성과를 냈을 때 아내가 진심으로 축하해주길 바랐다. 보너스나 월급 인상 때문이 아니라 그가 들인 많은 노력과 그만의 비법을 아내가 진심으로 알아주길 원했다. 남자는 자신의 성공이 아내의 "당신은 명석하니까 잘해낼 줄 알았어요"라는 짧은 몇 마디 말에 묻히길 원치 않는다.

가장의 역할

남자는 대개 자라면서 가족의 생계를 책임지고 그들을 보호해야 한다고 배운다. 우리 사회는 더 이상 성에 따라 역할을 결정짓지 않지만 우리는 으레 남자는 가족을 보호하고 부양해야 한다고 생각한다. 아내들은 종종 가장인 남편의 노력을 당연시하곤 한다. 또한 많은 여성이 가정 경제에 크게 기여하고 있어 자연스럽게 남편의 가치는 실제보다 과소평가되고 있다. 여성들의 성과를 과소평가하려는 것은 절대 아니다. 하지만 대부분의 여성들은 남편에 비해 가족 부양의 압박감을 덜 느낀다. 여기서 압박감이란 하루하루의 스트레스보다는 남편들이 짊어져야 하는 전체적인 사회적 압박을 말한다. 우리는 여전히 근본적인 가족 부양의 책임을 남편에게 돌린다. 수입에 상관없이 책임은 상당한 압박을 동반한다. 즉, 가족이 가난해서 주위의 눈총을 받는다면 그 책임은 당신이 아닌 남편이다. 설사 경제적 문제의 원인이 당신에게 있다 하더라도 대다수의 사람들은 당신의 남편을 부정적으로 판단하고 그를 실패자로 생각한다.

"정말로 저는 제가 파트너가 될 거라고 생각했습니다." 조엘이 직장에서 당한 억울한 일을 이야기했다. "그 회의는 저에게 정말 큰 의미가 있었습니다. 모든 파트너들이 참석했습니다. 수년 간 저는 회사를 위해 몸과 마음을 바쳐 일했습니다. 지난 몇 년간 모든 진급에서 제가 빠졌을 때마다 세상이 무너지는 것 같았습니다. 회사는 경비 보고서, 병가 등 모든 것들을 철저히 검사했습니다. 불현듯 제 이메일이 감시당하고 있다는 생각이 들었고 회사 카드 한도가 깎였습니다. 파트너의 건방진 조카가 내 새로운 감시인이란 사실을 알게 되었습니다. 저는 이 감시인을 가르쳐서 저를 지휘하도록 또 제 일을 배워 결국 제 자리를 꿰찰 수 있도록 도와야 했습니다. 저는 회의실을 나와 화장실로 갔습니다. 너무 화가 났습니다. 당장 회의실로 돌아가서 사표를 내고 싶었습니다. 하지만 불현듯 부엌 개조 공사와 집 증축 공사가 한창 진행 중이라는 사실이 떠올랐고 그저 상황을 받아들이고 다른 방법을 찾아야 한다는 것을 깨달았습니다."

조엘은 이 굴욕스러운 각본을 받아들여야 했다. 가족 부양에 대한 막중한 책임만 아니라면 결코 그 상황을 참지 않았을 것이라고 조엘은 말했다.

하지만 누구도 조엘이 굴욕을 견뎌냈다는 사실에 대해 감사하지 않았다. 남자는 어려서부터 배운 대로 가족 부양의 책임을 완수했을 때 인정받기를 원한다. 우리는 남편에게 가족을 보호하고 부양하는 능력은 곧 평생에 걸친 그의 정체성이라는 점을 이해해야 한다. 그렇다고 남자가 아내를 사랑하고 자식을 아끼는 남편으로서의 정체성을 배우지 않았다거나 앞으로 배워 나갈 능력이 없다는 뜻은 아니다. 단지, 남자는 가족 부양이라는 부분에 대해 아내에게서 높은 점수를 받고 있다고 느껴야 한다. 남자는 자신의 노고로 지금의 삶을 영위할 수 있으며 아이들과 휴가를 즐기고, 특별한 날에 아이들에게 선물을 줄 수 있고 또 좋은 옷을 입을 수 있다고 아내가 말해주기를 원한다. 이런 말을 한다고 돈이 드는 것도 또 당신에 대한 남편의 존경에 금이 가는 것도 아니다. 즉, 요지는 남편의 정체성 중 가장 의미 있는 가족 부양이라는 부분에 당신이 관심을 쏟아야 한다는 것이다.

시댁과 친구가 외도에 미치는 영향

♥♥ 엘렌의 이야기 ♥♥

: 친구는 물든다

"뭘 어떻게 해야 할지 몰랐어요. 로저는 남편의 죽마고우였고 저는 로저의 행동거지가 마음에 들지 않았어요. 하지만 남편에게 친구를 가려서 사귀라는 말은 할 수가 없었어요. 남편이 로저와 술 한잔을 마신다든지 일요일에 함께 소프트볼을 친다고 해서 크게 문제가 될까 싶었죠. 지금은 미리 막지 못한 것을 정말 후회해요. 로저는 우리와 전혀 상관 없는 사람이 되었지만 그로인해 우리의 결혼은 실패했어요."

엘렌은 남편의 죽마고우인 로저를 별로 좋아하지 않았다. 하지만 남편을 위해 같이 어울렸다. 그녀는 남편의 동생 역시 달가워하지 않았지만 그녀가 왈가불가할 일이 아니라고 생각했다. 그녀가 남편을 의심하기 시작한 건 셋째를 출산한 후였고 몇 달 뒤 남편의 외도가 발각되었다. 남편에 대한 신뢰는 완전히 무너져 복구할 수 없었다. 하지만 엘렌은 한 가지 교훈을 배웠다. 남편이 로저가 자주 드나드는 한 클럽에서 여자를 만났으며 로저가 아니었다면 남편은 절대 그런 곳에 드나들지 않았다는 것이다. 로저는 재혼을 했음에도 여전히 여자를 밝혔다.

엘렌은 사설탐정을 고용했다. 탐정은 클럽에서 춤추고 있는 남편과 여자 친구의 사진을 엘렌에게 보여주었다. 처음에 남편은 모든 것을 부인했다. 그는 단지 춤을 추었을 뿐이며 사람들이 춤추러 가는 곳이 클럽이 아니냐고 발뺌했다. 독신이고 여자들과 노닥거리기를 좋아하는 남편의 동생도 그들과 어울렸다.

"남편은 저를 마치 구석기시대 여자인 양 대했어요. 남편이 낯선 여자와 밤새 춤추는 걸 싫어하는 게 구식인가요?"

남편은 마침내 외도를 인정했고 자신의 잘못을 뉘우치고 있으며 가정을 지키기 위해 무엇이든 하겠다고 말했다. 엘렌 역시 가정이 깨지는 것을 원치 않았지만 달리 방법을 알지 못했다. 그리고 다시 남편을 신뢰할 수 있을지 역시 의문이었다.

"그날 밤이 기억나요. 남편에게 로저를 다시는 만나지 않겠다고 또 동생은 집에서만 만나겠다고 맹세하라고 했어요. 아니면 우리 결혼은 정말 끝이라고. 남편은 펄펄 뛰며 잘못은 자신에게 있지 동생과 로저는 전혀 상관이 없다고 말했어요. 모든 게 남편 잘못이라는 것은 저도 알고 있어요. 저는 기적을 바라고 있었어요. 제 기분이 나아지기를 또 생활에 변화가 일어나 다시 남편을 신뢰할 수 있는 희망이 생길 수 있기를 바랐어요. 결혼을 지속하고 남편이 다시 바람을 피울지도 모른다는 걱정 속에서 하루하루를 보낼 수가 없었어요"

엘렌이 기적을 바라는 것일까? 남편의 친구가 바람둥이이거나 여자를 혐오해서 도저히 참고 견딜 수 없다면? 친구는 독신이라 밖에 나가 여자들과 어울려도 상관이 없지만 남편이 재미 삼아 그들과 어울린다면? 바람둥이 친구와 절교를 하라고 하면 지나친 강요일까?

시댁과 친구가 외도에 미치는 영향을 조사한 결과는 다음과 같다.

✣ 시댁과 친구가 외도에 미치는 영향 ✣

- 나는 외도 경험이 없으며 외도를 한 친한 친구가 있다 – **47%**
- 나는 외도 경험이 있으며 외도를 한 친한 친구가 있다 – **77%**

  (친한 친구가 외도를 했지만 자신은 가정에 충실한 경우는 단지 23%에 불과했다)
- 나는 외도 경험이 없으며 가까운 가족 중 외도를 한 사람이 있다 – **33%**
- 나는 외도 경험이 있으며 가까운 가족 중 외도를 한 사람이 있다 – **53%**
- 나는 외도 경험이 없으며 아버지가 외도를 의심받거나 의심받았던 적이 있다 – **28%**
- 나는 외도 경험이 있으며 아버지가 외도를 의심받거나 의심받았던 적이 있다 – **50%**
- 나는 외도 경험이 없으며 아버지가 여러 번 외도를 했다 – **8%**
- 나는 외도 경험이 있으며 아버지가 여러 번 외도를 했다 – **21%**

친구에 관한 외도남과 충실남의 대조 연구 결과는 실로 놀라웠다. 나는 두 그룹에게 친구의 부정을 인식하고 있는지를 물었다. 외도남 중 외도를 한 친구를 둔 사람은 외도 경험이 없는 남자에 비해 30퍼센트가 더 많았다. 외도남 중 23퍼센트만이 외도를 한 친구가 없었다. 자신은 외도 경험이 없지만 외도를 한 친구를 둔 사람도 많다는 사실을 명심하자. 즉, 친한 친구는 아내를 두고 바람을 피웠지만 본인은 가정에 충실할 수 있다는 것이다. 하지만 친구의 외도에 대한 두 그룹의 현저한 결과 차이를 눈앞에 둔 이상 우리는 친구가 외도할 경우 남편이 외도할 확률은 그렇지 않을 경우에 비해 두 배 더 높다고 생각할 수밖에 없다.

우리가 생각하는 것보다 친구의 영향력은 훨씬 크다. 친한 친구가 외도를 했을 경우 외도는 일상의 일부분이 된다. 남편이 외도를 삶의 일부분으로 받아들이도록 용납해야 할까? 남편이 외도를 한 사람들과 어울리도록 내버려두어야 할까? 아내들이여, 명심하자. 때로는 순수한 우정이 위험할 수도 있다.

우정은 반대로 행복한 결혼에 일조할 수 있다. 친구는 중요하다. 내 장인어른과 장모님은 40년 넘게 같이 살고 있고 지금도 함께 춤을 추러 다닌다. 한편 두 분의 친구 중에 이혼한 분이 한 분도 없으며 모두 서로를 배려한다.

그렇다면 남편에게 외도를 한 친구가 있을 경우 어떻게 해야 할까? 엘렌의 이야기에서처럼 남편이 로저 같은 친구와 가깝게 지내지 못하게 해서 긍정적인 결과를 얻은 경우는 극히 드물다. 하지만 무시하기에는 친구의 영향이 너무 크다. 남편에게 당신의 불만을 분명하게 밝히고 친구와 남편이 집에서 시간을 보내기를 요구하거나 남편과 친구가 외출할 경우 당신도 같이 어울릴 수 있도록 해라. 그들이 친구의 부정에 관해 얘기하는 것 자체를 막을 수는 없지만, 최소한 남편이 재미로 여자들이나 만나보자는 친구의 꼬임에 넘어가지 않도록 막을 수는 있다. 뿐만 아니라 당신이 남편과 친구의 모임에 동석할 경우 남자들은 부정에 대해 자유롭게 이야기하지 못할 것이다.

로저는 가끔 부정에 얽힌 끔찍한 이야기들을 하곤 했는데 엘렌은 이 이야기가 남편에게 좋은 교훈이 될 거라고 생각했다. 물론 엘렌의 생각처럼 되지는 않았다. 남편이 바람을 피워 낭패를 본 것을 알고 있더라도 여전히 남편이 외도할 가능성은 있다. 남편이 외도를 한 친구들에 둘러싸여 있을 경우 그에게 부정은 더 이상 비정상적인 일이 아니다. 기회가 생길 때마다 당신의 걱정을 남편에게 이야기하고 건강한 결혼 생활을 하고 있는 부부들과 어울릴 수 있도록 노력해라.

한편, 남편의 가까운 가족이 외도를 했는지 역시 신경을 써야 한다. 충실남 중 가족의 외도를 의식하는 경우는 33퍼센트에 그친 반면, 외도남의 경우 53퍼센트가 가족의 외도를 의식했다. 손놓고 지켜만 봐야 할까? 당신 아버지나 형제가 바람을 피웠으니 당신이 배울까 무서워 아버지나 형제를 멀리 하라고 말할 수 있을까? 그럴 수는 없다. 하지만 가까운 가족이 바람을 피웠을 경우 남편이 외도할 가능성 역시 상당히 높아질 수 있다는 점을 명심하고 한시도 경계를 늦추지 말아야 한다.

시아버지가 외도를 했다면?

"저는 그때 열다섯 살이었습니다. 아버지는 애인과 함께 있었습니다." 피트는 처음으로 아버지가 새어머니를 두고 바람 피우는 것을 목격했던 때를 이야기했다. "의심은 했습니다. 친어머니에게서 두 분이 이혼을 하게 된 것도 아버지의 외도 때문이라고 들었습니다." 피트는 그때 여자 친구와 함께 시내에 있는 맥도날드에 있었다. 그는 고등학교 수학여행에 대해 얘기하고 있었는데 그때 아버지가 집의 리모델링을 맡고 있었던 인테리어 디자이너와 함께 걸어가고 있는 것을 보았다. "저는 완전히 넋이 나갔습니다. 제가 어찌나 연기를 잘했던지 절대 잊을 수 없습니다. 여자 친구는 아버지가 다른 여자를 팔로 감싸고 지나가는 것을 봤냐고 물었습니다. 저는 그들이 그저 친구일 뿐이라고 답했지만 속으로는 알고 있었습니다. 누구에게도 이 사실을 얘기하지 않았지만 그 인테리어 디자이너가 집에 올 때마다 그녀를 마음속으로 증오했습니다. 얼마 후 저뿐만 아니라 새어머니도 알게 되었습니다. 제가 우리 가족과 가까이 지내며 집에도 자주 드나들었던 변호사와 결국 바람을 피우게 되다니 참 아이러니한 일입니다. 제 아내와 아이도 저와 새어머니가 느꼈던 감정을 똑같이 느꼈겠지요."

아이러니하다고? 아니다. 이는 이미 예견된 결과였다. 연구에 따르면, 외도남 100명 중 50명이 아버지가 외도를 했던 적이 있거나 의심받았던 적이 있다고 답변했다. 반면에 충실남의 경우 28명만이 아버지의 외도와 관련해 같은 답변을 했다. 게다가 28명의 외도남이 자신의 아버지가 여러 번 외도를 했다고 답변한 반면, 충실남의 경우 8명에 그쳤다. 아버지의 외도 기간을 묻는 질문에 충실남은 평균 4년 9개월이라 답했으며 외도남은 무려 12년이라고 답했다. 충실남에 비해 외도남의 아버지가 외도를 한 확률이 높았고 외도의 횟수도 잦았다. 뿐만 아니라 외도남의 아버지는 외도하지 않은 남자의 아버지에 비해 평균 7년 정도 더 오래 혼외 관계를 지속했다.

외도남, 부모의 결혼 생활 이렇게 본다

외도남과 충실남 사이의 차이는 부모의 결혼 생활에 대한 답변에서 아주 현저해진다. 외도남의 49퍼센트가 부모의 결혼 생활을 대체로 긍정적으로 생각한다고 답했고, 51퍼센트는 대체로 부정적이며 부모가 늘 다투었다고 생각했다. 하지만 충실남의 82퍼센트는 부모의 결혼 생활을 긍정적으로 생각한다고 답했고, 18퍼센트만이 부모의 결혼 생활을 부정적으로 바라보았다.

잭은 수년 간 아버지와 연락을 끊고 지냈다. 어릴 적 아버지가 어머니에게 한 행동을 용서할 수 없었기 때문이다. 열일곱 살이 되었을 때 잭의 부모님은 이혼했다. 그 이후 잭은 집안의 가장이 되었고 어머니의 보호자 노릇도 해야 했다. "우습게도, 어머니를 보살피며 저도 나이가 들었고 그때서야 저는 어머니가 결코 쉽지 않은 사람이란 걸 알게 되었습니다. 어머니는 끊임없이 잔소리를 했고 집착이 심했습니다. 전 어머니 때문에 미칠 지경이었고 어머니에게 소리를 지르곤 했습니다. 얼마 전 아내에게도 어머니에게 그랬던 것처럼 소리를 질렀습니다. 아내는 제 말투가 정말 거슬린다고 입버릇처럼 말했습니다. 아내와 만나기 전 두 번 결혼을 했는데 제가 외도를 해서 이혼했습니다. 그래서인지 저는 항상 아내와 싸울 태세를 갖추고 있었고, 아내가 까다로운 사람이라고 생각했습니다. 부모님의 형편없는 결혼 생활이 제게 얼마나 영향을 미쳤는지 확실치는 않지만 제 여자관계는 분명 지금보다는 훨씬 원만했을 것입니다."

우리는 대개 어릴 때 일어났던 일들이 어른이 되어 자신의 행동에 그대로 묻어난다는 말을 믿으려 하지 않는다. 과거는 과거일 뿐이다. 결국 과거를 되돌릴 수도 없지 않은가. 왜 과거에 집착하는가. 하지만 미래를 예측하기 위해 과거를 되돌아봐야 한다.

어릴 적 경험과 과거의 목소리는 여러 가지 방식으로 현재의 행동에 영향을 미칠 수 있다. 이는 설사 부모님이 이 세상에 없어도 마찬가지다. 부정이 용인되는 가족 안에서 자랐을 때 이 문화는 부정에 대한 생각을 좌우한다. 바람을 피운 아버지가 왜 문화가 되느냐고? 어떤 면에서 이는 문화다. 부정이 용인되든 잘못으로 받아들여지든 그 가족의 문화는 여전히 부정을 정상적인 것으로 인식하게 만든다. 이는 실제로 이혼 가정에서 자란 아이들이 이혼할 확률이 더 높은 것을 보면 알 수 있다. 부모의 이혼을 환호하는 사람은 아무도 없다. 대부분의 이혼은 실패로 인식되고 이는 현실이며 또한 문화의 일부가 된다.

남편은 시부모에게서 옳고 그름의 기준을 배운다. 그들은 말로 또 행동으로 남편을 가르쳤다. "내 행동은 본받지 말고 내 지시에만 순종해라"라는 옛 격언은 모순이다. 시아버지의 외도는 남편의 의향과는 상관없이 들어야 하는 필수 과목인 셈이다. 마찬가지로 가정에 충실한 시아버지는 남편에게 귀중한 교훈을 몸소 보여준 셈이다. 그 교훈으로 남편이 당신을 두고 바람을 피울 확률은 줄어들게 된다. 시아버지가 남편에게 보여준 결혼 생활은 그대로 당신의 결혼까지 이어진다.

남편에게서 가능한 한 시대에 대한 많은 정보를 알아두는 것이 중요하다. 시아버지가 외도를 했다면 얼마나 오래 또 몇 번이나 외도를 했는지 확인해라. 남편의 과거를 바꿀 수는 없다. 하지만 그의 과거를 파악해 시부모님으로부터 받은 가르침에 대해 남편과 함께 깊이 생각해보는 시간을 갖는 것이 좋다. 그렇다고 "당신 아버지가 외도해도 된다고 가르쳤잖아"로 대화를 시작하면 안 된다. 남편에게 주제넘게 심리학자 흉내를 내는 듯한 인상을 줄 수 있기 때문이다. 다만 조심스럽게 남편의 경험에 대해 배우도록 해라. 남편이 시아버지의 외도를 어떻게 알게 되었는지부터 당시 시아버지의 연세와 또 그의 외도에 대해 가족이나 다른 사람과 의논한 적이 있는지 등을 알아보자. 계속해서 자신의 경험을 얘기하는 사이 외도를 할 수도 있다는 남편의 생각이 점점 힘을 잃을 것이다. 게다가 누군가에게 관심을 갖는 것은 그에 대한 최고의 찬사 중 하나라는 것도 잊지 말아야 한다. 남편의 추억을 같이 나누면서 당신은 남편의 소년 시절을 알게 되어 그의 과거는 더 이상 남편과 가족에만 국한되지 않는다. 남편의 추억에 당신이 뿌리내리게 되고 당신도 그 일부가 된다.

시아버지가 외도를 하지 않았다 하더라도 시부모의 전반적인 결혼 생활에 대해 남편과 이야기를 나눠보자. 이때 주의해야 할 점은 조심스럽게 접근해야 하고 절대 비판하지 말아야 한다. "시부모님이 그러셨다고? 세상에!"가 아니라 "와, 대단해. 당신, 어떻게 그런 일을 용케 잘 견뎌냈어?"라는 태도를 유지해라. 후자와 같은 태도는 남편에게 힘을 주며 남편 곁에 있고자 하는 당신의 마음을 전달해준다. 또 남편은 당신의 말 속에서 아내가 역경을 헤쳐나간 자신의 용기를 충분히 인정하고 있다는 걸 느낄 수 있다.

신시아는 시아버지를 정말 싫어했다. 내가 신시아에게 아버지의 외도가 아들의 결혼에 미치는 영향에 대한 결과를 보여주었을 때 그녀는 당연하다는 반응이었다. "저는 시아버지가 바람둥이에 무뢰한이라는 것을 알았어요. 남편이 시아버지를 편들 때마다 너무 화가 났어요. 시어머니 역시 크게 다르지 않았어요. 시간이 지나면서 시어머니는 그들을 이길 수 없다면 그들 편에 서자고 마음을 먹었고 성생활을 포함해 서로의 사생활을 인정하기로 두 분이 합의를 했어요. 이러한 결혼 생활은 남편이 십 대였을 때부터 대학생 때까지 이어졌어요. 남편 말이 두 분은 더 이상 서로의 사생활을 털어놓지 않는다고 했어요. 그럼에도 두 분은 헤어지지 않았어요. 저는 시아버지가 죽을 때까지 외도를 할 거라 확신해요. 장담컨대 장례식장은 아버지의 애인들로 발 디딜 틈이 없을 거예요."

신시아는 시아버지에 대한 화를 쉽게 삭이지 못했다. 한번은 너무 흥분해서 남편과 이야기하던 중에 시부모님 흉을 보았는데 남편은 시부모님 편을 들었다. 남편은 자신이 아버지의 나쁜 점을 닮지 않도록 조심해야 한다는 아내의 요지를 짚어내지 못했다. 보통 신시아가 먼저 시부모님 얘기를 꺼냈고 그래서 부부는 매번 다퉜다. 신시아가 남편의 외도를 알아챘을 때도 역시 남편은 시부모님 편을 들었고 부모님의 실수와 자신은 아무 연관이 없다고 주장했다.

나이를 막론하고 부모를 폄하하려는 자식은 없다. 사회는 부모를 존경하고 감사하라고 가르친다. 사람들은 부모 때문에 화가 나 죽겠다고 불평하면서도 휴가 때면 부모를 찾아뵙고 또 부모를 애틋하게 여긴다. 그렇기 때문에 아내라 하더라도 남편과 이야기하다가 시댁을 도마 위에 올려놓고 마구 흉을 보면 안 된다. 신시아의 남편이 그러했듯 남자는 자신의 부모가 공격받으면 그들을 변호한다. 남편과 시부모에 관해 의논하는 것이 바로 아내의 역할이다. 그들의 좋은 점, 나쁜 점, 부끄러운 점을 모두 의논해라. 남편의 어릴 적 얘기를 통해 남편과 교감을 형성해라. 당신이 긍정적인 자세를 취하면 취할수록 남편은 더욱더 편하게 부모 얘기를 할 것이다. 이때 "오, 당신 정말 안됐어"와 같은 감정적인 말은 금물이다. 당신이 객관적인 태도로 대화를 나눌수록 남편은 당신과 더 많은 얘기를 나눌 것이다. 너무 감정적이 되면 남편은 감추기 시작한다. "실상, 그렇게 나쁘지는 않아. 그것 덕분에 강해졌어. 젊어 고생은 사서도 한다잖아." 이런 말들은 당신이 너무 감정적이어서 남편이 불편해지기 시작했다는 신호다.

나는 외도남이 부모에 대해 어떻게 생각하는지 알고 싶었다. 외도남은 자신의 부모와 잘 지낼까, 아니면 문제가 있을까? 대부분의 외도남은 부모와의 관계를 긍정적이라고 생각했다. 79퍼센트의 외도남이 부모와 긍정적인 관계를 맺고 있다고 답했으며, 21퍼센트만이 부모와의 관계가 부정적이라고 답했다. 하지만 충실남은 95퍼센트가 부모와의 관계를 긍정적으로 평가했으며, 부정적이라고 답한 충실남은 5퍼센트에 지나지 않았다. 즉, 외도의 문제에 관한 한 남자의 미래는 과거에 달려 있다.

동료나 지인들이 외도에 미치는 영향

동료나 지인들에 대해서는 걱정을 한시름 놓아도 좋다. 동료나 지인들의 영향을 묻는 질문에 외도남과 충실남의 답변이 크게 다르지 않았기 때문이다. 하지만 지혜로운 아내라면 남편이 동료나 지인들을 통해서 외도를 바라보는 시각을 달리할 수 있다는 점을 염두에 두어야 한다. 남편이 외도는 잘못이라고 생각하고 있어도 외도한 경험담을 털어놓는 사람들에 둘러싸여 있다면 남편 역시 물들 가능성이 있기 때문에 방심하면 안 된다. 게다가 당신이 동료나 지인들의 나쁜 영향을 거론하면 남편에게서 멀어질 수 있다. 남편 주위에 외도남이 득실득실할 경우 가장 좋은 방법은 신뢰가 깊은 부부들과 우정을 키워 나가는 것이다.

액 션 프 로 그 램

| 1단계 | 친구와 가족을 주시하라

1. 남편의 친구와 가까운 가족을 집으로 초대해서 그들이 어떤 사람들인지 파악해라. 이 전략을 이용해 남편과 가까운 사람들의 일부가 되어라. 남편의 친구가 싫어서 그들과 되도록이면 마주치지 않으려는 아내를 종종 볼 수 있다. 하지만 연구에 따르면, 아내가 남편 친구들의 생활 방식에 대해 많이 알면 알수록 남편은 강압적인 인상을 받지 않으면서 점점 더 충실남으로 변한다.

2. 남편의 친한 친구가 외도를 할 경우 다른 부부들과 어울리면서 이들을 남편에게 소개해라. 직장이나 아이의 학교에서도 새로운 사람들을 만날 수 있다. 행복한 결혼 생활을 하는 부부는 당신과 남편에게 긍정적인 역할 모델이 될 수 있다. 남편이 충실한 남자들과 어울리는 시간이 많아질수록 그의 외도남 친구는 점점 존재감을 잃는다. 또한 '나는 당신 친구가 싫어요. 그러니 당신이 그와 안 어울렸으면 좋겠어요'로 시작하는 어려운 문제도 피할 수 있다.

3. 남편이 외도남 친구를 만날 경우 건전한 환경에서 만날 것을 제안해라. 집 혹은 점심을 먹으러 식당에서 만난다든지 혹은 운동을 같이하는 것도 좋다. 남편이 밤늦게 친구와 같이 술집이나 클럽에 가거나 늦은 저녁을 먹지 않도록 해라. 친구가 여자에게 작업 거는 것을 남편이 목격하게 해서는 안 된다.

아내 아닌 다른 여자

조사에 따르면 100명의 외도남 중 54명은 한 여자와 외도를 했으며, 놀랍게도 나머지 46명은 여러 여자와 외도를 한 것으로 나타났다. 외도한 기간을 보면 47퍼센트의 남자는 채 1년이 못 됐으며 24퍼센트는 1년에서 2년간, 그리고 9퍼센트는 2년에서 4년간 외도를 했고 20퍼센트는 4년 이상 외도를 한 것으로 나타났다. 결혼 후 첫 외도를 하기까지 평균 기간은 6년이었다.

♥♥ 테드의 이야기 ♥♥

: 캠퍼스 커플

"왜 쉴라와 있으면 기분이 그렇게 좋아지는지 아내에게 말로 설명할 수가 없었습니다. 아내는 제가 인간쓰레기에 지나지 않는다고 생각했습니다."

대학 시절 사귀었던 쉴라가 같은 동네로 이사 오기 전까지 테드는 11년간 충실한 남편이었다. 그들은 14년간 만나지 못했지만 테드는 가끔 그녀를 떠올렸으며 그녀가 어떻게 지내는지 궁금했다. 테드는 그녀가 결혼한 지 얼마 안 돼 남편을 잃었다는 사실을 소문을 통해 들었다. 테드는 옛 여자 친구와 외도를 하고 말았다. 이 사실을 안 테드의 아내는 격분했으며 테드가 자제력이 없고 매력이 없으며 정상이 아니라고 했다.

"아내의 말이 전부 맞는 것도 같습니다. 아내와 아이들에게 또 쉴라에게도 못할 짓을 했습니다. 외도 사실을 알게 된 아내는 너무 화가 나서 왜 이런 일이 벌어지게 되었는지는 안중에도 없었습니다. 어쨌든 저는 아내와 아이들을 저버린 아주 나쁜 사람입니다. 하지만 저는 좀 달리 생각합니다. 몇 달 간 치료를 받으며 제 자신을 이해하는 것은 물론 아내에게 울며 용서를 빌었습니다. 그리고 제 문제가 무엇인지 생각해보았습니다. 문제 자체는 항상 변함이 없었습니다. 제 자신의 문제를 외도의 변명거리로 사용해선 안 된다고 생각합니다.

쉴라에 대한 감정은 아내에게 느끼는 감정과 판이하게 달랐습니다. 쉴라는 저를 다정다감하게 대해주었습니다. 작은 것들, 예를 들어 마사지를 해준다든지, 에스프레소를 만들어준다든지 아니면 그냥 앉아서 제 얘기를 들어주었습니다. 우리는 오랫 동안 섹스를 하지 않았습니다. 하지만 솔직히 그녀와 있는 내내 섹스를 한 것 같았습니다. 그녀가 절 진심으로 사랑했기 때문에 섹스 역시 좋았을 뿐입니다."

테드는 많은 외도남이 느끼는 바를 잘 나타내고 있다. 즉, 외도남들은 아내에게 받지 못한 것을 정부에게서 얻는다. 이해가 된다. 하지만 외도남이 정부에게 느끼는 그 믿을 수 없는 힘은 대체 무엇일까? 정부가 아내보다 외모가 월등히 뛰어난가? 도저히 아내와는 안 되는, 그녀하고만 할 수 있는 특별한 대화 방법이 있는가? 아내는 모르는 그녀만의 잠자리 비법이 있는가? 모두 틀렸다. 놀라운 사실은 정부가 아내보다 외모가 뛰어나다고 답한 외도남이 단지 12퍼센트에 불과하다는 것이다. 즉 88퍼센트의 외도남은 아내의 외모가 정부에 뒤지지 않거나 더 뛰어나다고 답했다. 이는 아내가 몸매와 외모를 가꿀 필요가 없다는 뜻이 아니라 남편의 외도를 막는 방법으로써 부적절하다는 것이다. 외모보다 더 중요한 것들이 있다.

그렇다면 당신은 어떤 부분에 힘을 써야 할까? 지금쯤 감을 잡은 사람도 있을 것이다. 28퍼센트의 외도남이 답한 정부와 아내의 가장 큰 차이점은 바로 정부는 그들을 원하고 사랑하며 인정해주었다는 것이다.

지금까지 아내와 남편이 외도에 대해 어떻게 생각하는지를 살펴보았다. 남자는 정서적 문제를 결혼의 최우선 과제로 꼽았으며, 외도의 최대 이점으로 정서적 교감을 선택했다. 9퍼센트의 외도남은 아내와 정부의 근본적 차이가 정서적 교감에 있다고 답했다. 결과적으로 외도남의 37퍼센트는 아내와 정부의 가장 큰 차이점이 기쁨이라고 답한 것이다.

그렇다면 대화 방식은 어떨까? 아내보다 정부와 더 열린 대화를 나눴을까? 그렇다고 답한 외도남은 12퍼센트에 불과했다. 또한 공통된 가치와 관심사가 외도의 직접적인 원인이라고 답한 외도남은 11퍼센트였다.

또한 남자는 섹스 때문에 외도를 할까? '그녀는 잠자리에서 아내가 해주지 않은 것을 해주었다'라는 질문에 22퍼센트의 외도남이 그렇다고 답했다. 22퍼센트에 불과하지만 외도남은 이를 외도의 두 번째 이유로 꼽았다. 연구 결과는 남자들이 자신의 아내를 바라보는 입장과 일맥상통한다. 남자는 먼저 아내와 정서적 관계를 형성하기 위해 애쓴다. 그리고 이 연결 고리를 찾을 수 없거나 유지할 수 없다고 판단하면 밖에서 이를 찾는다. 그들 역시 아내와 정서적 관계를 맺는 데 실패한 것에 대해 상당한 책임감을 느낀다. 섹스는 정서적 관계를 형성한 후에 이루어졌으며 그렇기에 더 좋았다고 외도남은 답했다.

나는 외도남에게 섹스에 관해 물었다. "아내와 하는 섹스와 정부와 하는 섹스가 많이 달랐는가?" 68퍼센트의 외도남이 그렇다고 답했다. 성적 불만족을 외도의 주된 원인으로 꼽은 외도남이 8퍼센트에 불과했던 연구 결과와 비교해볼 때 이 결과는 상당히 흥미롭다. 남자는 더 나은 섹스를 좇아 배회하지 않는다. 남자는 아내보다 외모가 뛰어난 여자를 바라지도 않는다. 실제 아내보다 더 매력 있는 여자를 만날 확률도 적다. 남자가 잠자리에서 아내는 해주지 않는 것을 기꺼이 해줄 정부를 만날 확률은 평균적으로 22퍼센트에 불과하다. 그럼에도 68퍼센트의 외도남은 정부와의 섹스가 아내와는 많이 달랐다고 답했다.

왜 정부와 하는 섹스가 더 좋을까? 아내에게는 없는 정부만의 잠자리 비법이 있어서일까? 아니다. 대부분의 정부는 아내보다 외모나 몸매가 더 뛰어나지 않다는 사실을 명심하자. 그렇다면 68퍼센트의 정부가 명성 있는 섹스 학교 출신이거나 아내보다 유리한 고지를 차지할 비밀 무기를 가지고 있을까? 얼토당토않다. 답은 정서적 유대다. 정서적 유대가 더 나은 섹스를 할 수 있게 만든다. 물론 정서적 유대 외에 지엽적인 원인들이 있을 수도 있다. 하지만 분명한 사실은 정서적 유대가 있었기에 남편과 정부의 섹스 관계가 더 오랜 기간 지속되었다는 것이다.

그렇다면 정부가 정서적 유대를 형성하는 기술이 아내보다 뛰어날까? 남편이 그녀에게서 사랑을 받고 또 그녀와 정서적으로 연결되어 있다고 느낀 데는 여러 가지 원인이 있을 수 있다. 남편이 아내의 사랑을 잘 느끼지 못했거나 외도하기에 아주 좋은 상황이었거나 또 새로운 관계의 신선함은 외도를 핑크빛 사랑으로 물들인다.

남편과 정서적 유대를 형성하고자 하는 모든 노력은 곧 더 나은 섹스로 연결된다. 남편에 대한 인정과 감사, 다정한 몸짓만으로 남편의 마음을 움직일 수 있으며 이는 남편과의 정서적, 육체적인 관계에 긍정적인 변화를 불러온다.

설 문 지

내 남편은 외도 중?

각각의 남녀 관계가 지닌 모든 면을 단순한 설문으로 정확히 파악하는 데는 한계가 있다. 아래의 설문지는 일상적인 부부의 경험과 내가 연구 조사한 결과를 기초로 한 것이다. 이 설문의 취지는 자신은 물론 나아가 배우자와 의사소통을 할 수 있는 출발점을 제시하는 것이다. 아래의 설문지는 당신의 현재 상황을 측정하는 일반적인 지침일 뿐 정확한 진단은 될 수 없다.

아래의 질문에 당신의 생각을 긍정, 부정, 강한 긍정, 강한 부정 이렇게 네 가지로 답하시오.

1. 남편은 우리가 의사소통이 잘된다고 생각한다.

긍정	부정	강한 긍정	강한 부정
☐	☐	☐	☐

2. 우리는 인생의 가치와 관심사가 같다.

긍정	부정	강한 긍정	강한 부정
☐	☐	☐	☐

3. 남편은 내가 그를 걱정하고 염려한다고 생각한다.

긍정	부정	강한 긍정	강한 부정
☐	☐	☐	☐

4. 남편은 자신이 나에게 존중받는다고 생각한다.

긍정	부정	강한 긍정	강한 부정
☐	☐	☐	☐

5. 남편은 나와 정서적 유대 관계를 형성하고 있다고 생각한다.

긍정	부정	강한 긍정	강한 부정
☐	☐	☐	☐

6. 남편은 내가 자주 화를 내며 감정 변화가 심하다고 생각한다.

긍정	부정	강한 긍정	강한 부정
☐	☐	☐	☐

7. 남편은 내가 부부 관계보다 아이, 직업, 지역 활동에 더 치중한다고 생각한다.

긍정	부정	강한 긍정	강한 부정
☐	☐	☐	☐

8. 남편은 내가 매력 있다고 생각한다.

긍정	부정	강한 긍정	강한 부정
☐	☐	☐	☐

9. 남편은 더 자주 섹스를 하고 싶어한다.

긍정	부정	강한 긍정	강한 부정
☐	☐	☐	☐

10. 남편은 섹스가 만족스러워야 한다고 생각한다.

긍정	부정	강한 긍정	강한 부정
☐	☐	☐	☐

11. 남편이 별 이유 없이 평상시보다 자주 여행을 간다든가 피곤하다고 하며 지난달 내내 혹은 그 전부터 나와 마주하기를 꺼려한다(특별한 이유가 없을 경우 부정이라고 답해라).

긍정	부정	강한 긍정	강한 부정
□	□	□	□

12. 남편이 별 이유 없이 평상시보다 자주 여행을 간다든지 해서 지난달 내내 혹은 그 전부터 집 밖에서 더 많은 시간을 보낸다(특별한 이유가 없을 경우 부정이라고 답해라).

긍정	부정	강한 긍정	강한 부정
□	□	□	□

13. 남편이 지난달부터 혹은 그 이전부터 눈에 띄게 비판적이다.

긍정	부정	강한 긍정	강한 부정
□	□	□	□

14. 지난달부터 혹은 그 이전부터 남편과의 잠자리 횟수가 줄었다.

긍정	부정	강한 긍정	강한 부정
□	□	□	□

15. 남편이 최근 특별한 이유 없이 선물을 사주었으며 이는 평소 그답지 않은 행동이다.

긍정	부정	강한 긍정	강한 부정
□	□	□	□

16. 남편의 친한 친구 중에 한 명 혹은 그 이상이 아내 또는 여자 친구를 두고 바람을 피웠다.

긍정	부정	강한 긍정	강한 부정
□	□	□	□

17. 남편의 가까운 가족 중에 한 명 혹은 그 이상이 아내 또는 여자 친구를 두고 바람을 피웠다.

긍정	부정	강한 긍정	강한 부정
☐	☐	☐	☐

18. 시아버지가 외도한 적이 있다.

긍정	부정	강한 긍정	강한 부정
☐	☐	☐	☐

19. 남편의 직장 동료 중에 한 명 혹은 그 이상이 외도를 한 적이 있다.

긍정	부정	강한 긍정	강한 부정
☐	☐	☐	☐

20. 남편은 시부모님의 결혼 생활이 긍정적이라고 생각한다.

긍정	부정	강한 긍정	강한 부정
☐	☐	☐	☐

21. 남편은 시부모님과 대체로 좋은 관계를 맺고 있다.

긍정	부정	강한 긍정	강한 부정
☐	☐	☐	☐

22. 남편은 일에 대해 상당히 스트레스를 받고 있다.

긍정	부정	강한 긍정	강한 부정
☐	☐	☐	☐

23. 남편은 상당한 경제적 압박을 느낀다.

긍정	부정	강한 긍정	강한 부정
☐	☐	☐	☐

24. 남편은 친정 혹은 시댁의 혈통에 대해 상당히 스트레스를 받는다.

긍정	부정	강한 긍정	강한 부정
☐	☐	☐	☐

25. 남편은 정기적으로 종교 예식에 참여한다.

긍정	부정	강한 긍정	강한 부정
☐	☐	☐	☐

답 안 지

각 질문에 대한 당신의 답변에 동그라미 치시오.

	긍정	부정	강한 긍정	강한 긍정
1.	0	0	1	-1
2.	0	0	1	-1
3.	2	-2	3	-3
4.	3	-3	6	-6
5.	1	-1	2	-2
6.	0	0	-1	1
7.	0	0	-1	1
8.	0	0	1	-1
9.	-2	2	-4	4
10.	1	-1	2	-2
11.	0	0	-1	1
12.	-3	1	-6	2
13.	0	0	-1	1
14.	-2	0	-3	1
15.	0	0	0	0
16.	-2	1		
17.	-1	1		
18.	-2	2		
19.	0	0		
20.	1	-1	2	-2
21.	0	0	1	-1
22.	0	0	0	0
23.	0	0	0	0
24.	0	0	0	0
25.	0	0	1	-1

+17 ~ +35 남편이 외도할 확률은 현재는 물론 앞으로도 거의 없다고 볼 수 있다. 지금처럼 하면서 책에 제시된 여러 원칙들을 적용하면 더욱 안정된 결혼 생활을 할 수 있다.

-21 ~ +16 당신의 결혼이 위태로운 상태이므로 긴장해야 한다. 친절, 평온, 감사가 넘치는 가정환경을 만들어야 한다. 마음을 느긋하게 다잡고 부부 관계에 집중해야 하며 부부 사이를 멀어지게 만드는 모든 요소를 제거해야 한다. 그리고 결혼을 굳건히 할 새로운 계획들을 하나하나 실행해야 한다.

-22 ~ -42 적신호. 남편이 앞으로 외도할 확률이 거의 100퍼센트에 가까우며 이미 외도를 하고 있을 수도 있다. 자신을 보호하는 동시에 최선을 다해 결혼 생활을 바로잡을 수 있도록 노력해야 한다. 결혼 상담가에게 상담을 받아야 할 필요가 있으며, 이 책에 제시된 여러 가지 방법을 이용해 남편을 주의 깊게 살펴라.

경고 점수와 무관하게 12번과 14번의 질문에 강한 긍정이라고 답했다면 당신의 결혼 생활에 적신호가 켜진 것을 의미하므로 각별히 주의를 기울여야 한다.

3

경종, 신호 그리고 거짓말

당신은 남자의 외도를 가늠하는 방법에 대해 들었을 수도 있고 외도를 알아챌 수 있는 신호를 혼자 생각해보았을 수도 있다. 남편의 외도가 진행 중이라는 신호뿐 아니라 그가 외도하기 바로 직전에 보내는 신호에는 어떤 것들이 있을까? 당신이 반드시 알고 있어야 하는 주요한 단서들을 살펴보자.

외도의 신호

"책을 읽었어요. 그 책에는 남편의 외도를 알리는 무수한 신호들이 나열되어 있었어요. 솔직히 감당할 수 없을 정도였어요. 여동생과 가까운 친구들끼리 모여 얘기한 결과, 책에 있는 상당수의 신호가 우리 각자의 상황과 맞아떨어졌어요. 책의 내용을 믿어야 할지 말아야 할지 혼란스러웠어요."

마흔일곱 살인 로빈은 십 대가 된 딸 둘을 두고 있다. 쉰세 살인 그녀의 남편은 최근 검정색 오픈카를 구입했고 운동을 하기 시작했으며 마라톤 경기에 참여한 것은 물론 머리를 검정색으로 염색했다. 로빈은 책을 읽고 난 후 최근에 남편에게 일어난 모든 일이 그의 외도를 알리는 명백한 신호라고 확신했다. 하지만 그녀가 외도 얘기를 꺼내자 남편은 사실이 아니라고 단호하게 말했다. 그녀는 모든 것이 중년의 위기에서 비롯되었으며 남편이 인생을 즐기고자 마음먹은 것이라 결론지었다. 로빈의 남편이 바람을 피우는 것이 아니라 다만 건강해지고자 또 중년의 위기를 맞아 인생을 즐기고자 마음먹은 것이 사실일까?

나는 외도남에게 그들이 외도 직전에 아내에게 보낸 신호들을 구체적으로 나열하도록 했다. 그 다음 그들이 외도 중이었을 때 보낸 적신호를 나열하도록 했다. 두 가지 차이점을 제외하면 두 질문의 답변은 크게 다르지 않다.

1. 남편이 집 밖에서 보내는 시간이 늘었어요. 55퍼센트의 외도남이 외도 직전의 신호로 밖에서 보내는 시간이 늘어났음을 꼽았다. 조금 많은 61퍼센트의 외도남이 이를 외도 중임을 알리는 적신호라 답했다. 놀라운 것은 대다수의 남자가 외도 직전부터 밖에서 더 많은 시간을 보낸다는 사실이다. 이뿐만 아니라 앞으로 소개할 네 가지 신호는 남편

의 외도가 진행 중임을 알림과 동시에 외도의 신호탄이기도 하다. 미래에 이와 같은 신호들이 감지된다면 부부 관계를 바로잡아 외도를 예방할 수 있다. 61퍼센트의 외도남은 집 밖에서 더 많은 시간을 보냈다. 남자들이 말하길, "마음만 먹으면 근무 시간에도 바람을 피울 수 있어." 그러니 그들을 믿으라고 한다. 근무 중인 남편의 소재를 계속 감시하는 것은 불가능하다.

하지만 외도남은 일하지 않을 때도 짬을 내서 집에서 빠져나간다. 남편이 집에서 보내는 시간이 줄어든다고 판단되면 남편에게 무슨 일이 벌어지고 있는지 확인해야 한다. 밖에서 더 시간을 보내며 풀어야 할 문제가 정확히 무엇인지 또는 갑작스럽게 방황하게 만든 새로운 문제가 무엇인지를 이야기를 해서 알아보는 것도 좋다. 명심할 점은 남편이 밖에서 보내는 시간이 늘어난 것이 반드시 외도의 증거는 아니다. 하지만 외도할 가능성이 농후하며 부부 관계를 개선하기 위한 변화를 하루빨리 모색해야 한다. 지체할 여유가 없다.

페피는 거의 하루도 빠짐없이 퇴근하는 길에 정부를 만났다. 그녀는 페피가 언제든 볼 수 있도록 집에서 몇 블록 떨어진 곳에 살고 있었다. 페피는 주말이면 소프트볼을 했는데 그 전에 그녀를 만나느라 늦게 도착하곤 했다. 그는 아내에게 대신 장을 봐준다고 하고 30분 정도 짬을 내 그녀와 시간을 보냈다. 페피의 아내는 여전히 이 사실을 모른다. "저는 도둑처럼 살금살금 집을 빠져나왔습니다. 아내는 제가 그렇게 자주 집 밖에서 지냈는지 모릅니다. 어쨌든 우리 부부는 너무 달라져서 우리의 삶 자체가 다른 곳을 향하고 있었습니다. 아내는 소프트볼 경기를 보지 않으려 했고 제가 장보러 간다면 좋아했습니다." 페피는 자신이 도둑처럼 빠져나갔던 것을 자랑스러워하지 않지만 아내가 가장 명백한 외도의 신호를 주시하지 않았다고 생각한다. 그는 점점 집 밖에서 시간을 보낼 구실을 찾았다. "마지막에는 될 대로 되라는 심정으로 말도 안 되는 핑계를 지어냈습니다. 아내에게 걸려도 상관없다 하는 심정으로요. 골프클럽 회원도 아니면서 아내에게 골프를 치러 간다고 했습니다. 당시 우리는 너무 멀어져 아내는 제게 무슨 일이 일어나고 있는지조차 물어보지 않았습니다."

2. 섹스가 줄었어요. 두 번째 외도 신호는 대부분이 아는 얘기지만 수치를 보면 놀랍다. 부정에 가까워졌다는 두 번째 신호로 34퍼센트의 남자가 섹스 감소를 꼽았으며 이 수치는 외도 중인 경우 43퍼센트로 증가했다. 마찬가지로 34퍼센트의 남자가 외도의 경고 신호로 섹스 감소를 꼽았다는 사실에 주목하자. 즉, 우리는 외도와 그에 따른 불행이 닥치기 전에 이 경고들을 사전에 감지할 수 있다. 특이한 점은 섹스 감소를 외도의 신호라고 답한 외도남이 43퍼센트에 불과했다는 것이다. 다른 여자와 섹스를 하고 있다면 더 많은 외도남이 그렇다고 답해야 하지 않을까? 한편으로 외도 이전에 아내와 섹스를 자주 하지 않았다면 외

도를 한다고 해도 부부의 섹스에는 별 변화가 없을 수도 있다.

조지는 이 점에서 내 주장을 뒷받침해주었다. 나는 조지에게 어떻게 외도 중에도 아내와의 섹스에는 전혀 변화가 없었냐고 물었다. 그는 외도 전에 3주에 한 번 정도 아내와 잠자리를 했다고 답했다. 외도하면서 그는 여전히 아내와도 섹스를 했다. "아내와 잠자리를 하고 싶진 않았지만 섹스를 전혀 하지 않으면 아내가 의심했을 겁니다. 달리 방법이 없었습니다."

57퍼센트의 외도남은 외도를 하는 중에도 아내와의 섹스를 줄이지 않았다. 이는 갈등을 겪는 상당수의 부부가 보통 두 달에 한 번 정도 섹스를 하는 데 원인이 있다. 하지만 부부의 섹스 감소를 외도의 신호라고 답한 외도남은 여전히 상당수에 달하며 꾸준한 섹스 관계와 횟수는 건강한 결혼 생활에 필수다.

3. 남편이 저를 피해요. 세 번째 외도 신호는 29퍼센트를 얻은, 전화를 포함한 남편의 접촉 회피다. 외도가 시작되면 이 수치는 24퍼센트로 내려간다. 남편과 평범하고 일상적인 일로 낮에 시간을 함께 보내기만 해도 서로에 대한 관심이 높아질 수 있다. 남편이 전화를 피한다든지 당신과 시간을 보내려 하지 않는다면 이는 의식적 혹은 무의식적으로 남편이 당신과 멀어지고 싶다는 뜻이다. 간단한 안부 전화를 해서 남편과 계속 연락을 주고받는 것이 좋다.

4. 남편의 비난이 늘었어요. 아내를 비난하는 것을 외도의 신호라고 답한 외도남은 25퍼센트였다. 외도가 시작되면 이는 19퍼센트로 내려간다. 스테판은 무슨 영문인지 이해할 수 없었다. "남편은 제가 만든 음식을 정말 좋아했어요. 친정엄마가 이탈리아 사람이라 남편은 제가 하는 이탈리아 전통 요리를 자랑스러워했어요. 그런데 갑자기 남편이 제 음식이 지겹다며 다른 메뉴를 원했어요. 모욕감을 느꼈지만 다른 음식들을 시도했고 남편은 괜찮아 보였어요. 그런데 이번에는 제가 돈 쓰는 걸 가지고 비난하기 시작했어요. 예전에 재정 관리를 배웠기 때문에 결혼 이후로 돈 관리는 모두 제가 맡아 왔는데 남편이 의심을 하면서 간섭하기 시작했어요. 남편은 제가 저축한 돈을 따로 모아두는 걸 비난했어요. 남편이 제게 요구하는 사항들 때문에 우리는 크게 다투었어요." 6개월 뒤 스테판은 남편의 외도 사실과 그의 정부에게 돈이 새어 나가고 있다는 것을 알게 되었다.

5. 부부 싸움이 늘었어요. 20퍼센트의 외도남이 부부 싸움이 잦아지는 것이 외도의 신호라고 답했다. 남편이 아내를 비난하는 것과 부부 싸움이 늘었다는 신호는 매우 유사하므로 이 두 신호를 같이 묶을 경우 상당수의 외도남이 외도의 신호로 아내를 못살게 군다고 볼 수 있다.

대부분의 외도남이 집 밖에서 더 많은 시간을 보내고, 아내와 접촉하기를 피하며, 아내와 섹스하는 횟수를 줄였다. 행동의 변화로 나타나는 이 신호들은 남편이 당신과 멀어지려 한다는 경고 신호다. 하지만 기억해야 할 것은 남편에게 다른 변화가 일어나지 않고 단지 위에서 말한 변화만 일어날 경우 이 신호들은 큰 의미를 갖는다. 남편이 당신에게서 멀어지려는 조짐을 보이면 이는 당신의 결혼이 위험하다는 뜻이다.

액 션 프 로 그 램

| 2단계 | 외도의 신호를 변화시켜라

앞에서 우리는 지금 외도를 시작하려는 남편이 보내는 신호에 대해 살펴보았다. 이 신호들을 잘 알고 신호를 발견하는 즉시 행동을 취할지의 여부는 당신에게 달려 있다. 자신에게 다음의 다섯 가지 질문을 던져보자. 만약 한 문제라도 예라는 답이 나올 경우 상황을 변화시킬 방법을 즉시 모색해야 한다.

1. 남편이 집 밖에서 더 많은 시간을 보내고 있는가?

✻ 남편이 더 오래 집에 있고 싶도록 만들 수 없을까?

관계 개선이 모두 당신 몫이라는 얘기가 아니다. 하지만 당신과 남편이 집에서 오붓하게 시간을 보내고 그가 집을 싫어하지 않도록 하는 방법을 모색해야 한다. 한편, 집안 분위기가 평온한지도 확인해야 한다. 아이들 때문에 집이 편하지 않다면 방법을 찾는 한편 남편에게 협조해 달라고 요청하는 것이 좋다.

* 더 행복한 집을 만들기 위해 남편은 어떤 제안을 하고 싶은지 함께 의논해라.

2. 섹스가 줄었는가?

* 자주 또 먼저 섹스를 요구해라.
* 남편에게 집안일을 부탁해서 부부가 좀 더 평온하고 행복한 시간을 보낼 수 있고 또 더 많은 친분을 쌓을 수 있도록 해라.
* 남편과 단둘이 호텔에서 하룻밤을 보낼 계획을 해라. 집에 돌아오는 즉시 집에서도 잠자리를 더 자주 가질 수 있는 방법을 같이 의논해라.
* 더 즐겁게 섹스할 수 있는 방법을 모색해라.

3. 남편이 내 전화를 피하는가?

* 남편의 근무 시간 중에 처리하기 곤란한 문제로 남편에게 전화하지는 않는가.
* 주중에 중요한 일들을 의논하고 함께 해결할 수 있도록 시간을 내달라고 남편에게 요청해라.
* 남편에게 전화해 당신이 얼마나 사랑하는지, 남편이 일찍 집에 오기를 또 같이 잠자리 하기를 얼마나 기대하고 있는지 말해라.
* 당신이 한 것처럼 남편에게도 당신에게 전화를 걸어 같은 말을 하도록 요구해라.

4. 전보다 나한테 더 비판적인 한편, 먼저 싸움을 시작하는 경우가 늘었는가?

* 당신을 비판하지 않으면서 남편의 의견을 제안하는 대화법에 대해 같이 의논해라.
* 당신을 칭찬하고 단점보다는 서로의 장점을 먼저 볼 수 있도록 남편과 얘기를 나눠라.

남편이 그 여자 얘기를 한다

마지막 외도의 신호는 연구의 결과라기보다는 내가 직장에서 여러 번 목격했던 것이다. 바로 남편이 한 여자에 대한 얘기를 점점 더 많이 한다는 것이다. 그녀는 직장 동료이거나 모임에서 만난 경우가 보통이다. 남편은 그녀와 점심을 같이 먹었다고 하거나 다른 곳에서 우연히 만났다고 한다. 남편은 그녀의 가족이 휴가 때 어디어디를 갔고, 그녀의 아이들이 좋아하는 것들을 말한다. 남편이 우리도 다음 휴가 때 그곳에 한번 가봐야겠다고 한다.

남편은 그녀와 잠자리를 하지 않았기 때문에 그녀와의 관계를 숨기려 하지 않는다. 하지만 남편이 그녀와 더 친해진다면 조심해야 한다. 대부분의 외도는 하룻밤 섹스가 아닌 친구 사이에서 일어난다. 따라서 남편은 당신 얼굴에 대고 미래의 정부에 대해 얘기할 수 있다. 심지어 당신이 그녀를 만나기를 바랄 수도 있다. 남편이 그녀에 대해 감탄하는 말을 흘려듣지 말고 그녀의 생각만큼이나 당신의 생각을 듣고도 남편이 흥분할 수 있도록 어떤 변화를 꾀해야 할지 고민해야 한다. 그녀가 남편에게 어떤 심경 변화를 일으켰을까?

거짓말

♥♥ 제인의 이야기 ♥♥

: 아내와 두 변호사

임신 중이었던 제인은 변호사인 남편의 행동에 변화를 느꼈다. 결혼 후 1년간 제인과 남편의 사이는 아주 각별했다. 하지만 달라지기 시작했다. 그 변화는 오랫동안 아주 미묘했다. 제인은 자신이 남편이 보내는 신호들을 합리화해서 무마하려 했다는 것을 솔직히 인정했다. 무엇보다 복잡한 임신 문제로 섹스는 잊혀졌다. 제인은 남편이 사려가 깊어 몇 달 동안 섹스를 크게 문제 삼지 않았다고 자신을 설득했다. 또 남편이 예전처럼 서랍장 위에 휴대전화를 놓아두지 않고 항상 차에서 충전하는 것도 생각하고 싶지 않았다.

임신 9개월째 제인은 무심코 외도라는 단어를 내뱉었다. 그녀 역시 자신이 한 말을 믿을 수 없었다. 그녀는 자신이 남편보다 더 큰 충격을 받았다고 기억한다. "당신, 바람 피워요?" 그녀는 생각 없이 내뱉었다. 생각하고 고민하기에는 너무 고통스러웠다. 남편은 펄쩍 뛰며 사실을 부인했다. 그러자 제인은 자신이 터무니없는 질문을 했다고 생각하고 걱정을 내려놓았다. "당신, 농담해? 어떻게 그런 말을 할 수 있지?" 남편은 심지어 제인이 의심했던 행동들을 바꾸어서 그녀가 외도에 대한 공포와 걱정을 하지 않도록 하겠다는 해명까지 덧붙였다.

제인은 대화가 빠르게 진전되어 남편과 가볍고 친근하게 얘기를 나누게 되자 안도의 한숨을 계속 내쉬었다. 그녀는 남편이 휴대전화를 항상 차에 두는 것, 먼저 섹스를 하자고 말하지 않는 것 또 전화를 받지 않는 것 등을 말했다. 그는 다정히 제인의 손을 잡으며 요즘 법정에 있는 경우가 잦으며 그래서 전화를 받을 수 없었고 또 법정에서는 휴대전화 신호가 잘 안 잡힌다고 설명했다. 하지만 이제부터는 법정 밖에 있을 때 곧장 그녀에게 전화를 걸겠다고 했다. 남편은 제인이 임신 중이어서 당연히 섹스가 불가능하다고 생각했으며 그녀가 그를 챙겨주느라 애쓰는 걸 원치 않는다고 덧붙였다. 한편 남편은 그녀가 원한다면 당장 휴대전화를 집 안으로 갖고 오겠다고 했다. 하지만 차에 두는 게 훨씬 편하고 집에 있을 때 전화 때문에 방해받고 싶지 않다고 했다.

제인은 너무 기뻤다. 그녀는 남편에게 휴대전화를 차에 둬도 괜찮다고 했으며, 둘은 섹스를 원할 때 서로에게 보내는 깜찍한 신호도 만들었다. 하지만 그녀가 섹스할 준비가 되어 있지 않아도 상처받지 않기로 했다. "저는 그때 정말 바보였고 호르몬의 영향을 심하게 받고 있었어요." 제인은 말했다.

"당신 시간이 괜찮을 때 아무 때나 전화해요. 내 부재중 전화 때문에 당신이 일하면서 스트레스를 받는 것은 원하지 않아요. 내 걱정하지 말고 법정으로 가는 도중 중요한 일을 하기 전에 한 번씩 전화해줘요."

그 뒤로 변화가 약간 있었다. 한번은 남편이 섹스를 먼저 하자고 했고, 이틀 정도 휴대전화를 집 안으로 들고 들어왔다. 하지만 아이가 4개월이 되었을 때 다시 외도 문제가 불거졌다. 제인은 자신이 너무 지쳐 있으며 스트레스와 호르몬의 영향을 받고 있다고 생각했다. 하지만 친정어머니와 얘기를 나누면서 뭔가 앞뒤가 맞지 않는다는 데 의견이 일치했다. 제인은 보통은 남편 회사로 가야 할 휴대전화 요금 고지서를 받았다. 남편 사무실이 공사 중이어서 고지서가 집으로 온 것이다. 또 같은 날 제인은 많은 우편물을 받았는데 나중에 새로 온 비서의 실수였다는 걸 알았다. 제인은 고지서를 보고 남편이 누군가와 상당히 자주 연락을 하고 있다는 것, 하지만 그녀는 모르는 번호라는 것을 알았다. 그녀는 남편이 퇴근하기 전까지 몇 시간 동안 울었다. 제인은 남편과 정면으로 마주했다.

"남편은 너무 침착했어요. 안 믿기겠지만 얼굴에 미소까지 지었어요. 남편은 제가 오해하고 있으며 그 번호는 최근 많은 일을 같이하고 있는 법률 회사 전화번호라고 말했어요. 그는 대표번호만 기억하고 있어서 필요할 때마다 교환원을 거쳐 여러 변호사와 통화한다고 설명했어요. 남편 앞에서 그 번호로 전화를 걸었더니 중심가에 있는 큰 법률 회사였어요. 바보가 된 기분이었어요."

이후 다섯 달 동안 제인은 이성을 잃고 어찌할 바를 몰랐다. 그녀는 계속해서 남편이 어디에 있을지 생각했고 그의 외도를 의심했다. 제인이 온통 마음을 빼앗겨 행동과 말에 일관성을 잃기 시작하자 그녀의 남편도

착한 남편을 그만두고 그녀에게 그만하라며 화를 냈다. 그 후 다섯 달이 지나자 남편은 신중하게 생각해봐야겠다며 별거를 하자고 했고 다른 여자와는 아무 관련이 없다고 했다. 제인은 더 이상 무엇을 믿어야 할지 몰랐고 남편에게 진실을 말해 달라고 간청했다. 하지만 남편은 단호하게 외도 사실을 부인했고 별거가 필요한 가장 큰 이유는 제인이 자신을 믿지 못하기 때문이라고 했다.

어느 수요일 저녁 제인은 자선 파티에서 남편의 옛 직장 동료를 만났다. "그는 우리 부부 소식을 듣고 유감이라고 했어요. 하지만 모두 명백히 드러났고 끝이 났으니 저더러 기쁘겠다고 하더군요. 제가 이상하게 그를 쳐다보자 그때서야 본인이 실언을 했다는 걸 알아챘어요. 하지만 그에겐 선택의 여지가 없었어요. 게다가 그는 저를 안쓰럽게 생각했어요." 1년이 지나서야 제인은 진실을 알아냈다. 남편은 그가 그렇게 자주 전화하는 큰 법률 회사의 여자 동료와 바람을 피우고 있었다. 모두가 그 사실을 알고 있었고, 심지어 몇몇은 그들이 커플이 됐다고 추론하고 있었다. 제인은 격분했고 남편의 동료에게 비밀을 알려준 사실을 밝히지 않기로 약속한 후 남편에게 연락했다.

"저는 진실을 원했을 뿐이에요. 남편은 저에게 진실을 빚졌어요." 제인의 남편은 모든 사실을 딱 잘라 부인했다. 남편은 그녀를 알고 있으며 몇몇 소송 때문에 자주 같이 일을 했는데 사람들이 이를 오해했을 수 있다고 설명했다. 지금 그는 그 여자와 살고 있으며 제인과 헤어지기 전까지 그녀와는 직업적인 관계였을 뿐이라고 주장했다.

우리는 모두 거짓말이 나쁘다는 것을 안다. 하지만 우리는 모두 어떤 형태로든 거짓말을 한다. "전화할 게"라는 거짓말은 요즘 너무 흔한 말이 되어 어떤 이는 "잘 가"라는 작별 인사로 오해할 정도다. 거짓말은 신뢰를 깎아 내리고 진실을 왜곡한다. 누가 거짓말을 하면 우리는 자신이 정상이 아닌가 하는 의문을 갖기 시작한다. 우리는 주위에 자신을 아끼는 사람들의 말을 믿고자 한다. 우리는 우리에게 현실을 보여주는 사람에게 의존하려 한다. 이는 우리가 한결같고 결과를 예측할 수 있는 세상에 너무 익숙해져 있기 때문이다. 우리는 안다. 사람들이 진실을 말해서 비난을 받게 될 경우나 거짓말이 절대 들통 나지 않는다고 생각할 때 자연스럽게 거짓말을 한다는 것을. 하지만 우리는 사랑하는 이들, 특히 자식과 배우자가 비난을 받더라도 또 성난 반응을 불러일으키더라도 정직하기를 바란다.

외도남은 왜 거짓말을 할까? 놀랄 준비가 되었는가? 나는 병적일 정도는 아닌데 정말 기막히게 거짓말을 잘하는 사람들과 마주한 적이 있다. 납득할 만한 이유를 들며 능수능란하게 거짓말을 하는 사람들이었다. 남자는 외도한 사실을 절대로 털어놓지 말아야 한다고 믿는 경향이 있다. 외도남은 아내에게, 결혼 상담사에게 또 부모에게 거짓말을 한다.

실제로 한 유부남이 법정에서 자신의 정부를 알지 못한다고 주장했다. 그 부인의 변호사가 계속해서 그를 다그쳤지만 그는 한 번도 그 여자를 만난 적이 없다고 증언했다. 바로 그때 변호사가 사설탐정이 찍은 사진 여러 장을 제시했다. 사진에서 유부남은 그가 모른다고 부인했던 바로 그 여자와 시간을 보내고 있었다. 결과에 만족한 변호사가 그에게 법정에서 거짓말을 하는 이유를 묻자 그는 답했다. "당신이 사진을 갖고 있는 걸 미처 몰랐습니다."

이 이야기는 외도남의 전형을 보여준다. 그들은 더 이상 거짓말을 할 수 없을 때까지 거짓말을 한다. 외도를 인정하고 사실을 말하는 그 순간부터 남자의 삶은 극적으로 변한다. 남자는 잃기 시작한다. 어떤 남자도 패배 앞에서 침착할 수 없다. 남자는 더 감정적이 되어야 한다. 남자는 자신의 과오에 대해 용서를 빌어야 하고 슬퍼해야 하며 자신의 이마에 카메라를 달아 아내가 모든 움직임을 읽을 수 있도록 해야 한다. 당신이라면 어떻게 할 것인가? 외도남에게 거짓말이 최선의 방법인 것이다.

하지만 외도남도 한때 사랑하는 사람이었다. 당신과 깊이 교감하고 서로 사랑했고, 역경을 헤치고 꽃을 피우며 개선하고자 하는 바람이 외도남에게도 있었을 것이다. 하지만 그가 당신을 두고 바람을 피웠다는 사실을 절대 잊으면 안 된다. 그의 외도는 사랑의 결여, 감정의 단절, 상실감이며 나아가 당신과 결혼에 대한 불만족을 나타낸다. 남편에게 정서적 대화는 당신이 생각하는 것처럼 쉽지 않다. 대부분의 남자가 그렇듯 그는 평생을 논리적으로 사고하라고 배웠다. 이런 상황에서 거짓말만한 묘안은 없다.

남자들의 현실 왜곡에 놀라움을 금할 수 없으며 실제로 내가 도우려는 아내들을 대신해 정말 화가 난다. 제인과 같은 처지의 아내들은 진실을 알고자 하는 욕구에 모든 마음을 빼앗긴다. 한 번 거짓말을 한 남편을 믿기란 여간 어려운 일이 아니다. 남편이 정말 정직해지는 방법을 찾았을까? 쉬운 해결책은 없다. 내가 제시할 수 있는 최선의 답변은 이렇다. 우리는 배우자를 믿는다. 왜냐하면 부부는 깊이 정이 들어 서로 멀어지다가도 다시 줄을 당겨 가까워지는 법을 배우기 때문이다. 상당수 커플은 사이가 벌어져도 방법을 모색해 상황을 개선하지 않고 더 이상 손을 쓸 수 없을 때까지 수수방관하기도 한다. 남편이 외도를 한 뒤, 잠시 멀어진 후에 다시 줄을 당겨 가까워지도록 하는 것이 최고의 외도 치료법이다. 수백 번 사과를 하는 것만으로는 결혼을 구하지 못한다. 관계를 유지하기 위해 마음과 시간을 내서 계속 노력을 기울여 실천하는 것이 유일한 답이다.

당신의 남편은 외도의 문제 앞에서 진실할 수 있을까? 확인해보자. 나는 정부를 놓고 거짓말하는 외도남이 정확히 몇 퍼센트에 달하는지를 확인하기 위해 많은 노력을 기울였다. 결과는 섬뜩했다. 55퍼센트의 외도남이 정부에 대해 시종일관 함구했다. 그들은 아내가 묻지 않아서 또 아내가 증거를 들이대도 거짓말로 일관하며 정부에 대해 입을 열지 않았다. 특히 28퍼센트의 외도남은 아내에게 말하지도 또 질문을 받지도 않았으며, 아내가 증거를 확보해도 거짓말을 한 외도남은 27퍼센트에 달했다. 나머지 45퍼센트 중 아내가 증거를 확보할 때까지 거짓말을 한 외도남은 14퍼센트, 아내가 계속해서 질문 공세를 하자 사실을 털어놓은 외도남은 12퍼센트, 아내가 처음으로 질문했을 때 사실을 털어놓은 외도남은 12퍼센트에 달했으며, 질문을 받지 않았는데도 외도 사실을 얘기한 경우는 7퍼센트에 불과했다. 즉, 31퍼센트의 외도남은 아내에게 질문을 받았을 경우에만 외도 사실을 털어놓았다.

남편이 외도에 관해 정직하기를 바라는 것은 복권이 맞을 확률보다 더 낮다. 뭔가가 벌어지고 있는 낌새를 챘는데 남편은 절대 아니라고 되풀이해서 아내를 설득한다. 아내들에게 이것은 고문과 같다. 남편이 면전에 대고 당신 생각이 완전히 틀렸다고 하니 직감은 남편이 틀렸다고 말하지만 남편을 다시 믿어보고자 한다. 완전한 고통이다. 평생을 함께 보내려 선택한 사람한테 거짓말을 듣는 것을 그 어떤 말로 설명할 수 있을까. 당신의 남편은 천연덕스런 거짓말쟁이임이 드러나고 세상 누구도 모르는 당신의 은밀한 부분까지 모든 것을 함께했던 사람에 대해 당신이 얼마나 알고 있는지 의심하게 된다.

남자가 정부를 만나는 곳

남편이 당신의 결혼을 위협할지도 모르는 새로운 친구를 만나는 곳은 어디일까? 가장 먼저 떠오르는 곳은 바로 직장이다. 연구에 참여한 외도남 중 40퍼센트가 직장에서 그들의 정부를 만났다. 다시 말해 당신은 남편이 직장에서 누구와 어울리는지 알고 있어야 한다. 지난 20년간의 경험에 비추어보면 남편이 직장 일을 계기로 정부를 처음 만나는 경우, 상대가 아주 뜻밖의 인물이 아닌 경우가 다반사다. 남편은 자주 그녀 얘기를 하기 마련이고 아내는 여지없이 눈살을 찌푸린다.

남편이 아무개와 같이 프로젝트를 맡게 되었다는 말을 흘려듣지 마라. 그녀의 이름은 앞으로 간간히 거론될 것이다. 이를 기회삼아 당신의 결혼이 어떤 상태인지 심각하게 고려해야 한다. 지금이야말로 그동안 생각해두었던 새로운 변화를 주저 없이 실행해야 한다. 변화를 실행할 때는 전속력으로 밀어붙여야 한다. 물론 결혼의 원칙에 대해 남편과 마음을 터놓고 대화할 필요가 있다. 이때 당신이 남편을 의심한다는 사실을 알아채도록 남편을 마구 몰아붙여서는 안 된다. 남편이 새로운 동료와 해서는 안 되는 일에 대해 정확하게 이야기를 해서 합의점을 찾아야 한다. 둘만 남아 회의를 한다든지 회의 참석차 같이 여행을 한다든지 또 프로젝트 때문에 밖에 나가 저녁 식사를 하는 것은 삼가기로 약속한다.

더불어 부부 사이를 좋게 하는 방법에 대해 너무 자주 거론하지 말아야 한다. 대신 남편과 대화할 때 새로운 동료와의 관계에서 남편이 합의했던 규칙을 이야기 소재로 삼는 것이 바람직하다. 남편과 나눴던 대화를 바탕으로 조심스럽게 가능한 긍정적인 변화들을 찾아야 한다.

한편, 32퍼센트의 남자들은 취미 활동을 하다가 다른 여자를 만났다. 당신이 전혀 관심이 없는 취미에 남편이 대단한 열정을 보인다면 자신에게 그 이유를 물어보아라. 축구처럼 당신은 전혀 흥미가 없는 분야일 수도 있다. 상황은 이렇다. 남편이 당신은 별로 관심이 없는 어떤 것에 열정을 가지고 있는데 자신과 같은 열정을 가진 여자를 만나면 어떻게 될까? 우리는 흔히 아이 같은 취미를 즐기도록 남편을 배려해주는 배우자가 멋지다고 생각한다. 하지만 내가 인터뷰했던 남자들은 말한다. 남자가 자유롭게 호기심의 세계를 배회하도록 내버려두는 것은 실수라고.

당신은 전혀 모르는 세계로 남편을 정기적으로 내보내면 그의 열정이 사그라질 것이라고 기대해서는 안 된다. 남편은 자신의 열정을 나눌 수 있는 누군가를 찾고 있을지도 모른다. 그리고 거기서 문제가 시작된다. 당신이 남편이 좋아하는 스포츠의 열성 팬이 되는 것은 현실적으로 무리다. 하지만 남편과 그의 관심사에 대해 얘기를 나눌 수는 있다. 남편이 몸담고 있는 세계를 배울 수 없다고 못 박지 마라. 당신은 전혀 관심이 없으니 남편만 스포츠 경기를 보러 가야 할까? 이는 남편이 몇 경기를 관람하느냐에 달렸다. 다음 두 가지를 생각해보자.

• 취미로 그가 밖에 나가는 횟수는?

• 취미를 주제로 다른 사람과 얼마나 자주 얘기를 하는가?

예를 들어, 남편은 친구 둘과 일요일마다 집에서 축구 경기를 시청하고 당신도 자주 함께 어울린다. 남편이 집에 있고 가끔 친구들과 논평을 하는 정도이며 일주일 내내 축구에 빠져 살지 않으니 괜찮다. 반면에 많은 경기를 보러 다니고 일주일 내내 친구들과 경기에 대해 얘기하고 기회가 될 때마다 라디오로 스포츠 중계를 듣는 남편은? 그는 자신의 열정을 쏟아부을 수 있는 뭔가를 발견했고 그것이 그의 인생의 상당 부분을 차지한다. 이런 경우에는 남편의 열정에 동참하는 것이 좋다. 당신도 함께 배워서 취미를 매개로 남편과 교감하면 더욱 좋다. 남편에게 가르침을 받으며 같이 얘기를 나누면서 즐거운 시간을 보내라. 땀에 절어 있는 남자들이 뛰며 바보처럼 환호하는 것을 억지로 지켜보는 것보다 낫지 않은가.

반면에 남편이 경기장에서 계속 다른 여자를 만나 그녀와 대화하는 것을 즐긴다고 가정해보자. 심지어 그들은 직장에서 이미 아는 사이이며 남편은 그녀와 스포츠 얘기를 하느라 시간 가는 줄 모른다. 이런 경우, 당신은 이미 남편의 한 부분을 빼앗기고 있는 것이다. 흥미가 없고 또 유치해 보이는 취미라 할지라도 이를 통해 잃어버린 남편의 일부를 되찾아 그와 하나가 될 수 있다.

남편도 당신처럼 해주기를 바라는 것은 당연하다. 당신은 남편이 기꺼이 함께 당신의 취미를 즐겨주기를 바란다. 남편 역시 그래야 한다. 부부는 서로의 관심사를 함께 나누고 점점 서로의 일부가 되어간다. 첫 번째 단계는 남편과 유쾌한 시간을 더 많이 보내는 한편, 남편 역시 당신을 닮아가도록 부추긴다. 남편이 꼭 응답하지 않더라도 부부 관계는 개선되고 결혼은 굳건해진다.

외도남의 17퍼센트는 이웃에서 정부를 만났다. 펠리페는 자선 활동을 하다가 그녀를 만났다. "아내는 계속해서 자선단체에 가입하라고 강요했습니다. 이유는 한심하기 짝이 없었습니다. 아내는 제가 더 나은 사람이 될 것이라고 생각했습니다. 그곳에서 저는 그녀를 만났습니다. 밤낮으로 돈 생각밖에 하지 않는 저에게 삶의 균형이 필요했던 것은 사실입니다. 하지만 자선단체에 가입한다고 해서 문제가 해결되지는 않습니다. 아내는 저와 함께 가지 않았습니다. 이유인즉 늘 아내가 앞장서서 이끌었기 때문에 이번에는 아내의 도움 없이 저 혼자 베푸는 것을 배워야 한다고 그녀의 친구들이 고집했기 때문입니다."

마지막으로 주목할 만한 정보 한 가지가 있다. 인터넷을 통해 정부를 만난다고 대답한 외도남은 3퍼센트에 불과하다는 사실이다. 연구에 참여한 외도남 중 절반이 온라인 설문에 참여했고 그들은 인터넷을 사용하는 데 전혀 문제가 없다. 인터넷이 결혼을 위협하는 사례는 적지 않으나 온라인에서 사람을 만나 섹스까지 이르는 경우는 그리 많지 않은 것 같다.

만남에서 외도까지 걸리는 시간

할은 그의 외도에 대해 숨김없이 얘기했다.

"줄리와 저는 캠퍼스 커플이었습니다. 그녀가 우리 집 근처로 이사를 와서 옛날 얘기나 할까 해서 처음 만났습니다. 그게 실수였습니다. 저와 바람을 피우는 여자가 아내보다 저를 더 오래 알았다고 생각하니 이상했습니다. 왜 이 사실이 저한테 그토록 중요했는지 설명할 수 없습니다. 아내를 두고 그녀와 바람을 피우기까지 3년이라는 시간이 걸렸습니다. 제가 줄리를 안 기간은 그러니까 15년이 됩니다."

좋은 소식이 있다. 직장에서 혹은 야구 경기장에서 만난 여자의 이름이 거론될 때 유의해서 들으라는 이유는 최악의 상황이 되기 전에 손쓸 시간이 있기 때문이다. 하룻밤 섹스에 대한 일반적인 걱정과는 달리 만난 날 바로 섹스를 한 외도남은 6퍼센트에 불과했다. 27퍼센트는 만난 지 한 달 만에 섹스를 했다. 꽤 빠른 것 같지만 그래도 외도의 적신호를 알아챌 시간은 있다. 36퍼센트의 남자는 한 달 이상에서 1년까지 섹스를 하지 않았다. 전체의 69퍼센트는 여자를 만나고 1년 안에 섹스를 했다. 이렇게 빨리 상황이 악화되다니 생각만 해도 끔찍하다. 하지만 이제 당신은 외도를 막기 위해 무엇을 해야 하는지 또 가장 안 좋은 상황을 미리 예견하는 법을 배웠기 때문에 당신의 힘으로 결혼을 지켜낼 수 있다.

남편의 외도를 가능한 빨리 알아내라

많은 사람들이 거짓말에 얽힌 상당히 복잡한 문제를 그냥 지나친다. 연구에서도 나타나듯 보통 외도한 후에는 거짓말이 뒤따르고 이는 상당 기간 지속된다. 이 기간 동안 부부 관계가 회복될 가능성은 점점 낮아진다. 외도는 외도 그 이상의 의미가 있다. 외도는 또한 거짓말이다. 아내가 무슨 일이 벌어지고 있는지 알아내려고 몇 달 간 고통스러운 시간을 보내게 하지 않는 남자, 아내에게 외도 사실을 바로 털어놓는 남자는 상대적으로 부부 관계를 회복할 가능성이 높다. 거짓이 하나씩 쌓일 때마다 결혼이 실패할 가능성은 더 높아진다. 왜냐하면 거짓은 남편에 대한 아내의 신뢰에 의문을 제기하기 때문이다.

외도 자체만으로도 충분히 괴롭다. 하지만 남편이 거짓말을 일삼으며 방황하고 나서 아내에게 다가가 "도움이 필요해"라고 말한다면? 아내는 남편의 외도를 이겨내야 할 뿐 아니라 결혼이 전과 같이 회복될 수 있을지의 여부까지도 고민해야 한다. 아내는 남편이 다시는 외도를 하지 않을 것이며 계속해서 거짓말을 하지 않을 거라는 사실을 믿어야 할지 고민하게 된다.

만약 남편이 아내한테 거짓말을 하지 않고 함께 문제를 해결할 수 있다면 아내는 남편을 다시 신뢰할 수 있다. 아내는 앞으로 어떤 방식으로든 남편이 경계선을 넘으려 할 때 남편이 그녀에게 정직할 거라고 믿는다. 믿기 힘들겠지만 모든 것은 아내가 결혼을 다시 신뢰할 수 있느냐 없느냐에 달려 있다.

불행히도 외도남의 93퍼센트는 아내에게 진실을 말하지 않았다. 81퍼센트의 외도남은 아내가 먼저 질문을 하더라도 사실을 말하지 않았다. 남편이 진실을 털어놓을 때까지 계속 궁지로 모는 것은 정말 안 좋은 생각이다. 남편이 계속 거짓말을 하는데 뭔가 일이 벌어지고 있다는 생각은 떨칠 수 없고 남편이 실토할 때까지 계속 기다린다? 당신의 결혼은 점점 더 회복이 불가능해진다.

만약 남편이 외도를 하는 것 같은데 부정한다면 즉시 조치를 취해야 한다. 휴대전화 요금 고지서와 이메일을 확인하고, 믿음이 가는 친구나 친척에게 뭔가 의심 가는 말을 들은 적이 없는지 물어보거나 당신을 위해 또 당신의 결혼을 위해 사립탐정을 고용해도 좋다.

액 션 프 로 그 램

| 3단계 | 남편의 직장과 취미 활동에 관심을 기울여라

72퍼센트의 외도남이 직장이나 취미 활동을 하다가 다른 여자를 만났다. 남편의 이 두 영역에 대해 가능한 많이 알아두어야 한다. 직장과 취미 활동은 남편의 가장 핵심적인 모습을 보여주며 남편은 상당량의 에너지를 여기에 쏟아붓는다. 당신도 남편이 에너지를 쏟아붓는 대상이 되어야 한다.

1. 남편의 직장에 관심을 가져라

✲ 날마다 직장에서 어떤 일이 벌어지고 있는지 얘기를 나눠라.

✲ 남편의 하루가 어땠는지 세세한 부분까지 진심 어린 관심을 보여라. 옛말에 "더 나은 답변을 원한다면 질문을 더 잘해라"라는 말이 있다. 그가 어떤 프로젝트를 진행 중인지, 언제가 마감인지 등 세부 사항들을 알아두는 한편, 직장의 분위기나 소문들에 관해 물어봐라. 이렇게 하면 직장 환경에 대해서도 알 수 있다.

2. 남편의 취미에 관심을 가져라

✲ 남편의 취미에 대한 정보를 많이 알아두어 남편과 대화를 나눌 수 있도록 해라. 아니면 남편은 모든 긍정적 에너지를 다른 사람과 나눈다.

✲ 남편의 취미 활동에 같이 참여해라. 그렇다고 야구 경기, 조깅, 자선단체 모임 등에 당신 없이 절대 혼자 가지 말라고 요구할 필요는 없다. 하지만 예전보다 자주 자리를 함께해서 적극적으로 그의 취미 활동에 참여한다고 해가 되지는 않는다. 남편의 취미 활동에 마음을 열고 그의 에너지를 함께 나눔으로써 그의 취미가 부부 공통의 관심사가 된다면 부부 관계는 더욱 가까워진다.

4

남자의 마음 그리고 감성 연결

열한 살짜리 소년이 축구 시합을 한다. 안타깝게도 소년의 팀이 상대 팀에게 졌다. 소년의 실수 때문이다. 상대 팀과 그들의 부모는 환호하고 있고, 소년의 동료들은 실망한 나머지 운동장에 누워 있거나 무릎을 꿇고 있다. 소년은 자기 앞에 펼쳐진 광경을 보기가 두려워 머리를 감싸고 있다. 그는 1년 중 가장 중요한 시합에서 팀을 실망시켰다. 소년의 아버지가 다가와 그의 등을 토닥이며 말한다. "열심히 싸웠다." 아버지는 아들의 눈에 맺힌 눈물을 본다. 아버지는 무뚝뚝하게 속삭인다. "차에 탈 때까지 참아라."

아주 전형적인 광경이다. 소년들은 대회에 참가한다. 스포츠인 경우가 대부분이고 체스나 스펠링 대회일 때도 있다. 경쟁은 인생의 기쁨과 슬픔을 느끼게 한다. 경쟁을 통해 소년은 훌륭한 승자 또는 패자가 되는 법을 배운다. 하지만 승리는 중요하다. 승리에 연연하는 부모가 있는 반면, 좀 더 느긋한 부모도 있다. 오늘날의 부모들은 어느 정도는 느긋하게 현실을 받아들이라고 배운다.

하지만 아무리 사회가 현대화되었다 하더라도 소년들은 어려서부터 감정을 억제하고 절제하라고 배운다. 소년들은 감정을 개입시키지 않고 이전 경기에서 견뎌야 했던 모든 고통을 뒤로 한 채 운동장으로, 코트로 또 빙판 위로 나가서 싸워 이기라고 강요받는다. 그들은 부모님이 돌아가셔도 하루만 쉬었다가 돌아가신 부모님에게 승리를 바치기 위해 다음 경기에 출전하는 스포츠 영웅을 숭배한다. 울보는 어디에서도 환영받지 못한다. 스포츠 스타는 아이의 탄생을 지켜보기 위해 팀을 떠날 수 있다. 하지만 다정한 아버지는 이틀 뒤 팀에 복귀해 맹렬히 싸울 준비를 해야 한다. 지나치게 감성적인 소년은 '계집애'라는 놀림을 각오해야 한다.

남자는 언제나 감정을 숨기고 의연해야 한다. 그 의연함으로 남자는 전쟁에 나가 승리하고 회사를 설립하며 남자의 세계를 유지한다. 적어도 모든 소년들은 의연함을 배우며 자란다. 개인 트레이너가 필요하다고? 남편은 나가서 운동하라고 말한다. 두렵다고? 남편은 견디라고 말한다. 친구가 유방암에 걸려 아내가 슬퍼한다. 이해는 하지만 슬퍼한다고 문제가 해결되지는 않는다고 남편은 말한다. 남편이 잠시 다른 일을 미뤄두고 같이 슬퍼해주기를 바라는 것은 부질없는 짓이다.

대부분의 여자들은 아주 단순한 슬픔조차 이해하지 못하는 남편을 잘 이해하지 못한다. 남편이 시간을 내어 다정하게 위로해주고 같이 걱정하며 진심으로 슬픔을 나누지 않으면 여자는 심각해진다. 그렇다고 남자는 다정하지 못하니 희망을 갖지 말라는 뜻이 아니다. 단지 대부분의 남자는 당신의 기대와는 상당히 먼 곳에 있다는 것이다.

남자들도 감성적이다

연애할 때는 그렇지 않았다고? 남편은 정말 따뜻한 사람이었고 그래서 그와 결혼했다고? 모두 남편의 작전이었다. 연애할 때 남자는 임무를 맡은 요원이다. 남자는 이기기 위해, 당신의 사랑을 얻어 결혼에 성공하기 위해 무슨 일이든 할 수 있다. 하지만 일단 결혼하고 나면 당신은 목표에서 제외된다. 가족, 집, 일이 남편의 새로운 목표가 된다.

니콜은 눈에 띄게 달라진 남편에 대해 말한다. "결혼 전에 릭은 믿기지 않을 정도로 배려심 있고 세심한 사람이었어요. 심지어 제 친구들이 그에게 전화를 걸어 수다를 떨곤 했어요. 그는 여자를 이해했고 제 친구들에게 남자의 입장을 설명해주었어요. 결혼하기 두 달 전 제 생일에 남편은 제가 자주 가는 식당의 주방장에게 부탁해 깜짝 저녁을 준비했어요. 조용한 해변가에 식탁이며 모든 것이 준비되어 있었어요. 새집으로 이사 올 때는 목수를 시켜 제 옷장에 신발 정리함을 짜주었어요. 저는 모든 일이 잘될 거라고 생각했어요. 그런데 결혼하고 얼마 안 있어 남편은 회사 홍보를 위해 혼자 외출하기 시작했어요. 갑자기 저에게만 쏟아졌던 모든 관심이 고객에게로 향했어요."

니콜의 남편은 그녀의 깜짝 생일을 준비했던 주방장을 고용해 요트 위에 호화 파티를 준비했다. 니콜은 이 모든 것을 불신의 눈으로 바라보았다. 남편은 짬이 날 때마다 그녀를 데리고 최고급 시가나 고객이 선호하는 특이한 상품을 찾으러 다니느라 얼마 남지 않은 결혼기념일 선물로 약속했던 명품 가방을 찾으러 다닐 힘이 남아 있지 않았다. "일에 모든 힘을 쏟아야 하는 걸 이해 못하는 것은 아니에요. 다만 저한테만 쏟았던 세심한 배려가 모두 고객한테로 향하는 것이 너무 이상했어요. 제가 비정상이 아니에요. 생면부지인 사람이 제 이야기를 들으면 예상하고 있었어야지라고 말할 거예요. 사랑에 눈이 멀었다거나 그런 얘기가 아니에요. 남편은 지금도 배려할 줄 아는 사람이에요. 다만 그 배려가 제가 아닌 고객에게 향해 있을 뿐이에요."

그렇다. 남자의 가슴 안에는 감성이 풍부하다. 하지만 일생 동안 남자는 논리적으로 사고하고 감정은 나중으로 미루라고 배운다. 당신이 바라는, 민감한 감정에 반응하거나 감정을 표현하는 것을 남자들은 경험하지 못한다. 남자는 감정을 뒤로 하라는 가르침뿐 아니라 동료를 위해서라면 어떤 일이든 감수하고 형제애를 느끼며 동료애를 위해 어떤 위험도 감수하라고 배운다. 남자가 복잡한 모습을 보이는 이유는 이 때문이다. 분명 그들은 감성적이고 여자는 이를 더 두드러지게 만든다. 하지만 남자는 감성적으로 행동해야 하는 부분에서는 또 감성적이지 않다. 여자가 이를 감정적으로 받아들이는 것도 당연하다.

다행스러운 점은 남자도 사랑할 줄 안다는 것이다. 그들은 필사적으로 사랑하고 사랑받기를 원한다. 성공적인 결혼의 열쇠는 여기에 있다. 하지만 남편의 감성을 더 잘 이해하고 있으면 그 안에 내재되어 있는 풍부한 감성이 점점 빛을 보게 된다.

아내의 가장 큰 실수 : 남편을 인정하지 마라

여자들은 그들이 남편을 인정하면 남편이 잘못 해석해 더 이상 어떤 일도 열심히 하지 않을 것이라고 생각한다. 이 생각은 당신의 목표에 아무런 도움이 되지 않는다. 어떤 외도남의 아내는 잔소리를 하면 남편이 바뀔 거라고 생각하고 남편을 인정하려 들지 않았다.

남자는 인정을 받아야 동기부여가 된다. "좋아, 이제 내가 원하는 대로 됐어. 아내는 내가 굉장한 사람이라고 생각해. 아내를 기쁘게 해주려고 애쓰지 않아도 되고 열심히 돈을 벌지 않아도 돼." 남자들은 앉아서 이런 얘기를 하지 않는다. 그들은 내년에 공과금이 오를지도 모른다는 걸 안다. 그들은 아내가 인터넷 게임 시간을 줄이고 대신 가족과 더 많은 시간을 보내길 바란다는 걸 잊지 않는다. 남편을 인정한다고 해서 가장이 되기 위한 그의 육체적, 정신적 노력이 줄지 않는다. 인정은 당신과 남편을 더 가깝게 만들고, 당신을 행복하게 만들고자 하는 그의 욕망을 더 부채질한다.

미구엘은 아내가 친구들과 함께 '여자들의 밤' 모임으로 외출한 사이 아이들을 보살폈다. 네 살짜리가 여러 번 토를 했고, 집 안을 깨끗하고 치우게 침착해지려 애썼지만 쉽지 않았다.

"다음날 저는 친구 둘을 초대해 같이 월드컵 경기를 보고 싶었는데 아내가 반대했습니다. 이유인 즉 6개월 전에 동네로 이사 온 친정 부모님을 만나뵈러 가야 한다고 했습니다. 저는 전날 제가 아이들을 돌봤으니 좀 이해해 달라고 했습니다. 아내는 아이들이 내 자식이기만 하냐고 당신 자식이기도 하다며 당연한 일을 하고 왜 큰소리 치냐고 말했습니다. 아내 말이 맞지만 저는 정말 화가 났습니다. 크게 부부 싸움을 하고 난 후에 아내는 말했습니다. 한 번 허락하면 몇 주 동안 내내 친구들과 월드컵 경기를 다 보려고 할 작정이 아니냐고 했습니다. 참, 제가 십 대도 아니고……. 제 책임은 저도 알고 있습니다. 정말 기분이 나빴습니다. 아내 얘기에 따르면 저는 얼간이였습니다. 그간 아내가 부탁해서 좋은 일도 많이 했습니다. 그런데 이제는 제가 늘 좋은 일을 하게 될까 봐 걱정이 되어서 못할 것 같습니다."

다른 여느 남자들이 그렇듯 미구엘은 아내가 마음속에 다른 이유가 있어 남편을 인정하지 않는다고 느꼈다. 남자들은 아내가 남편이 원하는 대로 하지 않을까 걱정되어 필요 이상으로 냉정한 태도를 보일 때 자신들은 하찮은 존재이며 아내에게 지배받는다고 느낀다.

남편을 인정해야 다정한 남편이 된다?

아내들의 문제점 중 하나는 남편은 원하는 것이 있을 때만 아내한테 다정하다는 생각이다. "저는 조건 없이 저를 사랑하고 그냥 저와 같이 있길 원하고 꾸밈없는 저를 사랑하는 남자를 원해요."

납득이 간다. 하지만 한편으로 당신은 남편에게 무엇을 해줄 것인가라는 문제는 제외한 채 완전한 사랑을 받고 싶다고 말하고 있다. 우리는 모두 상대방이 조건 없이 자신을 받아들이길 원하지만 이는 현실이 아닌 동화에 가깝다. 우리는 상대방에게 어떻게 하느냐에 따라서 판단을 받고 또 이에 따라 관계는 발전한다. 부모만이 절대적인 사랑을 줄 수 있다. 설사 자식이 부모를 위해 전혀 노력을 기울이지 않더라도 부모는 자식을 받아들일 수 있다. 자식은 부모의 살점과도 같다. 따라서 자식이 어떻게 하더라도 부모는 사랑할 수 있다. 자식은 또 다른 모습의 부모이기 때문이다. 자식의 성공은 곧 부모의 성공이다.

남편이 원하는 대로 해준다고 해서 그의 사랑이 줄어들거나 당신을 기쁘게 해주려는 노력이 줄어들지는 않는다. 이번 주에 당신이 남편에게 싹싹하게 굴었으니 남편도 이번 주에만 당신에게 다정한 것은 아니다. 혹시라도, 그런 일이 없어야겠지만, 당신이 한 달 동안 입원했는데 남편이 원하는 것을 얻을 수 없다고 해서 그가 병간호를 하지 않을까? 결코 그렇지 않다. 남편을 인정하는 말과 행동을 자주 보여줄수록 남편은 당신이 원하는 바를 즐겁게 들어줄 것이다. 열심히 노력해서 사랑하는 사람을 감동시키는 것이야말로 진실한 사랑이다.

♥♥ 레이첼의 이야기 ♥♥

: 치유의 휴가

남편이 내놓은 휴가 계획을 보고 레이첼은 처음에 너무 화가 났다. 남편은 자주 출장을 가거나 그렇지 않으면 사무실에서 밤늦게까지 일했다. 그래서 다가오는 일주일 간의 휴가 동안 사흘을 부부끼리만 등산을 하자는 남편의 생각이 정말 터무니없어 보였다.

"애들이 평상시에 아빠 얼굴도 자주 못 보는데 휴가의 반을 애들과 떨어져 보내기로 결정하다니요? 저도 남편이 스트레스와 긴장을 풀어야 한다는 건 이해해요. 하지만 애들도 아빠가 필요해요."

레이첼은 친정어머니와 상의했다. 뜻밖에도 어머니는 남편과 같이 여행을 다녀오라며 아이들을 돌봐주겠다고 했다. "믿기지 않았어요. 저는 어머니가 저처럼 화를 낼 줄 알았어요. 그런데 반대로 남편과 제가 단둘이 여행을 가는 게 좋을 것 같다고 하셨어요. 그래서 남편과 여행을 떠났어요. 저는 온천을 좋아해요. 저도 직장에 일주일 동안 휴가를 냈는데, 에너지가 넘쳐 나는 무리들과 함께 산을 터벅터벅 걸어야 하다니 끔찍했어요.

그런데 그때 남편과 여행을 안 갔으면 평생 후회했을 거예요. 무엇보다 남편은 여행 내내 제게 고마워하며 그렇게 친절할 수가 없었어요. 그리고 언제나 제가 괜찮은지 신경을 써줬어요. 여행을 하면서 남편은 제가 절대로 이번 여행을 안 올 거라고 생각했다고 털어놨어요. 저는 집에서 애들과 제가 얼마나 남편을 보고 싶어하는지 또 애들이 얼마나 남편을 필요로 하는지 얘기했어요. 남편은 가만히 제 얘기를 들었어요. 처음으로 남편이 제 말에 귀 기울여주었고, 주말에 가족끼리 여행을 가기로 계획도 짰어요. 여행에서 돌아와 우리 가족은 주말여행을 갔어요. 더 많은 걸 바랄 수도 있지만 부부 여행은 우리 두 사람의 관계가 발전하는 큰 계기가 되었어요. 저는 진심으로 우리가 애들을 위해 한편이 되어 노력하고 있다는 생각이 들었어요."

레이첼은 배려와 인정을 담은 행동과 말이 결국에는 자신과 남편을 하나로 만들어준다는 사실을 몸소 배웠다. 대부분의 경우, 인정은 남편이 당신의 소망을 무시하도록 만드는 원동력이 아니라 반대로 당신을 행복하게 만들어주도록 동기를 불어넣는다. 남편의 관심을 끌고 싶다면 애정을 듬뿍 담아 남편을 인정하는 말과 행동을 건네보자.

남자 내면의 선함을 찾아라

어떤 방식으로 아내는 남편에게 감사하는 마음을 표현할 수 있을까? 남편이 당신에게 하듯이 남편이 좋아하는 방식을 찾으면 된다. 당신이 꽃, 보석, 칭찬, 침대에서의 아침 식사를 바란다면 남편은 무엇을 원할까? 남자의 처지에서 생각해보자. 남자는 여자가 그에게 의미 있는 행동으로 감사의 마음을 표현해주기를 바란다. 예를 들면 아주 고된 하루를 보낸 날 하룻밤 정도 씻지 않아도 잔소리를 하지 않거나 경기를 볼 수 있도록 그만의 공간을 만들어주기 또 그가 얼마나 섹시한지 말해주는 것이다.

남편에게 당신의 어떤 말과 행동에서 자신이 인정받고 있다는 느낌을 받는지 물어본다면 그는 뭐라고 대답할까? 안타깝지만 남편은 명쾌하게 대답하지 않을 것이다. 그렇다. 그는 떠듬거리며 경기를 볼 시간이 없다고 말할 것이다. 당신 손을 꼭 잡으며 "나는 우리가 멋진 하룻밤을 보낼 수 있게 당신이 준비할 때가 정말 좋아. 당신이 내 노고를 알아준다는 생각이 들어"라고 말하지 않는다. 또렷하게 말로 표현하는 것은 남자의 장기가 아니다. 어떤 감사 표현 방식이 남편에게 의미가 있을지 당신 스스로 고민해야 한다.

외도남에게 나타나는 또 다른 공통점은 그들은 아내가 그들을 인정해주기를 그다지 기대하지 않는다는 것이다. 그들은 아내의 인정과 배려의 행동이 둔화되어 마침내 멈춰 섰으며 자신이 어떤 일을 해도 더 이상 아내의 성에 차지 않는다고 느끼고는 떠나버렸다. 기계처럼 감사의 말만 되풀이하라는 것이 아니다. 계속해서 사랑 표현을 밖으로 드러내라. 이렇게 하면 남편이 외도할 확률은 아주 낮아진다.

신시아의 감사 표현법은 상당히 독창적이었다. 신시아는 그들만이 아는 추억의 노래를 부르는 장면을 녹화했다. 그리고 마지막에 감사의 인사를 달아 유튜브에 올렸다. 하루는 남편이 컴퓨터로 일을 하고 있을 때 신시아가 그에게 동영상을 보여주었다.

"남편은 열광했어요. 곧 남편의 친구들은 그들의 아내도 저처럼 다정하고 그들을 인정해줬으면 좋겠다고 남편을 부러워했어요. 동영상을 올린 이유는 여러 가지예요. 남편이 계속 동영상을 볼 수도 있고, 내가 얼마나 그를 사랑하는지 또 내 옆에 그가 있어 얼마나 감사한지 되풀이해서 들을 수 있잖아요."

남편에게 감사하기

남편이 바랄 것 같은 감사 표현법들을 나열해라.

- 어떻게 말로 남편에게 감사하는 마음을 전달할 수 있을까?
- 어떻게 행동으로 남편에게 감사를 표현할 수 있을까?
- 어떻게 다정하고 배려가 담긴 행동으로 감사를 표현할 수 있을까?

남자를 이해하는 세 가지 열쇠

1. 이겨야 한다. 남자는 보통 지는 게임에는 관심이 없다. 그들은 우위를 선점해서 승리하도록 훈련받았다. 팀이 이길 수 없다면 혼자라도

이겨야 한다. 남자가 스포츠 경기를 시청하는 것을 본 적이 있는가? 그들이 시청하는 혹은 참여하는 경기의 결과에 따라 그들의 기분은 급격히 변한다. "도저히 이길 수 없을 것 같았어요." 연구에 참여한 상당수의 남자들이 승리에 대한 그들의 태도와 관련해 흔히 하는 말이다. 이러한 태도는 결혼과도 관련이 있다.

아내가 남편한테 너무 화가 나서 더 이상 어찌할 도리가 없다라고 느낄 때 남편은 두말없이 아내에 대한 감정을 접는다. 이는 결과적으로 아내의 화를 더욱 부채질한다. 아내는 남편이 점점 멀어지고 있다고 느끼기 때문이다. 또 남편은 점점 노력을 덜 하게 되는데, 아내가 늘 자신에게 화가 나 있다고 생각하기 때문이다. 아내의 입장은 이렇다. 남편에게 정말 변화가 필요하고 다정스런 행동 하나로 그동안의 모든 무신경한 행동들이 없어질 거라는 믿음을 그에게 주고 싶지 않다. 그래서 남편이 뭔가 멋진 일을 해도 아내는 쉽사리 그의 승리를 인정하려 하지 않는다. 아내는 남편이 모든 일이 잘 해결되어 상황이 정상으로 돌아갔다고 생각해서 모든 노력을 멈출까 염려한다. 연구에 참여한 외도남이 들려준 한결같은 시나리오이며 동시에 실패작이다.

연구에 참여한 한 남편의 주장을 들어보자. 일을 끝내고 집에 가면 언제나 아내는 퉁명스럽게 그를 맞이했다. 아내는 날마다 그에게 화가 나 있었다. 얼마 지나지 않아 그는 더 이상 집에 들어가기가 싫어졌다. 그는 아내와 같이 살 수가 없다고 인정했다. 하지만 여전히 한 집안의 가장으로서 가족을 부양할 책임을 느꼈다. 한편, 그는 자신이 변화할 수 있다는 걸 알았다. 그는 아내의 불만을 이해했다. 반면에 자신이 아내가 생각하듯 그렇게 나쁜 남편은 아니라고 생각했다. "아내는 저의 모든 것을 마음에 들어하지 않는 것 같았습니다. 어차피 승산 없는 게임인데 도대체 제가 변화할 이유가 있겠어요?"

얼마 후 이 남자는 역시 불행한 결혼 생활을 하고 있던 아내의 친구와 쉽게 가까워졌다. "우리는 공통점이 많았어요. 물론 잘못하고 있다는 건 알았지만 그녀는 저를 좋아했어요. 물론 그녀 역시 저와 살을 섞고 살았다면 다를 수도 있다는 건 알아요. 하지만 그냥 너무 좋았어요."

그의 아내는 너무 화가 났으며 그냥 남편을 다시 받아들이는 것으로는 충분치 않다고 생각했다. 그녀는 남편이 자신과 마음 깊이 교감할 수 있도록 그의 태도를 바꾸지 않는 한 남편을 떠나겠다고 결심했다. 그녀는 살을 에는 고통을 겪고 나서야 깨달았다. 자신의 비판적인 태도와 화는 절대 남편의 승리 욕구를 자극하지 못하고 따라서 절대로 그의 동기를 자극해서 그 안에 있는 감성을 움직일 수 없다는 사실을 말이다.

♥♥ 필의 이야기 ♥♥

: 승리의 시나리오

"외도는 하지 않았어요. 하지만 거의 근처까지 갔습니다." 필은 이렇게 이야기를 시작했다. "저는 직장 동료와 아주 가까워졌습니다. 무엇보다 회의 참석차 같이 여행을 해야 했는데 그랬더라면 선을 넘었을 겁니다. 하지만 신의 중재로밖에는 믿기지 않는 일이 일어났고 결국 저를 구했습니다.

여행을 떠나기 며칠 전 토요일 밤에 아내와 저는 제 친구들과 외출을 했어요. 친구들은 직장 동료들이었는데 저보다 나이가 어리고 대부분 독신들이었습니다. 우리는 당시 14년 동안 결혼 생활을 해왔는데 어린 친구들의 얘기를 듣고 있으니 묘한 기분이 들었어요. 집에 돌아와서 아내는 저를 쳐다보며 14년 전 밤에 왜 나와 결혼을 하기로 마음먹었는지 지금도 생생히 기억난다고 했습니다. 젊은 친구들이 예전에 제가 얼마나 보배였는지 또 저와 함께 젊은 시절을 보내며 아내가 얼마나 행복했는지를 떠오르게 했다고 말했어요. 그들과 함께 시간을 보내고 난 후 아내는 정말 다정한 말들을 쏟아냈어요. 다음날 아내는 사무실로 노란 장미 한 송이를 보냈습니다. 젊은 시절 그녀는 노란 장미에 푹 빠져 있었고 저는 자주 노란 장미 수십 송이를 그녀의 사무실로 보내곤 했습니다. 꽃과 함께 카드에는 아내가 토요일에 했던 것과 비슷한 말이 적혀 있었어요. 꽃과 카드는 정말 의미가 있었습니다. 솔직히 가까워진 동료와 일을 저지르려던 제 심경에 변화를 일으켰습니다.

출장은 수요일에 출발해 주말까지 이어졌습니다. 저는 그녀와 분명한 선을 그었고 그녀는 충격을 받았습니다. 저는 우정이 잘못된 방향으로 흐르도록 내버려둔 것은 제 실수였다고 설명했어요. 그녀는 저보다 훨씬 젊었고 저는 잠시 이성을 잃었습니다. 하지만 아내는 정확한 순간에 모두 헛된 짓임을 일깨워주었어요. 저는 아내에게 왜 노란 장미와 카드를 보냈느냐고, 내가 멀어져 가는 걸 느꼈냐고 묻지 않았습니다. 어떤 이유든지 그 사건은 강한 인상을 남겼습니다."

보통 아내들은 남편이 일주일 내내 늦겠다는 전화 한 통 없어 음식을 남기게 했다고 소리를 지른다. 또 남편이 저녁 식사 시간에 늦을 거라고 전화하면 아무 말도 하지 않거나 또 상냥하게 대답하지도 않는다. 이런 태도는 전혀 도움이 되지 않는다. 당신의 기분을 이해 못하는 것은 아니다. 어쩌면 당연한 일에 칭찬이나 감사를 받을 필요가 없다는 당신의 주장이 옳을 수도 있다. 하지만 남자의 노력이 짧은 감사의 말이나 다정한 포옹으로 인정받지 못할 때 그의 노력은 수포로 돌아가고 계속 노력하려는 동기는 사그라진다. 남자는 실제로 아내를 승리의 개념으로 생각하지 않지만, 그들의 생각하는 방식은 예를 들자면 다음과 같다. "전화를 한 의미가 전혀 없잖아. 그러라고 해서 미리 전화했는데 여전히 화를 내."

연구에 참여한 남자들에게 확실하게 배운 한 가지가 있다. 바로 남자는 집에서 승리하지 못하면 밖에서 못다 이룬 승리를 찾는다. 아내가 외도를 너무 의심한 나머지 실제로 바람을 피웠다는 남자도 있었다. 나는 "하지만 결국 외도를 했다면, 아내가 의심한 게 맞았다는 얘기가 되지 않나요?"라고 반문했다. 그들은 정확한 답을 제시하지는 못했지만 아내가 계속해서 외도한 증거를 찾으려 하지 않았다면 바람을 피우지 않았을 것 같다고 말했다. 그들은 생각한다. "어차피 아내는 내가 외도한다고 생각하는데 외도를 하지 않으려고 굳이 노력할 필요가 없잖아?" 즉, 모두가 패자가 된다는 개념이다. 남자가 집에서 승리할 수 없을 때 그들은 자신이 이길 자신이 있는 새로운 게임을 찾아 나선다.

반대로 남자가 집에서 승리할 수 있다고 느낄 때 남자는 아내를 기쁘게 하기 위해 모든 수단을 강구한다. 아내가 감사와 사랑을 표현하면 남편은 더 세심하고 감성적인 동반자가 되기 위해 노력한다. 아내의 안내에 따라 남편은 결혼과 가족을 위해 승리하고 싶어 열심히 노력할 것이다. 자신의 노력이 성과를 나타낼 때 남자는 자신이 받은 사랑을 되돌려주기 위해 더욱더 노력한다.

2. 감정과 일은 별개다. 남편은 왜 아내는 감정을 삭이고 나중에 문제를 해결하려 하지 않을까 의아해한다. 반면에 아내는 왜 잠시 짬을 내서

전화로 문제를 상의하지 못할까 의아해한다. "그냥 간단히 이해한다고 말만 해주면 나도 내 할 일을 할 텐데." 당신은 생각한다. 하지만 남자는 당신과 같은 그런 방식으로 생각하고 말하지 않는다. 남자들에게는 이렇게 사고하는 것이 쉽지 않다. 만약 당신이 차 사고를 냈다면 남편은 "세상에, 당신 안 다쳤어? 괜찮아?" 혹은 "당신, 정말 놀랐겠구나"라고 말할 것이다. 반면에 남편한테 전화해서 놀이터에서 잠깐 한눈을 판 사이에 다른 아이가 나뭇가지로 당신의 다섯 살짜리 아들을 쳐서 눈 바로 밑에 상처가 생겼다고, 1센티미터만 높았어도 눈을 다쳤을 거라고, 그래서 너무 화가 난다고 한다면? 남편은 왜 이 얘기를 지금 하는지 잘 이해하지 못한다.

속상하고 화가 난다고? 따져보면 아들이 괜찮다는 얘기는 긴급 상황이 아니라는 뜻이다. 긴급 상황은 당신이 화를 내는 것과 아들에 대한 당신의 보호심이 정당하다는 것이다. 직장 여성이라면 분명 일을 빨리 마치고 남편보다 더 일찍 집으로 갈 것이다. 하지만 남자는 당장 처리하지 않아도 되는 일이라고 생각한다. 남편이 기다리라고 그리고 침착하라고 얘기한다고 당신에게 무신경한 것일까? 남자에게 이것은 무신경한 표현이 아니다. 남편이 전화를 받아 같은 얘기를 듣는다면 일을 멈추는 대신 나중에 교장한테 전화해서 자신의 생각을 전달하는 것이 좋겠다고 따로 메모를 해놓을 것이다. 안타까운 것은 남편은 아내에게 이런 얘기를 하지 않을 뿐더러 아내의 감정을 무시할 확률이 높다. 그는 속으로 되뇐다. '애가 괜찮으면 그냥 일을 하고 나중에 확인하면 되지.' 만약 아내가 계속 그 일에 대해 얘기하면서 잠시 짬을 내서 자신을 진정시키고 달래주지 않는다고 섭섭해하면 남편은 도리어 당신에게 회사에 무슨 일이 있는지 알지도 못하면서 지금 당장 일을 처리해 달라고 한다고 되받아칠 것이다.

♥♥ 헨리의 이야기 ♥♥

: 합의점 찾기

헨리와 그의 아내는 둘 다 법조계에서 일을 하지만 회사와 다루는 분야가 다르다. "아내의 회사에서 심각한 중상모략이 진행 중이었습니다. 물론 아내가 안 됐다는 생각은 들었지만 직장이 엉망진창인 경우는 허다하잖아요. 아내는 이 문제로 네게 자주 전화를 했습니다. 저는 그냥 조용히 상황을 받아들이라고 충고했는데 아내는 화를 냈습니다. 그녀는 본인의 생각대로 행동했습니다. 상사에게 얘기를 해서 사무실 전체가 발칵 뒤집혔고, 아내는 상상 이하의 취급을 받았습니다. 거기까지도 이해할 수 있습니다. 하지만 아내는 여전히 전화를 걸어 모든 상황에 대해 불평을 늘어놓았습니다.

저는 아내의 불평을 들으며 속으로 되뇌었습니다. '당신이 내 얘기를 들었으면 이런 상황이 안 벌어졌을 거 아냐. 왜 내가 당신 불평을 듣고 있어야 하지?' 아내는 한 번도 내 충고가 옳았다고 인정하지 않았습니다. 아내는 출근을 해서 힘든 하루를 보내다 보니 내가 얼마나 불평 없이 잘 참고 있는지 고마워할 여력이 없는 것 같았습니다. 그리고 아내는 일을 그만두고 싶다고 했습니다. 그렇게 되면 우리의 미래 설계는 아주 큰 타격을 입게 됩니다. 이때 저는 정말 화가 났습니다. 저는 더 이상 아내의 불평을 듣고 싶지 않았습니다. 저는 더 이상 회사로 전화하지 말라고 이제 당신의 불평을 듣고 싶지 않다고 설명했습니다."

얼마 안 있어 헨리의 아내는 온라인에서 그녀를 위로해줄 수 있는 직장 여성 협력 단체를 찾아냈다. 곧 부부는 따로 시간을 보내기 시작했다.

"아내는 위로받기 위해 컴퓨터 앞에 앉아 많은 시간을 보냈고, 저는 혼자 텔레비전을 보는 시간이 점점 늘었습니다. 우리는 같이 외출도 잠자리도 하지 않게 되었습니다. 속으로 결혼이 거의 끝이 났다는 생각이 들었습니다."

당신은 이제 남편의 생각 패턴을 예전보다 더 이해할 수 있게 되었으니 타협점을 찾아야 한다. 남편이 지금 당장 당신의 생각을 들어줄 수 없다면 저녁때나 그 이후에 같이 상의해서 부부가 같이 중간 점을 찾아야 한다. 나중에 당신의 생각을 들어줄 의향이 없을까 봐 걱정하지 않아도 된다. 남편은 이길 수 있는 게임이라고 판단하는 한 그렇게 할 것이다. 동시에 '일이 그렇게 돼서 정말 유감이지만 당장은 정말 바쁘니 나중에 상의할 수 없을까'라는 말만 해달라고 요구할 수 있다. 그러면 당신은 남편이 그 순간 당신의 생각을 진심으로 듣고 있다는 느낌을 받고 남편도 일에 전념할 수 있다.

3. 복잡한 건 싫다. 남자는 문제를 해결하고 서둘러 나아가라고 훈련받는다. 남자는 다른 상황에 대처하는 법에 서툴다. 남편과 문제를 상의하면 그는 분명 이런 식으로 말할 것이다. "글쎄…… 그냥 이렇게 저렇게 하면 안 돼?" 당신이 아직 해결책에 관심이 없고 다만 약간의 이해를 바란다는 걸 그는 모른다. 그는 평생 감정을 억누르라고 또 남들이 슬픔과 기쁨을 함께 나눠줄 것이라 기대하지 말라고 배웠다. 여자가 말로 남편에 대한 감성적 지지를 표현할 때 남자가 뒷걸음치는 이유는 바로 이 때문이다.

부드러운 목소리로 "당신 상사는 참……. 회사 동료들도 다 있는데 그렇게 창피를 주면서 당신을 망가뜨리다니, 정말 기분 나빴겠다"는 투의 말을 남자는 듣기 거북해한다. 남자는 승자가 되길 바라며 동시에 세심한 말이 아닌 당신의 따뜻한 사랑으로 이해받길 바란다. 남자는 그런 날에는 아내가 다른 때보다 더 다정하길, 또 멍청한 상사는 패자이고 당신이 승자라는 기분을 느끼게 해주길 바란다. 왜냐하면 퇴근해서 집으로 가면 그에겐 자신을 사랑하고 잠자리를 함께하고 싶어하는 아내가 있으니까.

남자는 화가 난다고 당신처럼 감정적이고 세심한 말들을 바라지 않는다. 일상의 문제나 성취에 대해 얘기할 때 당신이 남편에게 격려와 사랑, 지지하는 말들을 바란다는 것을 그는 정확히 이해하지 못한다. 남편은 당신을 사랑하고 당신이 행복해지기를 바란다. 남자는 여자와 다르게 반응한다. 남편에게 당신이 뭘 바라는지 여러 번 귀띔을 줘라. 승자의 세상에서는 본능적으로 다르게 반응하기 때문이다. 단순함이 바로 남자의 세상이다.

"아들, 다쳤냐? 안 다쳤어? 그럼 얼른 일어나 경기하지 않고 뭐하니? 뭐라고? 어깨를 다쳤다고? 다른 쪽 어깨를 쓰면 되잖니." 남자는 당신이 원하는 방식대로 당신을 사랑하고 싶어한다. 남자도 역시 마음속 저 깊은 곳에서는 당신처럼 감성 연결을 찾고 있기 때문이다. 단지 그가 교육받은 감정을 다스리는 법이 당신과 아주 다를 뿐이다.

남편을 응원하는 법

어떻게 남편에게 당신의 응원과 사랑을 보여줄 수 있을까? 먼저 남편이 자신을 모욕한 사람 얘기를 하면 즉시 남편의 편을 들어야 한다. 얘기가 사실이라면 그 사람이 잘못했다고, 혐오스럽다고, 부적절한 행동이었다고 얘기한다. 당신이 남편한테 바라듯 남편은 당신한테 이런 것들을 바란다. 또 당신은 좀 더 다정하고 부드럽게 말하고 싶은데 남편이 좀 더 사실적으로 말하길 바란다면 남편이 원하는 어조로 말하면 된다. 남편이 당신에게 상의를 할 때 엄마처럼 "오, 아가야. 그건 좋지 않구나" 같은 말투나 행동을 하지 않도록 조심해야 한다. 그보다는 남자 같은 어투로 다가가는 것이 좋다. 그의 친구라면 어떻게 얘기할까? 어색하지 않을 정도로 최대한 가깝게 남성적인 어조로 "당신 상사는 정말 멍청해. 당신이 열받는 것도 당연해"라고 말하는 것이다. 감정도 그와 엇비슷하게 맞춘다. 남편이 화가 났으면 당신도 약간 흥분한 상태로 당신도 화가 날 지경이라는 걸 보여주는 것이다. 남편이 기뻐하면 활짝 웃으며 충분히 그럴 자격이 된다는 걸 그에게 주지시킨다. "믿기지 않아. 당신, 하늘을 나는 기분이겠는걸. 당신은 충분히 그럴 자격이 있어. 당신이 한 일을 봐."

다시 말하지만, 엄마 같은 어조로 "와, 당신이 정말 자랑스러워"라고 말하는 것은 절대 금물이다. 나중에 응원 메시지를 담은 행동을 할 때 혹은 카드를 쓸 때는 엄마 같은 어조도 괜찮다. 하지만 지금 남편이 바라는 것은 그게 아니다. 시간이 조금 흐른 뒤 그에게 슬쩍 물어볼 수도 있다. 상대방이 상황을 오해해서 그렇게 말한 게 아니었냐고. 이런 질문은 남편이 상황을 다른 각도에게 볼 수 있도록 도움을 준다. 하지만 시간이 지나고 상황이 진정되었을 때 하는 것이 좋다. 남편이 얘기하는 도중에 이런 질문을 하면 당신이 상대방을 응원하고 있다고 생각하고 당신과 한편이 되려고 하지 않는다.

얘기 도중 남편의 어깨나 등 혹은 발을 만지는 것은 "나한테 상의해줘서 고마워요. 당신은 마음이 참 따뜻한 사람이에요. 그 따뜻함을 나와 함께 나눠요. 이런 일이 있으면 앞으로도 계속 같이 상의해요"라는 메시지를 전달한다. 식사나 외식을 준비한다든가 혹은 기분 좋은 외출은 간단하지만 충분히 감사하는 마음을 전달할 수 있다. 섹스는 자신을 낮춰 남편에게 사랑을 전달할 수 있는 또 하나의 멋진 표현법이다. 섹스는 말한다. "바깥세상에서 어떤 일이 벌어지든 신경 안 써요. 여기, 집에서만큼은 당신은 내 멋진 남편이고 내 사랑을 받을 충분한 자격이 있는 사람이니까. 언제나 당신 곁에 있고 싶어요." 이 모든 응원

남편을 이해하는 세 가지 열쇠

1. 승리는 남자의 모든 것이다. 남편에게 당신을 쟁취할 수 있다는 가능성을 열어두자. 결점과 실수투성이 남편일지라도 당신은 그 안에 감춰진 최고의 인간성을 볼 수 있으며 그대로의 모습을 사랑한다는 사실을 알려라.

2. 남자는 일을 구분 짓는다. 남자는 한창 일하는 중에 아내가 푸념하려고 전화를 걸면 회피한다. 그가 당신의 얘기를 경청할 수 있도록 완벽한 분위기를 만들어라. 예를 들면 맛있는 식사를 끝낸 뒤 조용하고 편안한 시간이 좋다.

3. 남자는 복잡한 걸 싫어한다. 남자는 문제가 있으면 답을 제시하고 다음 단계로 넘어가길 원한다. 당신이 원하는 것은 당신을 이해하고 응원하는 말 한 마디와 그의 관심을 느낄 수 있는 질문들이라고, 또 남편이 당신의 말을 귀 기울여 듣고 당신을 알아가길 원한다고 그에게 귀띔을 줘라. 당신의 감정을 판단하지 말아 달라고, 동의나 반대할 필요도 없고 단지 당신이 경험한 것을 같이 느끼려고 노력만 해달라고 말해라.

의 표현은 바깥세상에 대한 그의 불평을 누그러뜨려 삶의 균형을 맞춰준다. 또, 남편은 정기적으로 당신과 문제를 상의하고 부부는 한편이 된다.

남편에게 귀띔하는 법

우리는 남자가 여자와 다르다는 걸 안다. 하지만 남편이 여자의 마음에 닿는 법과 또 부부가 한마음이 되는 법을 알고 있다고 쉽게 가정하곤 한다. 다른 여러 가지 결혼의 기술이 그러하듯 배우자의 특별한 습관과 그가 선호하는 것을 알기까지는 시간이 걸린다. 안타까운 사실은 상대방이 이해하지 못해서 답답해 속이 터질 지경이 돼서야 우리는 자신이 원하는 것을 하나하나 말한다. 그때쯤 배우자는 벌써 비난을 받았다고 생각하고 정작 당신의 요점은 놓쳐버린다. 남편에게 당신을 쟁취하는 법과 당신과 마음 깊이 하나가 되는 법을 유쾌한 대화를 하면서 알려주는 것이 좋다. 당신에게 필요한 열 가지 조언은 아래와 같다.

1. 남편이 당신이 기대하는 것이 무엇인지 이해할 수 있도록 도와라. 남편에게 지도를 그려준다고 생각하면 된다.
2. 남편에게 당신은 신속하고 정확한 조언을 바라는 것이 아니라는 의견을 전달해라. 물론 조언을 듣기 싫다는 뜻이 아니라 처음 얘기를 할 때 당신이 바라는 건 조언이 아니라고 설명해라. 충고는

나중에 해달라고 요청해라.

3. 당신은 남편의 이해를 받고 싶다. 남편에게 자신을 잊으라고 부탁해라. 잠시 자신에 대한 생각을 모두 접고 오직 '아내가 그때 어떤 기분이었을까' 만 생각하라고 부탁해라.
4. 당신의 기분을 이해한다고 해서 꼭 당신의 의견에 동의해야 하는 것은 아니라고 설명해라. 남자는 이해하면 동의해야 한다는 생각에 겁을 먹는다. 남자는 야근을 하느라 집에 늦게 들어오는 남편을 둔 아내의 기분을 이해한다는 것은 곧 야근을 하지 않는 것이라고 생각한다. 그렇기 때문에 당신에게 왜 야근을 해야 하는지 설명해 달라고 부탁해라. 당신에 대한 이해는 곧 창조적인 타협점으로 이어질 것이고 이를 통해 부부는 서로 입장을 고려하기 위해 노력했다는 느낌을 받는다.
5. 당신의 개인적인 문제를 얘기할 때 남편에게서 어떤 말을 듣고 싶은지 구체적인 예를 들어주어라. "당연히 화가 나지", "당신, 정말 슬프겠다", "당신이 흥분하는 것도 당연해", "나라도 긴장했을 거야" 등. 말을 많이 할 필요 없이 들어주면 된다는 것, 또 이해한다는 의미로 짤막하게 대꾸해주면 된다는 것을 주지시켜라.
6. 남편에게 얘기 도중 휴대전화를 슬쩍 본다든가 그날 경기 점수를 확인하려고 텔레비전을 힐끗힐끗 보는 행동은 자제해 달라고 한다.
7. "자세히 좀 얘기해 봐" 같은 말로 관심을 표현해 달라고 한다. 첫

대화 이후에 일이 어떻게 진행되었는지 질문을 해달라고 해라. 그래서 당신의 생각과 감정을 더 자세하게 얘기할 수 있는 기회를 달라고 요청한다.

8. 어려운 문제를 상의할 때 남편에게 따뜻하게 포옹해 달라고 한다. 포옹이나 다정하게 어루만지며 위로해주었으면 좋겠다고 남편에게 말한다. 남편이 알고 있다고 가정하지 마라. 남자는 보통 힘든 하루를 얘기할 때 감정을 담은 따뜻한 포옹을 원치 않는다.
9. 당신이 얘기를 하는 동안 섹스에 대한 농담은 삼가 달라고 말한다. 남자라면 지금 당신 처지에서 섹스에 관한 농담을 듣고 싶어할 수도 있다.
10. 종종 남편에게 분명하게 의견을 표현하지 않는 아내들이 있다. 그들은 명확한 의견 표명은 자연스러움을 앗아가고 남편 혼자 모든 것을 알아내지 않으면 특별한 의미가 없다고 생각한다. 이 생각은 잊어라. 남편은 아내가 무엇을 원하는지 모른다. 남자는 대개 여자의 욕구를 만족시키는 방법에 문외한인 경우가 많아서 아내는 똑같은 메시지를 되풀이해서 말해주어야 한다. 남편은 당신이 행복하길 그리고 당신을 자신의 여자로 만들길 진심으로 바란다.

♥♥ 앤의 이야기 ♥♥

: 가정 문제

앤은 그녀의 언니를 더 이상 참을 수 없었다. 앤은 언니가 집에 오면 언제나 그녀가 편안하게 지낼 수 있도록 모든 친절을 다 베풀었다. 하지만 언니는 앤이 그녀의 집에 갔을 때 한 번도 앤처럼 신경을 써주지 않았다. 언니보다 훨씬 부유했기 때문에 앤은 언니의 여행 경비를 지불했으며 언니에게 최고급 호텔에 묵는 것 같은 기분을 만끽하게 해주려고 모든 수고를 아끼지 않았다. 그런데 최근 앤이 언니네 집에 갔을 때 언니는 앤이 묵을 방도 제대로 정돈해놓지 않았을 뿐 아니라 앤이 머무르는 나흘 동안 절대 빠질 수 없다며 이틀이나 다른 약속을 잡았다. 부모님도 돌아가셨고 남동생도 이미 사망했기 때문에 앤에게 가까운 가족이라곤 언니밖에 없었다.

"남편인 제랄드에게 이 얘기를 했어요. 전 그가 저를 이해해주고 또 언니와 이 문제를 어떻게 상의해야 할지 방법을 같이 고민해주기를 바랐어요. 남편의 직업이 거래 중재이기 때문에 저는 당연히 그한테 도움을 요청했어요. 그런데 남편은 무덤덤하게 다시는 언니한테 가지도 말고 그 일로 불평도 하지 말라고 했어요. 그러고는 언니가 저를 그렇게 대접했으니 곧 있을 조카 결혼식에도 가지 않겠다고 했어요. 제 기분은 생각도 않고 남편은 너무도 쉽게 짧고 간결한 해결책을 내놓았어요."

물론 앤이 중요한 점들을 지적한 것은 사실이다. 하지만 앤의 남편이 정말 매정한 걸까? 그는 아내가 바라는 것을 정확히 실행했다고 생각했다. 그는 아내의 문제를 해결해주었다. 그는 아내 일로 너무 화가 나 아내가 그런 가슴 아픈 일을 다시는 겪지 않도록 그녀를 보호하려 했던 것이다. 앤의 남편은 적절한 시간을 맞추지 못했을 뿐 아내를 염려하지 않은 건 아니다.

사랑 만들기

아주 자주 듣는 얘기 중 하나는 결혼 전문가들의 길고도 세세한 "기술 쌓기" 강습이다. 강습은 시작부터 실패의 비운을 풍긴다. 과연 얼마나 많은 사람들이 남편과 관계를 회복하는 법을 배우기 위해 학교로 돌아가고 싶어할까? 요즘 부부들이 갑자기 제대로 대화하는 능력을 잃어버리지는 않았다고 생각한다. 그보다는 요즘의 우리 사회는 평화를 잃었다.

나와 숙모인 실비아와 나눈 대화를 통해 내 의향을 가장 잘 전달할 수 있을 것 같다. 숙모는 40년간 결혼 생활을 하고 있으며 여전히 결혼에 대해 신이 나서 이야기한다. 숙모는 처음 결혼했을 당시의 상황을 설명했다. 숙모와 삼촌은 집에 전화를 설치할 돈이 없었는데 당시에는 흔히 있었던 일이라고 했다. 그래서 결혼 후 첫 1년간 숙모와 삼촌은 일과 학교를 마치고 집에 돌아오면 혼자이거나 함께 있었다. 전화를 비롯해 어떤 방해도 받지 않았다. 다른 세상 얘기처럼 들렸다. 하지만 무언가 뇌리를 스치는 것이 있었다. 나는 숙모와 삼촌이 오늘날의 부부보다 결혼 생활을 잘 유지하는 특별한 기술을 가지고 있었다고 생각하지 않는다. 그들은 지금 우리에게 없는 그것을 가졌다. 방해받지 않는 둘만의 시간이 바로 그것이다. 우리는 스마트폰, 휴대전화, 이메일, 컴퓨터 사이에 부부만의 시간을 이리저리 끼워 넣어야 한다. 아이를 키우고 세금을 내고 인맥을 관리하는 것만으로도 삶은 도전이었다. 우리의 손끝으로 세상이 움직이는 지금 세상에 배우자는 너무나 멀리 있다.

놀랍게도 사람들은 훌륭한 부모나 성공한 직업여성의 필요조건이 무엇이냐는 질문을 받으면 주저 없이 근면, 노력, 집중이라 답한다. 하지만 훌륭한 아내의 필요조건이 무엇이냐는 질문에는 보통 머리를 긁적이며 고민한다. "글쎄요, 마지막 휴가를 언제 갔는지 기억이 까마득한데요. 외식한 적이 언제였더라? 잠깐만요…… 아, 점심이 아니라 장례식이었구나." 우리는 성공한 결혼 생활을 위한 기본 원칙들을 무시하면서도 눈부신 결과를 기대한다. 그건 꿈이다. 다정한 부부 관계와 서로를 인정해주기를 바라는가? 그렇다면 부부가 함께 시간을 보내야 한다. 휴가 때 일심동체로 움직였다고 말하는 부부들이 있다. 휴가는 휴가일 뿐 현실이 아니다. 그들은 문제의 답은 찾았지만 그것을 현실에 어떻게 적용해야 할지 모른다. 주말 결혼 상담 프로그램이 도움이 될 수는 있으나 "당신의 깐깐한 어머니가 나한테~" 라는 말투가 "~기분이었어"로 바뀌지는 않는다. 부부에게 필요한 것은 방해받지 않고 평화로이 앉아 둘이 하나 되는 시간 즉, 얘기하고 함께 텔레비전을 보며 웃고, 식사 준비나 청소를 하거나 나란히 앉아 책을 읽는 시간을 당연시하는 태도다.

세실 앤드류스Cecil Andrews는그녀의 저서인 《서클 어브 심플리시티 *The Circle of Simplicity*》에서 미국의 부부들이 하루에 대화를 나누는 시간은 고작 12분에 불과하다고 말한다. 그 시간에 서로 교감이 오고 갈 리 만무하다. 흥미로운 사실은 세실 앤드류스에 따르면, 미국인들이 쇼핑하는 데 소비하는 시간은 일주일에 평균 6시간에 달한다. 나는 상담하러 온 부부들에게 일주일에 적어도 네 번, 45분 정도의 시간을 내어 단 둘이서만 보내라고 충고한다. 그 시간 동안 계속 대화를 나누라는 얘기가 아니다. 오히려 그 반대다. 대부분의 남자는 자신들의 결혼 생활에 대한 깊이 있는 대화를 상당히 꺼린다. 그렇기 때문에 단도직입적으로 말한 후 대화를 마무리하는 것이 좋다. 부부 관계를 개선하기 위해 깊이 있는 대화를 나눌 필요는 없다. 당신이 해야 할 일은 둘만의 편안한 시간을 마련하고 나머지는 자연스럽게 흘러가도록 두는 것이다. 정치 얘기, 교회 목사 얘기 등을 나누며 재미있는 시간을 보내라. 집이든 어느 곳이든 부부가 뭔가를 함께하기 시작하면 그들은 다시 자연스럽게 애정 어린 행동을 하기 마련이다.

부부 사이에 감성 연결을 돕는 또 하나의 방법은 야간 데이트다. 야간 데이트가 뭔지 이미 알고 있으리라 짐작한다. 내 처방전은 일주일에 한 번 야간 데이트를 하는 것인데 적어도 두 시간 정도 단둘이서만 시간을 보내는 것이다. 다른 부부나 우울증에 빠진 남동생을 데려가는 일은 삼가라. 정 누군가를 초대하고 싶다면 부부가 먼저 두 시간을 보낸 뒤 그들과 어울리는 것이 좋다. 아이와 돈, 사업 얘기만 빼고 주제는 어떤 것도 무방하다. "그 세 가지를 빼면 할 얘기가 없어요. 아이들, 돈, 사업 얘기가 다예요." 당신뿐 아니라 모든 사람들이 하는 얘기다. 예전에 당신이 데이트하던 시절을 기억하는가? 그때 남편과 했던 얘기들을 떠올리며 같이 대화를 나눠라. 미리 데이트 준비를 하는 것도 좋다. 흥미로우면서 재밌는 것들을 준비한다. 인터넷에서 조언을 얻는 것도 좋은 방법이다. 요지는 당신은 결혼 전 데이트할 때 돈, 아이들, 사업에 대한 스트레스를 끊임없이 늘어놓지는 않았다는 것이다. 만약 그랬다면 당신은 여전히 혼자일 것이다. 누군가를 만나 사랑에 빠질 때 나누는 얘기는 다르다. 돈, 아이, 사업에 관한 얘기들이 사랑을 지켜줄 거라 생각하지 말자.

아내가 생각하는 즐거운 데이트를 생각하며 프랭크가 말했다. "세상이 두 쪽이 나도 그것만은 하기 싫었습니다. 하지만 1년 전 바람을 피운 뒤에 아내와 화해하면서 새로운 것을 시도하고 함께 더 많은 시간을 보내겠다고 약속했습니다. 저는 영화를 본다든가 외식을 하는 정도라고 생각했습니다. 그런데 아내가 살사 춤 강습에 등록을 했다고 했을 때 비명을 지르고 싶었습니다. 하지만 아내의 선택은 탁월했습니다. 한 번도 해본 적이 없는 뭔가를 함께한다는 것이 너무 즐거웠습니다. 시간이 흐르면서 강습 시간이 기다려졌을 뿐 아니라 그것이 시초가 되어 예전에 즐겨 다니던 클럽들을 찾게 되었습니다. 갑자기 우리에게 즐거운 공통의 취미가 생겼습니다. 춤을 추며 우리는 더 가까워졌고 서로 매력을 느끼게 되었습니다. 게다가 같은 수업을 듣는 부부들 역시 함께 시간을 보내려고 노력하는 편이어서 늘 아내나 여자 친구에 대해 불평을 하는 친구들과는 자연히 멀어지게 되었고 부부만의 시간을 즐기는 남편들과 가까워졌습니다. 우리는 진심으로 서로가 하나임을 느끼기 시작했고 전에는 상상조차 하지 못했던 부부의 시간을 즐기기 시작했습니다."

물론 삶의 스트레스에 대한 대화는 필요하지만 이를 위한 시간을 한정짓는 것이 훨씬 더 효과적이다. 스트레스에 대한 얘기들이 넘쳐나 다른 상처들이 방치되지 않도록 해야 한다. 토요일 혹은 일요일 아침에 단 한 번, 그것도 한 시간밖에 삶의 얘기를 나눌 기회가 없으며 그 다음에는 일상으로 돌아가 다른 일에 신경을 써야 한다고 가정해라. 주중에 스트레스가 쌓이는 일이 생겨도 얘기하지 말라는 뜻이 아니다. 다만 부부의 에너지를 무차별하게 빨아먹는 압박으로 가득 찬 대화를 멈추기 위해서는 오랜 시간이 필요하다. 무엇보다도 결혼 생활이 사무적으로 변하지 않도록 해야 한다. 서로에게 친절과 인정이 담긴 말 혹은 행동, 이 모든 것이 행복하고 안전한 결혼 생활을 유지하도록 돕는다. 또 이는 엄청난 행복이 되어 당신에게 돌아온다.

죄책감이 미치는 영향

남자들의 심리에서 중요한 요소 중 하나는 죄의식이다. 외도남은 최소한의 죄책감을 느낄까? 외도남의 죄책감은 커질까 아니면 줄어들까? 정말로 양심이 있기는 할까?

"처음에는 죄책감을 느낍니다. 하지만 정당화하죠." 두 아이의 아버지이며 여전히 결혼 생활을 유지하고 있는 마흔한 살의 크렉은 말한다. "나중에는 너무 푹 빠져 제가 섹스에 좀 더 신경을 써달라고 아내를 괴롭히지 않으니까 아내도 속으로는 별로 신경 쓰지 않을 거라고 혼자 되뇝니다. 결국 자신을 정당화하는 데 너무 익숙해져 아내가 화를 내도 속으로 '괜찮아. 아내는 나를 있는 그대로 사랑하니까' 라고 생각하며 아내에게 달려갈 구실로 삼습니다."

대부분의 외도남은 죄책감을 느낀다. 하지만 죄책감이 남편의 외도를 막지는 못한다. 3분의 2에 달하는 외도남이 바람을 피우면서 죄책감을 느낀다고 답했으나 외도를 멈추지는 않았다. 실제로 정부를 만날 때만 죄책감을 느낀다고 답한 외도남이 17퍼센트, 외도를 하는 내내 양심의 가책을 느꼈다고 응답한 외도남이 31퍼센트, 외도를 하면서 점점 죄책감이 커졌다고 답한 외도남이 18퍼센트이다. 나머지 34퍼센트의 외도남은 외도를 하는 내내 전혀 죄책감을 느끼지 않았다고 답했다. 상상하기 힘들지만 외도남들은 설사 죄책감을 느꼈다 할지라도 불행한 결혼 생활 때문에 자신이 외도를 했다고 생각했다. 수많은 남자들은 말한다. "이봐, 집이 제대로 돌아가지 않으면 외도를 할 수밖에 없어. 외도를 한다고 바로잡지는 못하지만 시작은 그렇게 돼." 대다수는 죄책감을 느끼지만 외도가 실패한 결혼 때문이라는 생각이 죄책감을 이긴다. 게다가 아내가 외도를 한다고 판단하는 순간 모든 생각은 백지화되고 죄책감은 완전히 사라진다.

남편이 죄책감을 느끼도록 만든다고 결혼을 보호할 수는 없다. 남편에게 가끔 외도는 지울 수 없는 마음의 상처를 남길 것이라고 말하는 것은 전혀 실효성이 없다고 검증되었다. 또 남편이 듣고 있는데 친구들과 외도가 얼마나 나쁜지 이야기하는 것 또한 효과가 없다. 남편 역시 외도는 나쁘다는 것을 안다. 또 외도를 하기로 마음을 먹었다면 그는 분명 양심의 가책을 느낄 것이다.

남편은 당신이 믿고 싶어하는 만큼 강하지 않다는 사실을 명심해라. 그는 비평을 잘 받아들이지 못하고 당신의 비난에 뒷걸음질친다. 남편은 이 상황을 도저히 이길 수 없다고 판단하면 아내 아닌 다른 여자를 바라보기 시작한다. 당신을 위해 옳은 일을 할 수 있도록 남편에게 기회를 주는 한편, 당신이 만족하는 수준이 아닐지라도 그의 노력에 꼭 감사를 표시해라. 남편에게 당신은 온정과 감사가 없다는 변명거리를 주어

양심의 가책을 떨쳐버릴 수 있는 기회로 삼지 않도록 주의해야 한다.

세상이 두 조각 나도 외도할 남자가 있다

연구를 하면서 가장 마음을 심란하게 했던 부분 중 하나는 결혼에 전혀 문제가 없었다고 답한 12퍼센트의 외도남이다. 한편으로 다행인 것은 그들 자신에게도 책임이 전혀 없는 것은 아니지만 그래도 결혼 생활이 조금만 달랐어도 외도를 하지 않았을 것이라고 답한 외도남이 88퍼센트에 달했다는 것이다. 이 같은 결과는 책에 언급된 여러 기술들을 사용하면 성공적인 결혼 생활을 만들어줄 것이라는 점에서 많은 아내들에게 희망을 준다.

그러나 나머지 12퍼센트의 외도남의 아내에게는 모든 것이 시간 낭비일까? 그렇지 않다. 인터뷰 당시 외도남들은 외도의 촉매제가 될 정도로 결혼 생활이 크게 만족스럽지 못한 것은 아니라고 답했다. 하지만 몇몇은 결혼이 몇 가지 측면에서 달랐다면 가정에 충실했을 것이라는 점을 분명히 했다. 그들은 만약 부부가 좀 더 한마음이었다면 상황은 달랐을 것이며 또 아내가 전문가의 도움을 받자고 요구했어도 마다하지 않았을 것이라고 했다. 또 몇몇은 인터뷰 이후 실제로 가정에 충실함으로써 이런 믿음을 보여주었다.

이런 부류의 남편을 둔 아내는? 만약 남편의 외도를 알았다면 가능한 빨리 헤어지는 것이 가장 현명한 답일 수도 있다. 그들은 외도남으로 태어났기 때문에 외도를 한다. 그들의 바람기를 부채질한 심리학적 혹은 문화적 이유와는 상관없다. 오래가지 않는 극도의 회한, 집중 심리 치료, 그리고 규칙적인 거짓말 테스트 등을 계속해도 그들의 바람기가 완전히 사그라들 확률은 그 모습을 지켜보는 아내의 고통에 비해 너무 작다.

액 션 프 로 그 램

| 4단계 | 감성 연결 연습

외도의 요인 중 가장 중요한 문제는 정서적 단절이다. 좀 더 정확히 말하면, 서로에게 감사하는 마음이 없다는 점이다. 우리는 여기서부터 문제의 실마리를 풀어 나가야 한다.

1. 서로에게 감사해라.

- 남편에게 감사하는 마음을 점수로 매긴다면 당신은 몇 점인가? (최소 1에서 최대 10까지)
- 남편은 당신이 자신에게 감사하는 마음을 몇 점으로 평가할까? (최소 1에서 최대 10까지)
- 지난 2주간 남편이 자신에 대한 감사라고 느낄 만한 행동들을 나열해라. 예를 들어, 남편은 아내가 아이들을 보살피는 것을 자신에 대한 감사의 표현이라 생각하지 않는다.
- 당신이 남편에게 감사하는 점들을 나열해라. 당연히 남편으로써 해야 할 일들이지만 인정받아야 된다고 생각하는 것들이어야 한다. 당신은 남편의 어떤 점에 감사하는가?
- 남편이 좋아할 만한 감사의 표현법 다섯 가지를 적어라. 그리고 빨리 실행에 옮겨라.

이제 당신의 생각을 정리했으니 다음의 감성 연결 단계를 밟아 나가자.

2. 나는 오늘부터 하루에 한 번, 감사의 말을 할 것이다.

- 남편이 하는 모든 감정 표현에 간단하게 고맙다고 답한다.
- 그의 모든 노력에 감사를 표현한다.
- 최근 직장에서 목표를 달성한 것에 감사를 표현한다.
- 남편이 당신과 아이들을 위해 한 일에 감사를 표시한다. 당신 차를 고쳐준 것, 아이들 숙제를 도와준 것, 친정어머니 일로 전화해준 것 등에 감사를 표현한다.

3. 나는 오늘부터 하루에 한 번, 말없이 따스하고 다정한 행동으로 그에게 감사하는 마음을 표현할 것이다.

- 부드러운 키스
- 따뜻한 포옹
- 그가 특별히 좋아하는 잡지나 음식 같은 작은 선물

나는 이번 주부터 일주일에 두 번, 남편을 배려하는 마음을 행동으로 보여줄 것이다. 이 중 한 번은 그가 해준 일을 구체적으로 말하며 감사를 표현할 것이다. 일반적인 남편의 행동에 대한 감사 표현도 상관없지만 반드시 행동하기 직전이나 직후에 해야 한다. 예를 들면 이런 표현이 있다. "당신이 이걸 좋아할 것 같아서. 당신 요즘 너무 열심히 일하잖아", "당신은 나한테 정말 다정해", "어제 직장 일로 정말 큰 도움이 됐어", "최근에 야근이 잦았는데 잘 이해해줬잖아", "내가 아플 때 너무 잘 챙겨줬잖아."

4. 내가 이번 주에 그에게 선사할 두 가지 배려 깊은 행동은 다음과 같은 것들이다. 나는 앞으로도 계속 이렇게 할 것이다.

- 남편이 좋아하는 음식으로 특별한 밥상 차리기

- 사랑스럽게 만지기
- 저녁 데이트 계획하기
- 특별한 저녁 데이트 구상하기. 예를 들어 남편과 혹은 친구, 아니면 아이들과 함께 갈 수 있도록 스포츠 경기 표 구매하기 등.

남편이 다정하고 따스하게 대하지 않는다면? 열심히 일하지 않는다면? 그래도 남편이 하지 않은 일은 가급적 언급하지 마라. 어쨌든 그가 당신의 제안을 받아들이지 않을 가능성이 크다. 그보다는 남편이 한 일을 강조해라. 계속해서 액션 프로그램을 실천하고 아무리 작은 일이라도 그가 한 옳은 일에 감사해라. 일주일 동안 노력해보자. 당신이 아파 누웠는데 그가 좀 더 잘해줬으면 좋겠다고? 그의 작은 행동에 감사해라. 당신의 남편은 그 어느 때보다 당신을 기쁘게 해주기 위해 노력할 것이다.

5

섹스의 힘

앞에서도 살펴보았듯, 외도를 하는 핵심 동기는 섹스가 아니다. 성적 불만족을 외도의 주요 원인이라고 답한 외도남이 단지 8퍼센트에 그친 상황에서 결혼의 보호책으로 섹스에 초점을 맞추는 것은 어불성설로 들린다. 지속적으로 부부의 감성 연결에 초점을 맞추려고 노력하지 않고는 섹스 하나만으로는 역부족이다. 섹스만을 위한 섹스가 말처럼 그리 멋지지 않다는 것도 앞뒤가 맞는다. 그러나 잠자리에서 만큼은 섹스의 기술이 중요하다는 것을 우리는 안다. 하지만 결혼 생활에서 서로 즐겁게 해주고자 하는 마음, 섹스의 기술을 익히려는 노력, 아주 세심한 부분까지 감사하는 마음을 표현하는 것, 이 모두를 가능하게 만드는 것은 부부 사이의 감성 연결이다. 남편과 아내가 모두 잠자리 기술이 뛰어나다 하더라도 감성 연결이 없으면 성생활이 만족스럽지 못하다.

따라서 단순하게 섹스에 변화를 주는 것은 올바른 선택이 아니다. 하지만 섹스와 외도 사이에 아무 연관성이 없다고 오해하지는 마라. 명백한 사실은 외도남의 48퍼센트가 외도를 하게 된 결정적 계기가 정서적 불만족이었다고 답했다는 것이다. 즉, 다시 말해 48퍼센트의 외도남이 아내와 정서적으로 더 깊이 연결되었다면 외도하지 않았을 거라고 말하고 있다. 책의 앞부분에서 안전하고 굳건한 결혼 생활을 하기 위해 자신에 대한 이해와 감성 연결을 위한 새로운 방법을 찾는 것이 핵심임을 강조한 이유가 여기에 있다.

하지만 연구에 참여한 32퍼센트의 외도남은 정서적 불만족과 성적 불만족이 외도의 원인이라고 대답했다는 사실에 주목하자. 그들에게 외도는 섹스의 문제인 동시에 섹스 이외의 문제이기도 하다. 외도의 원인이 성적 불만족이었다고 응답한 8퍼센트의 외도남까지 합하면 섹스가 주요 원인은 아니었지만 외도에 상당한 영향을 끼쳤다고 답한 외도남은 총 40퍼센트가 된다. 하지만 여전히 풀리지 않은 문제는 남자는 특히 섹스의 어떤 부분에 불만족스러워하는가이다.

♥♥ 제임스의 이야기 ♥♥

: 더 자주 섹스하고 싶다

제임스는 결혼의 가장 근본적인 문제로 성적 불만족을 꼽은 몇 안 되는 외도남 중 한 사람이다.

"저와 친구들은 결혼이 성생활을 망친다고 농담 삼아 말하곤 했습니다. 저는 아내에게 섹스를 더 자주 하고 싶고 또 제가 원해서 의무적으로 하는 섹스는 원하지 않는다고 말했습니다. 아내는 셋째를 낳고 체중이 불었는데 이를 무척 의식하고 있던 터라 섹스를 더 기피했습니다. 하지만 아내는 제 말을 귀담아 들은 듯 아주 열심히 운동과 식이요법을 해서 6개월 정도가 지난 뒤 예전의 멋진 몸매를 되찾았습니다. 하지만 그건 중요하지 않습니다.

섹스 자체는 좋았습니다. 하지만 아이들과 직장 생활로 아내는 늘 파김치가 되었고 섹스에는 관심이 없었습니다. 우리는 여전히 섹스 때문에 다퉜고, 아내는 제 잘못이라고 했습니다. 제 잘못일지도 모르죠.

아내는 제가 바람을 피웠다는 걸 알고 몸서리를 쳤습니다. 아내는 바로 저의 외도를 자신이 매력이 없는 탓으로 돌렸습니다. 저는 맹세코 아내가 더 매력적이라고 딱 잘라 말했습니다. 사실, 그녀는 아내처럼 몸매가 예쁘지도 않았습니다. 하지만 제가 섹스를 원할 때 그녀가 거기에 있었습니다. 아내와 매번 황홀한 섹스를 바란 건 아니었습니다. 저에게 필요했던 건 약간의 흥분을 동반한 정기적인 섹스였습니다. 이 문제만 없었어도 외도를 하지 않았을 겁니다. 아내가 얼마나 노력했는지는 저도 알지만 저의 불만은 해소되지 않았습니다. 어쩌다 한 번 섹스를 하면서 평생을 보낸다는 건 상상조차 할 수 없습니다."

제임스의 아내가 매력 있는 외모를 가꾸기 위해 노력했지만 제임스는 결국 외도를 하고 말았다. 그녀가 외모가 아닌 다른 면에 좀 더 시간과 공을 들였다면 부부의 잠자리가 더 행복해지지 않았을까? 다음은 설문 조사의 한 문항이다.

아내와의 성생활이 불만족스러웠던 이유는?

- 성관계가 만족스럽지 못했다.
- 아내가 자신의 외모를 너무 가꾸지 않았기 때문이다.
- 성관계가 너무 드물었기 때문이다.
- 기타

1장의 설문지 문제 3번에 당신은 뭐라고 답했는가? 내가 볼 때 여성들이 쉽게 실수하는 것 중 하나가 이 문제다. 여성 잡지들은 "황홀한 섹스"와 당신의 남자를 행복하게 만드는 "섹스의 기술"에 주목한다. 대중매체는 우리에게 말한다. "성형수술로 결점을 보완해서 어디에 내놔도 뒤지지 않는 모델 같은 몸매와 뛰어난 섹스 기술이 없나요? 그렇다면 남편의 외도는 불을 보듯 뻔합니다." 돈이 없는 남자는 지루한 섹스와 임신으로 늘어난 아내의 뱃살을 억지로 참아야 한다는 얘긴가? 남자를 둘러싸고 있는 절규의 메시지들, "당신의 아내도 이 여자처럼 될 수 있습니다!", "아내와 한낮에 나누는 위험한 정사를 가능하게 해드립니다!" 남편들이 그들의 미끼를 물어 섹스의 기준을 높인 걸까? 여자들은 주린 배를 움켜쥐고 하루에 두세 시간 운동을 하고 또 남편을 성적으로 만족시키는 방법을 고민해야 하는 걸까? 아이에게 알아서 챙겨 먹으라 한다고? 수입은? 그런 건 필요 없다. 아내가 하루에 아몬드 열 알로 버티고 있으니 최소한 음식 값은 줄 것이다.

하지만 남자들은 아직 세뇌당하지 않았다. 그들은 대중매체의 바람대로 당신에게 그러한 것들을 요구하지 않는다. 다음은 설문 조사의 결과다. '기타'라고 답한 외도남이 11퍼센트로 가장 낮았다. '아내가 자신의 외모를 너무 가꾸지 않았다'라고 답한 외도남은 15퍼센트에 그쳤다. 26퍼센트의 외도남은 아내와의 '성관계가 만족스럽지 못했다'고 답했다. 가장 많은 48퍼센트의 외도남이 '성관계가 너무 드물었기 때문이다'라고 답했다.

48퍼센트이면 상당한 수치다. 헬스장, 식이요법, '카마수트라Kama Sutra(산스크리트로 쓴 고대 인도의 성애性愛에 관한 경전이자 교과서－옮긴이)'를 찾기 이전에 한숨 돌려 생각해보자. 결혼을 굳건하게 다지는 방법으로는 '자주'가 바로 해결책이다.

당신도 섹스하는 횟수에 대한 답변에 높은 숫자를 적었는가? 하지만 나머지 두 답변에 조사 결과보다 더 높은 숫자를 적지는 않았는가? 다시 한 번, 물건을 팔려는 광고주의 말에 혹하지 않아도 되니 안심이다.

왜 섹스에 목을 매는지 이해를 못하겠어요

♥♥ 캐롤의 이야기 ♥♥

: 섹스가 싫어요

캐롤은 수년 간 섹스 문제로 내게 상담하러 온 수많은 여성 중 한 사람이다. 캐롤은 자신이 남편의 섹스 파트너에 불과하다고 생각했다. 섹스를 하고 나면 남편은 다정했다. 하지만 그렇지 않을 경우 남편은 그녀에게 거리를 두며 까다롭게 굴었다. 캐롤은 싸구려 취급을 당하는 기분이었고, 나에게 상담하러 왔을 즈음에는 상당히 화가 나 있었다.

캐롤은 자신이 남편에게 섹스밖에 주는 것이 없다고 느꼈다. 그녀는 자신이 하나의 용기, 그녀의 생생한 표현을 빌리자면, 남편의 '정자 변기'에 지나지 않는다고 생각했다. 캐롤은 그 어떤 여자도 '정자 변기'가 될 수 있다고 생각했다. 남편의 머릿속에는 오로지 섹스 생각밖에 없는 것 같았다. 섹스를 하고 난 후 남편은 그렇게 다정할 수가 없다. 하지만 섹스를 하기 전까지 남편은 섹스 얘기만 했다. 사실 남편은 결혼 약속을 한 후 바람을 피웠다. 캐롤은 결혼을 위해 참는 게 낫다고 판단하고 찜찜한 기분으로 결혼을 했다. 그때 일을 후회하지 않은 적이 단 한 번도 없다. 캐롤은 여느 여자들처럼 섹스를 이해하지 못하고 남편의 기분이 섹스를 하느냐 마느냐에 좌지우지된다는 사실에 분개한다.

지난 20년간 상담을 하면서 섹스에 대한 아내들의 한탄은 늘 같았다. "섹스를 하고 나면 남편은 다정해요. 만약 제가 섹스를 거부하면 남편은 아주 불쾌해해요. 그건 옳지 않아요. 정말 끔찍하게 싫어요." 아내들의 말은 일리가 있다. 만약 한쪽이 원하는 활동에 상대가 참여하기를 꺼린다면 큰 혼란이 일어나기 마련이다. 하지만 모든 관계는 가는 것이 있으면 오는 것이 있기 마련이라는 점을 기억해야 한다. 부부는 배우자를 행복하게 만드는 것들을 내놓아야 한다. 만약 남편이 당신이 정말 좋아하는 것을 하지 않을 경우 당신도 역시 남편과 멀어지고 화가 나지 않을까?

여자는 사랑받기를 원한다. 남편이 당신을 보며 활짝 미소 짓기를, 당신 눈을 지그시 바라봐주기를, 당신을 안아주고 그의 인생에 당신만한 행복이 없다고 말해주기를 바란다. 남편이 당신이 바라는 대로 해준다면? 당신은 남편에게 더 다정하고 그를 행복하게 해주려고 노력하는 한편, 그가 원하는 것을 해주고 싶다는 의욕이 생기지 않겠는가? 아마도 기분이 훨씬 더 좋아질 것이다.

만약 당신이 시큰둥한 표정으로 집에 들어왔는데 남편이 불평을 한다. 그러면 당신은 반박한다. "내가 오늘 얼마나 끔찍한 하루를 보냈는지 당신도 알잖아? 내가 집에 왔을 때 키스나 작은 감사의 표현이라든가 아니면 집안일을 도와주겠다고 먼저 나서면 나도 달라질 거야." 남편이 답한다. "날마다 키스 아니면 30분 정도 도와달라는 타령이지. 내가 당신을 도와주지도 않고 적어도 도와주겠냐고 묻지도 않으면 화가 나고 나한테도 형편없이 대할 건가?" 남편이 당신을 이해하지 못하고 아끼지 않는 것일까? 당신은 남편에게 당신이 삶의 고난을 극복할 수 있도록 도와줄 의무와 상상할 수 없을 정도로 행복한 순간을 선사해야 할 책임이 있다고 생각한다. 그렇기에 당신은 그와 결혼했다.

이제 알겠는가? 남편은 섹스에 대해 당신과 똑같은 입장이다. 남편에게 섹스는 사랑받고 기쁨을 느끼는 주된 방법이며, 남편은 당신이 이 점을 이해해주기를 바란다. 당신이 먼저 섹스를 원할 때 당연히 그의 기분은 고조되고 그의 태도는 상냥해진다. 남편의 배려심 있는 행동에 당신의 기분이 좋아지고 다정해지는 것과 같다.

충실남인 해롤드는 남자에게 섹스가 얼마나 중요한지를 설명했다. "제 이야기는 여느 남자의 이야기와는 다를 수도 있습니다. 저는 여드름투성이 괴짜 십 대였습니다. 대학 때도 하도 숫기가 없어 저를 좋아할 여자는 없을 거라 생각했습니다. 외모도 좀 가꾸고 돈이 좀 생기자 약간의 자신감이 생겼습니다. 그때 지금의 아내를 만났습니다. 아내는 자주 섹스하길 원했습니다. 그로 인해 저는 예전에는 한 번도 느껴 보지 못했던 성취감을 느꼈습니다. 저를 향한 진심 어린 아내의 애정이 사실인 것 같았고 저의 매력을 그녀가 인정해준다고 생각했습니다.

처음 몇 년간 우리는 섹스 얘기를 제외하고는 별로 대화를 나누지 않았습니다. 아내가 여전히 저에게 매력을 느끼고 있다는 사실을 알고 나서야 하루의 일과를 편하게 얘기할 수 있었습니다. 아내는 열심히 들어주었을 뿐 저를 판단하려 하지 않았습니다. 어떤 비평에도 마음이 불편했던 저였지만 아내가 먼저 섹스를 하자고 하면 그녀가 저를 인정한다고 느꼈습니다. 그때부터 저는 아내를 신뢰할 수 있었습니다."

왜 섹스에 목을 매는가?

당신은 말한다. "잠깐, 섹스는 내가 원하는 것과는 상당히 거리가 먼데."

실제로 당신이 바라는 단순하지만 사랑이 담긴 행동과 남편이 원하는 섹스와는 분명한 차이가 있다. 섹스는 극도로 은밀하고 사적인 행동으로 단순히 휙 하고 끝내버릴 수 있는 것이 아니다. 남편에게 바라는 다정한 말 한 마디나 사려 깊은 행동들은 그에 비해 훨씬 덜 사적이다. 사실 섹스에 필요한 노력과 비교될 수는 없지만, 남자들이 감성적이 되는 것, 또 사랑스런 행동을 하는 것 역시 그들에게는 상상 이상으로 사적인 행동이며 많은 에너지와 집중을 요한다.

그렇다고 남편에게 의미 깊은 따스함을 기대하지 말라는 얘기가 아니다. 당신이 바라는 친근함의 표현들이 남편에게는 상당한 집중력과 노력이 필요하다는 것이다. 남편이 당신을 보고 끊임없이 흥분을 하고 섹스를 원하는 것, 그것은 당신에 대한 모욕도 비하도 아니다. 섹스를 통해 자신의 사랑과 다정함을 표현하는 남편은 짐승이 아니다. 사실

남편과 아내는 그리 다르지 않다. 아내가 바라는 행동이 남편과는 좀 다르지만 부부는 같은 것을 바란다. 연인의 사랑이 담긴 기분 좋은 행동이 그것이다.

남자와 여자는 성생활에서 아주 분명한 차이를 보인다. 나는 남자가 섹스에 열중해 있다는 믿음에는 근거가 없다고 생각한다. 다만 남자는 여자에 비해 섹스 자체를 즐긴다. 그에 비해 여자는 섹스와 더불어 그 안에 존재하는 감성적 동기와 사랑을 요구한다. 남자는 단순히 관능적인 생각과 모습만으로도 쉽게 흥분할 수 있으나 여자는 감성적 연결에 더 자극을 받는다. 남자는 정서적으로 교감하지 않아도 몸을 자극하기만 해도 발기를 할 수 있는데 반해 여자는 몸을 접촉한다 하더라도 정서적 교감이 없을 경우 어떤 흥분도 느끼지 못할 수 있다. 그렇다고 남자의 기쁨과 욕망이 정서적 교감과 전혀 관련이 없는 것은 아니다.

여자가 하찮다는 느낌을 받는 이유는 섹스에 대한 남자의 욕망과 남자 자체가 별개라는 생각 때문이다. 섹스는 씹고 마시는 행동과 별반 다르지 않다. 많은 아내들이 남자의 성욕을 신체적 행동이 아닌 원초적 욕구라고 생각한다. 이러한 생각은 섹스가 가져다주는 기쁨을 앗아간다.

연구 결과에서 볼 수 있듯이 남자는 무엇보다도 정서적 관계를 원한다. 감성적 교감은 여자만의 전유물이 아니다. 남자가 여자보다 섹스 생각을 많이 하고 여자에 비해 쉽사리 섹스를 할 수 있는 것은 사실이다. 하지만 아무리 섹스 자체가 훌륭했어도 자신과 감성적 교감을 나누지 않는 여성과의 관계는 짧게 끝나리라는 것을 그들도 안다. 남자는 대단했던 섹스에 대해 얘기하지만 그들은 한편 자신을 사랑해주고 원하는 여성을 진심으로 원한다. 아내가 기계적으로 섹스를 나눌 뿐 자신에게는 조금도 신경 쓰지 않는다는 생각조차도 혐오스러워하는 이유는 이 때문이다. 평상시 섹스를 반기지 않고 남편이 원할 때도 의무적으로 섹스를 하는 아내, 남자는 그것만으로는 충분치 않다. 남자는 당신만큼이나 정기적인 섹스를 원한다. 원초적이고 육체적인 갈구에서 처음 섹스가 시작되었더라도 남자는 감성적 교감을 느끼는 섹스를 원한다.

많은 여성들이 말하듯 남자가 '스스로 알아서 처리하기'가 힘든 이유는 이 때문이다. 남자는 가끔 자위를 할 수도 있고 실제로 그렇게 하기도 한다. 만약 섹스가 단순히 정자를 배출하는 행위이고 어떤 감정도 개입되지 않는다면 혼자서 행복하게 살아갈 수 있다. 하지만 내가 인터뷰한 남자들은 단순한 배출 행위 이상을 기대했다. 남자는 자신을 갈구하고 자신에게 매료되어 교감을 나눌 수 있는 상대를 찾는 동시에 둘만을 위해 아껴 둔 섹스를 통해 기쁨을 주고받을 수 있는 상대를 원한다.

부부가 함께 즐기는 섹스

남자의 원초적이고 생리적인 욕구로 인해 섹스가 단순한 성교가 되는 경우가 있다. 보통의 경우, 여자는 남자에 비해 포옹, 키스, 전희 등을 원한다. 성생활의 변화는 바로 이 점에서 출발할 수 있다. 침실에서 남편이 주도하면 아내들은 보통 불만스러워한다. 얼마 안 가 섹스는 남편을 위한 행위가 될 뿐 아내에게는 시시한 일이 된다. 남편이 하는 대로 내버려두면 섹스는 점점 당신의 기대에 못 미칠 수밖에 없다. 남편은 여자가 아니다. 예전에 아무리 많은 여자 친구를 사귀었다 할지라도 그는 섹스 전문가가 아니다. 따라서 남편의 손에 맡겨두는 것이 최선의 선택이라고 생각했다면 이제 당신이 잠자리를 주도할 차례다.

섹스에 대한 남편의 원초적 욕구는 오히려 유익할 수 있다. 당신이 어떤 제안을 하더라도 그는 흔쾌히 받아들일 것이다. 남편은 섹스에 완전히 몰입한 상태이기 때문에 당신이 전희를 즐기면서 남편을 이끌면 분명 열광할 것이다. 전희, 포옹, 키스를 충분히 만끽하게 되면 남편의 성적 에너지는 더욱 충만해져 섹스를 더 오래 즐길 수 있다. 부부 모두가 즐길 수 있는 관계를 만들기 위해서는 당신의 노력도 필요하다. 매번 당신이 이끌어야 한다는 부담을 느낄 필요는 없다. 사랑을 나눌 때마다 일일이 지시하지 않아도 남편이 알아서 해주기를 바라는 마음 역시 당연하다. 하지만 여느 남녀 관계의 모든 부분이 그렇듯 섹스 상대 역시 서로 훈련시킬 책임이 있으며 때때로 상대방이 기술을 연마할 수 있도록 도와야 한다.

자신의 성생활이나 섹스의 즐거움에 대해 어떤 방식으로든 주도하기를 꺼린다면 왜 그런지 생각해봐야 한다. 이는 섹스를 좋아하고 즐기는 여자는 숙녀답지 않다는 사회적 통념 때문일 수 있다. 또한 여성의 43퍼센트가 겪고 있는 성기능장애의 원인 역시 이러한 통념에서 비롯된 것일 수 있다. 확실한 것은 당신의 남편은 기꺼이 행복한 마음으로 당신을 즐겁게 해주기 위해 노력한다는 것이다. 남자는 자신이 아내를 황홀경에 빠지게 할 수 있다는 생각만으로도 흥분하며 이렇게 하기 위해 두 팔을 걷어붙이고 뛰어든다.

섹스가 특별한 경우를 제외하고 항상 즐거운 경험이라면? 즐거운 섹스란 남편 처지에서 보더라도 단순한 섹스 문제가 아니라 서로 교감하는 것이 중요하다. 이제 남편과 섹스를 자주 할 수 있을까? 남자에게 섹스는 결혼의 행복과 남자에 대한 당신의 사랑을 표현하는 것이라는 점을 이해할 수 있겠는가? 섹스란 그런 것이다. 일단 섹스의 횟수를 늘릴 경우 남편의 불만이 어느 정도는 사라질 것이다. 그렇다. 세상에는 충분한 섹스를 하는 남자, 더 하자고 해도 마다하진 않겠지만 성적으로 충만함을 느끼는 남자들이 존재한다. 아내가 섹스에 대한 자신의 의견을 귀담아 듣고 남편과 섹스하기를 원할 경우 남자는 흡족해한다.

당신을 위한 섹스

섹스의 즐거움을 알면 자연스럽게 남편과 섹스를 더 자주 하게 된다. 이 시점에서 통계학적 이야기로 화제를 돌려보자. 이미 들어본 정보일 수도 있다. 하지만 지난 20년간 결혼 상담을 한 경험에 비추어볼 때 간단하지만 필수적인 정보는 한시라도 성생활에 도움이 필요한 부부에게 아주 큰 효과가 있다.

웹엠디닷컴WebMD.com과 닥터필닷컴DrPhil.com에 따르면, 50퍼센트에서 75퍼센트에 달하는 여성이 질의 자극만으로는 절정에 오르지 못한다. 즉, 단순한 성교만으로 여성이 오르가슴을 느낄 확률은 아주 낮다. 물론 성교도 기쁨을 줄 수 있다. 하지만 만족도는 비교적 낮다. 남녀를 막론하고 가장 많은 말단 신경이 몰려 있는 곳이 한 군데 있는데 그곳은 바로 음핵陰核이다. 작은 돌기 모양의 음핵은 여성의 질 입구에 있다. 이 작은 신체 부위는 여성의 절정에 상당히 중요한 역할을 하는데, 남녀 모두 이 사실을 잘 모르고 있어서 상당히 놀라웠다. 한번은 남자 의사와 음핵에 대한 이야기를 나눌 기회가 있었는데 그는 금시초문이라 했다. 즉, 상당수의 여성이 오르가슴에 도달하기 위해서는 음핵을 자극해야 한다.

단순한 성교는 좀처럼 음핵을 자극할 수 없고 이로 인해 상당수의 아내들은 강렬한 즐거움이 빠진 밋밋한 섹스를 하게 된다. 섹스 관련 책에는 남성의 음경이 어떻게든 음핵에 닿도록 애를 쓰라고 하는데, 솔직히 말하면 그렇게 하기란 쉽지 않다. 가장 간단하면서도 확실한 방법은 당신이나 혹은 남편, 둘 중 한 사람이 섹스를 하기 전이나 도중에 음핵을 자극하는 것이다. 당신이나 남편이 손으로 음핵을 만져야 한다. 섹스의 기쁨이 더 커지고 부부가 함께 노력해서 아내가 더 만족할 수 있다는 점에서 상당한 장점이 있다. 당신의 선호에 따라 빠르게 혹은 느리게 음핵을 자극할 수도 있다.

이런 이야기가 거북한가? 만약 그렇다면 그 이유는 다음 장에 이어지는 '내면의 소리 인식법'에서 논의할 것이다. 내가 상담했던 몇몇 여성들은 성적인 기쁨을 추구하는 것이 창피하고 불편하다며 마치 바람을 피우는 것 같은 기분이 든다고 했다. 또 성교만으로도 절정에 올라야 한다는 의무감을 느낀다고 토로했다. 이와 같은 정서적인 문제를 살펴보기 위해 '내면의 소리 인식법'을 이용할 수 있다. 하지만 이 장에서는 섹스의 육체적 기술에 관해서만 논하고자 한다. 왜냐하면 최고의 섹스법에 관한 한 육체적 기술이야말로 모든 노력에 상응할 만한 가치가 있기 때문이다.

만약 아내들이 어떠한 방식으로든 음핵을 낯설게 느낀다면 스스로 배워야 한다. 이는 현명하고 정상적인 일이며 또한 흔히 있는 일이다. 음핵을 자극했을 때 어떤 느낌인지를 알고 있어야 섹스를 하는 동안 절정에 오를 수 있도록 도울 수 있다. 여성의 89퍼센트가 자위를 한 적이 있다고 답한 바 있으니 이는 분명 정상적이다. 게다가 많은 여성들은 진동기가 도움이 되며 사용하기 쉬워 음핵을 자극해 절정에 오를 수 있다고 말한다. 좋은 소식이 하나 있다. 이제 마음 놓고 성인용품 가게에 들어가 진동기를 구입할 수 있다. '섹스 앤 더 시티(미국의 인기 드라마-옮긴이)'의 주인공들이 브룩스톤Brookstone(미국의 잡화 체인 상점-옮긴이)이나 샤퍼이미지Sharper Image (미국의 전자제품과 선물용품 취급 상점-옮긴이) 등에서 파는 펜처럼 생긴 마사지 기계를 놓고 음핵을 자극하는 기구로 쓰면 좋겠다며 농담을 하는 장면이 나온다. 진동기가 쓰기 쉽고 편하다면 사랑을 나눌 때도 사용해라. 남편은 분명 두 팔을 벌리고 환영할 것이다.

섹스를 하면서 남편이 음핵을 자극해주기를 원한다면 그 방법을 알려줘라. 당신의 가장 민감한 부분이 어딘지 가르쳐주지 않으면 남편은 알 도리가 없다. 흔히 섹스를 하는 동안 아내가 남편을 가르친다. 그래프나 지도가 아니라 간단히 말로 할 수 있다. '거기', '더 부드럽게', '조금 세게'라고 말하거나 아니면 그의 손가락을 잡고 직접 부위를 알려줄 수도 있다. 다양한 세기의 자극을 원할 경우 계속해서 남편에게 알려줘라. 몇몇 여성은 사랑을 나누는 동안 교통정리를 하는 것을 탐탁해하지 않지만, 본인이 아니라 남편이 음핵을 자극해주길 원한다면 이는 필요한 과정이다. 음핵을 자극하면 성교의 절정은 최고조에 달한다. 그렇지만 성교는 여전히 절정의 중요한 역할을 담당한다. 질 벽의 자극을 통한 기쁨과 더불어 감성적 교감은 섹스의 기쁨을 고조시킨다.

✣ 당신을 위한 섹스 ✣

대부분의 여성은 질의 자극을 통해 절정에 오르지 않는다.

- 섹스를 하기 전이나 도중에 음핵을 자극해라.
- 당신의 욕구를 충족시켜라. 남편이 절정에 오르기 전에 그에게 애무와 다정한 말을 해달라고 부탁하고 또 당신이 절정에 오를 수 있도록 집중해 달라고 요구해라.

성별의 차를 줄여라

부부 모두가 만족하는 섹스를 하기 위해서는 성별의 차를 줄여야 한다. 남자는 여자보다 훨씬 빨리 오르가슴을 느낀다는 점을 기억하자. 여성이 오르가슴을 느끼는 데 걸리는 시간은 평균적으로 12분에서 20분 정도이다. 반면에 남자는 지속적인 성교를 할 경우 평균 1분에서 7분 정도의 시간이 걸린다. 섹스를 자주 할수록 남자가 오르가슴을 느끼는 데 걸리는 시간은 길어진다. 하지만 여성을 따라잡기는 역부족이다.

이러한 성별의 차는 부부의 성생활에 상당한 악영향을 미친다. 남자가 서두르면 시간이 촉박해진다. 당신이 오르가슴에 가까워지지 않았다면 분명 남편이 당신보다 먼저 절정에 이를 것은 뻔하다. 절정에 오른 후 남근은 축 늘어지고 당신의 욕구는 채워지지 못한다. 둘 중 한 명이 계속해서 음핵을 자극할 수도 있지만 이미 한 명이 오르가슴을 느낀

상태에서 상대방을 충족시키고자 하는 마음은 빠르게 식기 마련이다.

남자는 성적으로 흥분했을 때 아내의 성욕에 아주 민감하다. 이를 충분히 이용하면 섹스를 개선할 수 있다. 가장 안전하고 확실한 방법은 남편이 흥분해 있는 동안 전희를 충분히 이용하는 것이다. 단순히 성적 즐거움을 얘기하는 것이 아니다. 만약 당신이 키스나 사랑한다는 말, 포옹 같은 감성적 측면의 섹스를 원한다면 남편이 오르가슴을 느끼기 전이나 바로 직전이 가장 좋은 때다. 더불어 당신이 계속해서 이 전략을 고수하고 남편으로 하여금 애정 어린 말과 애무를 계속하도록 이끈다면 남편은 이 모든 것이 당신의 사랑 만들기 기술이라는 것을 깨달을 것이다. 그리고 이는 부부의 섹스 횟수를 늘릴 수 있어 궁극적으로 부부 모두 행복하게 된다는 것도 느낄 것이다.

그렇다고 매번 섹스가 불꽃놀이 같을 수는 없다. 하지만 부부는 대체로 만족한 성생활을 하게 되고 오르가슴을 느낄 수 있다. 조사 결과에서도 알 수 있듯이 성생활에서 환상적인 섹스보다는 횟수가 훨씬 더 높은 비중을 차지한다는 사실을 잊지 말자.

남편이 쉬는 동안 준비하라

수년 간 상담을 하면서 나는 여성의 성적 만족을 방해하는 또 다른 장애물이 하나 있다는 사실을 알게 되었다. 아내가 손이나 입으로 남편의 성욕을 자극하고 난 후 부부는 바로 성교를 한다. 남자는 이미 어느 정도 달아오른 상태여서 성교를 하게 되면 얼마 안 있어 오르가슴을 느낄 확률이 높다. 반면에 여자는 음핵을 자극한다 할지라도 오르가슴을 느끼는 데 시간이 걸리고, 본인이 채 절정에 오르기도 전에 남편이 먼저 오르가슴을 느낄 경우 욕구불만이 된다.

간단한 해결책은 남편을 위해 충분히 전희를 한 후 남편을 잠시 쉬게 한다. 그러는 동안 아내 스스로 음핵을 자극하는 것이다. 이렇게 할 경우 성교를 시작함과 동시에 당신의 오르가슴 역시 발동이 걸리기 시작한다. 남편의 성욕은 잠시 가라앉아 성교를 시작하더라도 절정에 오르기 전까지 시간이 충분하다. 다시 한 번 말하지만 성교를 하는 동안 계속 음핵을 자극하는 것이 오르가슴에 필수다. 또한 남편에게 당신은 좀 더 시간이 필요하다고 알려주어야 한다. 필요에 따라 성교 속도를 늦추든 높이든 오르가슴에 도움이 되는 방법을 남편에게 알려줘라. 그렇게 함으로써 남편은 오르가슴 전에 약간의 시간을 벌 수 있다. 남편은 당신이 바라는 것처럼 독심술사가 아니다. 그는 당신이 만족했다고 느끼는 한 당신의 지시와 격려를 아주 좋아할 것이다.

침실 문을 잠가라

남녀가 서로 자주 만지면 섹스를 할 가능성이 높아진다는 통계 결과가 있다. 신체적 접촉이 늘어나면 성적 접촉 역시 편안해진다는 뜻이니 일리가 있다. 하지만 아내들은 부모로서의 죄책감으로 인해 남편과 육체적 접촉을 할 시간을 많이 희생하고 있다.

아이에 대한 사랑과 관심이 넘친다 할지라도 사회는 우리가 이상적인 부모가 되기에는 여전히 부족하다고 생각하도록 강요한다. 아이를 빼고 뭔가를 할 경우 우리는 어느 정도 양심의 가책을 느낀다. 취미 생활 때문에 이리저리 돌아다니느라 부모의 관심에 굶주려 있는 아이들을 모른 채 방치하라는 말이 아니다. 나는 다섯 아이들과 강력하면서도 밀접한 관계를 유지하고 있다. 하지만 결혼 생활의 일부에서 아이들을 지속적으로 제외해야 할 때 여느 부모처럼 양심의 가책에 시달린다. 대부분 어쩌다 한 번 아이들을 빼놓고 부부만의 휴가를 즐긴다는 원칙에는 큰 문제가 없다. 하지만 부모의 일을 하기 위해 아이들에게 방해받지 않는 시간이 규칙적으로 필요할 때면 어떤 식으로든 아이들에게 소홀한 게 아닌가 하는 생각을 하게 된다.

지난 20년간 나는 완전하게 독립된 부부만의 장소가 절실하다고 주장해 왔다. 우리는 날마다 대략 7시간 반 정도의 시간을 잠자는 데 소비한다. 여기에 1년 365일을 곱하면 2,737시간이 된다. 취침 시간 이전에 과제를 마치거나 긴장을 풀거나 잠자리를 준비하는 시간까지 합하면 1년에 3,000시간은 거뜬히 넘는다. 사람들은 여유 시간이 없다고 하는데, 사실 살면서 노력만 하면 어느 정도 여유 시간은 낼 수 있다. 아이를 위해 꼭 시간을 내야 할 때 마술처럼 시간이 생긴다는 옛말을 꼭 기억해라.

당신이 바쁘다는 것을 남편도 안다. 하지만 그는 또한 당신이 마음만 먹으면 직장 일이나 살림을 하는 틈틈이 아이를 더 안아주고 책을 읽어줄 수 있다는 것도 알고 있다. 그러므로 당신이 남편과 보낼 시간을 내지 못할 때 남편으로서는 당신이 "당신은 그리 중요하지 않아요. 저는 그다지 당신에게 감사하지 않아요"라는 메시지를 보낸다고 생각할 수밖에 없다. 남편은 당신이 임신, 생리 전 증후군, 아픈 아이를 돌보느라 지새운 밤, 끝이 없는 삶의 스트레스 때문에 완전히 녹초가 되었다는 걸 이해하지 못할 수도 있다. 하지만 남편은 중요한 일이라면 반드시 시간을 할애해야 한다는 사실을 알고 있다. 만약 그럴 수 없다면 도움을 받아야 하고, 그 첫 번째 단계는 남편과 상의를 하는 것이다. 당신은 남편과 시간을 보내길 원하지만 방법을 모르니 도움을 받아야 한다고 말해라. 남편은 문제의 해결책을 찾고자 하는 당신의 노력뿐 아니라 그의 곁에 있고자 하는 당신의 열망과 그와 함께 즐기고픈 당신의 바람을 느낄 수 있다.

어떻게 하면 남편과 교감하는 시간을 만들어 궁극적으로 부부가 성생활을 즐기고 또 섹스 횟수를 늘릴 수 있을까? 당신이 아이에게 들이는 시간을 계산해라. 이혼 가정이 아닌 행복한 가정을 갖는다는 것이 아이들에게 얼마나 큰 의미가 있을지도 생각해라. 이 두 가지 방법을 이용해서 규칙적인 섹스를 하기 위한 부부만의 시간을 가질 때 느낄 수 있는 죄책감을 떨쳐버려라. 밤에 섹스를 하지 않더라도 부부 침실에서 아이들을 내보내라. 아이들에게 부모에게도 그들만의 시간이 필요하다는 것을 알려주어야 한다. 이는 아이들에게 훌륭한 본보기가 되어 나중에 아이들이 어른이 되었을 때 성공적인 결혼 생활을 꾸릴 수 있다. 즉, 부부는 감성적, 육체적 교감 시간을 규칙적으로 갖는 것이 중요하다.

"부부 침실 문이 회전문이어야 된다고 농담을 했습니다." 드문 성생활을 한탄하며 미치는 말했다. 미치는 아내에게 부부만의 공간이 필요하다고 말했다. "아내는 아이들의 안전이 우선이라고 설명했고 저도 그 말에 동의했습니다. 저는 아이들에게 사족을 못 쓸 정도입니다. 아이들이 부모 곁에서 편안해하는 것이 저의 바람이기도 합니다. 제가 부모님과 가깝지 않았기 때문에 아이들에게 더욱 잘해주고 싶었습니다."

하지만 미치와 아내는 행복하지 않았다. 어쩌다 한 번 가는 2박 3일간의 부부 유람선 여행을 제외하면 부부만의 공간은 어디에도 없었다. 독립된 그들만의 공간이 없는 상태에서는 정열적인 사랑도 따뜻하고 소중한 결혼 생활도 불가능했다.

밤에 침실 문을 잠근다면 아이들은 어떻게 반응할까? 십 대인 아이가 방에 혼자 있는데 방문을 잠갔다. 집안의 규칙에 어긋나는 짓을 하지 않는다는 믿음만 전제된다면 아이에게는 그럴 권리가 있다. 아이는 당신을 쫓아내는 것이 아니라 사생활을 찾고자 하는 것이다. 감성 교류가 없을 때 아이들은 당신에게서 동떨어졌다고 느낀다. 감성 교류는 침실 문의 상태로 대변되지 않는다. 방문을 없애버려도 아이들과의 거리는 서먹서먹할 수 있다.

아이가 무서워하거나 아플 때는 언제든 문을 두드려도 좋다는 간단한 규칙을 정한 뒤에 방문을 잠가라. 아이들은 당신의 사생활과 수면을 존중하는 법을 배우게 된다. 또한 밤에 사소한 문제들을 혼자 처리할 수 있는 능력을 길러준다. 아이들이 방문을 두드리면 아이를 같이 재울지 아니면 방으로 돌려보낼지 선택하는 것은 당신의 몫이다.

수년 간 부부들을 도우면서 부부들이 사랑을 나눌 때 침실 문을 잠그지 않는다는 사실을 알게 되었다. 방문을 열어둔 채 섹스를 하는 부부도 있었다. 이유는 비슷했다. "애들이 잠든 걸 확인하고 섹스를 해요", "아이들이 계단을 올라와서 복도를 걸어오는 소리를 들을 수 있어요." 하지만 채 인식도 하기 전에 부부는 아이들이 언제라도 들이닥칠 수 있다는 걱정을 하며 섹스를 하게 된다. 이는 둘 중 누군가는 의식적이든 무의식적이든 계속 망을 봐야 한다는 얘기다. 이렇게 되면 자신의 의도와는 상관없이 섹스에 집중할 수 없다. 결국 섹스는 뜸하게 되고 뭔가 거리끼고 억압을 받는 침묵의 활동이 된다.

밤에 침실 문을 잠그면 부부는 훨씬 편하게, 심지어 나체로 잠을 잘 수도 있다. 1년에 2,737시간이라는 부부만의 은밀한 시간을 갖게 되는 것이다. 여기에 잠들기 전과 깬 후의 시간까지 더하면 그 시간은 훨씬 늘어난다. 그렇다고 꼭 규칙적으로 섹스를 하라는 얘기가 아니며 또 그렇게 하는 부부는 흔치 않다. 다만 부부가 서로 소속감을 느끼고 둘만의 사적인 시간을 가질 수 있는 독립된 공간이 반드시 필요하다. 이 공간에서 부부는 포근한 포옹을 즐길 수 있고 아이나 배우자의 잠옷이 아니라 서로의 살결을 느낄 수 있다. 아이가 부부의 섹스 장면이나 나체 상태의 부모를 목격하면 어쩌나 하는 걱정도 덜 수 있다. 부부만의 시간을 가진다고 오늘이나 내일 당장 무슨 일이 일어나는 것은 아니다. 하지만 그 시간은 바쁜 현대사회에서 쉽게 사라질 수 있는 연인의 감정을 키워준다. 여기에 부부 모두가 아침형일 경우 걱정 없이 아침에 섹스를 즐길 수도 있다.

아이가 어려서 지금 부부와 같이 잠을 자는 경우, 혼자 방에서 자면 상을 준다거나 주말마다 하룻밤 정도 부모 방에서 잠을 잘 수 있도록 유도해라. 그렇게 해서 밤에는 부부만의 시간을 즐겨라. 온 가족이 한 침대에서 서로 껴안으며 애정을 나누는 것은 물론 대찬성이다. 하지만 이는 정해진 시간에 함께 책을 읽거나 텔레비전을 보면서 만들어갈 수 있다. 꼭 부부의 침실이 아니어도 가능한 일이다.

최적의 침실 만들기

아이들이 집에 있는 동안 사랑을 나눌 경우, 설사 아이들이 잠들어 있다 할지라도 음악이나 텔레비전을 틀어 소음이나 아이들이 들을까 하는 염려를 없애라. 이렇게 하면 섹스가 훨씬 더 즐거워질 수 있고 더

불어 남편과 더 자주 섹스를 하는 동기 유발도 된다. 아이들이 모두 학교에 가고 난 뒤 남편과 둘이 있게 될 경우 먼저 섹스를 제안해보자.

남편과 사랑을 나눌 때 당신을 기분 좋게 해주는 것이 있다면 남편에게 이야기해라. 남편 역시 신이 나서 도울 것이다. 또한 따뜻함이 느껴지는 아름다운 침실 분위기를 만드는 것도 좋다. 부부가 대부분의 시간을 함께 보내는 침실을 쾌적하고 편안하게 꾸미는 것도 중요하다. 질 좋은 매트리스, 기분을 좋게 하는 침대보나 예술 작품들을 갖춰놓는 것이 좋다.

사랑 만들기

부부만의 시간 만들기

- 밤에 침실 문 잠그기
- 사랑을 나누는 동안 음악 틀어놓기
- 평상시 사랑스런 포옹과 키스, 등 어루만지기, 발 마사지 등을 자주 해서 친밀감을 쌓아라. 남편 역시 하루 종일 좀 더 다정해질 것이다.

화장실 예절

어떻게 하면 섹스를 더 자주 할 수 있을까 고민하는 당신에게 또 한 가지 조언이 있다. 대부분의 부부들은 자신이 화장실을 쓸 때 배우자가 들어오도록 내버려둔다. 하지만 그래서는 안 된다. 물론 출근 준비로 바쁜 아침 시간에는 두 사람이 함께 욕실을 사용할 수밖에 없다.

하지만 오랜 시간 배우자의 민망한 상황을 보면 부작용이 생긴다. 살다 보면 배우자의 남부끄러운 모습을 봐야 하는 경우가 비일비재하다는 것을 명심하자. 우리의 현실은 병, 수술, 이런저런 질병들로 이미 넘쳐난다. 하지만 이러한 아픔들은 지속적으로 발생하지 않으며 어쩔 수 없는 삶의 과정이다. 변기에 앉아 있는 남편을 일상적으로 보게 될 경우 직접 혹은 간접적으로 남편에게 점점 매력을 못 느끼게 된다.

나는 부부 사이의 진실함을 강조하는 사람으로 결코 배우자에게 자신의 질병과 나약함을 숨기라는 의미가 아니다. 다만 화장실을 쓰는 시간을 각자 정해놓을 것, 섹스하기 전에 청결히 할 것, 또 섹스의 흥을 깨는 유치한 농담을 하지 않을 것 등을 충분히 요구할 수 있다. 이런 상황을 설명하는 많은 여성들의 태도에는 "사내애는 영원히 사내애야" 라는 옛말이 사실이 아니길 바라는 심정이 역력하다. 하지만 남편은 감사와 섹스를 갈구하고, 남편과 교감하기 위한 당신의 진실 어린 노력이 느껴지면 기꺼이 십 대 소년 같은 행동을 포기한다는 통계 결과가 있다. 결혼을 곤경에 빠뜨리지 않고 결혼의 향방을 당신의 손안에 쥘 수 있는 열쇠가 여기에 있다. 스스로 행동하고 섹스의 기쁨을 앗아가는 부분들을 변화시켜라.

아동 학대의 영향

슬프게도 세상에는 너무나 많은 성추행이 벌어지고 있다. 통계에 따르면, 셋 중 한 아이가 성추행을 당한다고 한다. 아동 보호에 관한 한 우리가 가야 할 길은 여전히 멀다. 우리 아이들을 평생 고통스럽게 할 만한 위험이 곳곳에 널려 있다. 명심해야 할 것은 성추행은 지독하고 잔인한 폭력이라는 사실이다. 성추행을 당한 아이들이 부모에게 사실을 이야기하면 부모들은 "단지 실수로 너한테 부딪힌 거야"라고 아이들을 설득한다. 세상은 여전히 상상조차 하기 힘든 어린이들의 슬픔과 고통을 방치하고 있다. 이런 아이들은 성의 어두운 면과 참을 수 없는 가책이 뒤섞인 복잡한 감정을 짊어진 어른으로 성장한다.

성추행은 그 피해가 아주 미미하다 해도 성적 장애를 가져온다. 상대를 가리지 않고 성행위를 하거나 반대로 섹스를 회피하는 등 성에 극도로 민감하게 반응한다. 과거의 일이 떠오르는 경우도 있고 아픈 기억을 지우려 애쓰기도 한다. 자신이 왜 섹스를 싫어하는지 이해하지 못한다. 섹스를 회피할 그럴싸한 이유를 둘러대기도 한다. "시간이 없어", "남편은 내가 하자는 데로 안 해", "너무 부끄러워", "너무 지저분해" 등등. 하지만 진실은 자신의 아픈 과거를 회피하고 있으며 그 누구도 심지어 본인조차도 이해하지 못한다. 만약 자신에게 이런 증상이 있거나 또 이런 문제로 힘들어하고 있다면 망설이지 말고 그 분야의 전문가를 찾아가 상담해라. 과거의 나쁜 사람들이 당신의 삶에 들어와 계속해서 당신을 폭행하고 당신의 행복을 앗아가게 해서는 안 된다.

성추행 피해자들은 정상적인 성생활로 돌아왔을 때 섹스의 주도권을 자신이 쥐고 있다고 느껴야 하는 경우가 종종 있다. 이럴 경우 남편에게 설명할 필요가 있다. 아픈 과거를 벗어버리기 위해 당분간 자신이 주도해서 위치를 정하고 언제 어디서 섹스를 할지, 무엇보다도 불편하다 싶을 때는 언제든지 멈출 수 있어야 한다고 설명한다. 당신이 자신을 되찾는 노력을 계속하는 동안 남편 역시 흔쾌히 당신의 지휘를 받아들일 것이다.

피임

많은 여성들이 임신을 할까 봐 노심초사한다. 지금 당장 아기를 갖고 싶지 않다면 피임을 생각해봐야 한다. 임신이 별로 신경이 쓰이지 않는다고 생각할지도 모르지만 확실한 피임법이 없으면 조금씩 황홀한 섹스와는 담을 쌓게 되고 섹스의 횟수도 줄어든다. 지금 사용하고 있는 피임법을 완벽하게 확신하지 못하면 섹스는 잠재적인 적이 된다는 것을 명심해야 한다. 전문가에게 교육을 받거나 남편이 완벽하게 피임을 할 수 있도록 해서 피임 문제를 해결해야 한다. 남편에게 실수하기 싫다고 솔직하게 밝히는 것이 좋다. 한편, 남편 역시 피임 문제를 진지하게 받아들일 수 있도록 도와야 한다. 피임 문제를 해결하면 부부의 성생활은 더욱 즐거워진다.

성생활을 우습게 여기지 마라

섹스를 심각하게 받아들이고, 섹스가 없어서는 안 될 친밀감의 표현이며 남편을 인정하는 표현이라는 것을 이해할 때 당신은 섹스를 우선시하게 된다. 다시 한 번 말하지만 여러 가지 섹스 기교를 시도해보라는 말이 아니다. 잦은 섹스는 행복한 결혼에 없어서는 안 될 필수 요소다.

유감스럽지만 섹스가 자연스럽게 부부의 생활 안으로 들어오기까지는 상당한 시간이 걸린다. 자연적인 격정의 삶을 즐기길 원하는가? 비현실적인 할리우드식 환상을 버리고 현실 속에서 열정적인 순간을 만들어가는 법을 배워야 한다. 방에 혼자 있을 때 저녁 시간을 계획해라. 남편에게 도움을 요청해 아이들이 적당한 시간에 잠자리에 들 수 있도록 하고 둘만의 시간을 가져라. 항상 섹스를 하라는 뜻이 아니다. 하지만 부부가 마음이 맞으면 섹스를 할 확률이 많고, 결국 부부는 둘만의 오붓한 시간을 만들기 위해 더욱 노력하게 된다.

2부

행복한 결혼만들기

변화의 시작 : 내면의 소리 인식법

성공적인 결혼에서 배운다

자기애自己愛

남편 사랑 되돌려주기

6

변화의 시작 : 내면의 소리 인식법

우리는 앞에서 외도의 원인에 대해서 알아보았다. 이제부터는 확실한 외도의 대책법에 대해 논의해보자. 하지만 방법을 안다고 문제가 해결되지는 않는다. 남편에게 감사와 배려를 표현하기 위해 남편을 덥석 안거나 호텔을 예약하거나 아니면 오늘 밤 남편이 들어오는 시간에 맞춰 그가 가장 좋아하는 음식을 준비해야 하는 것은 아니다.

내면의 소리를 듣자

내면의 소리는 변화하는데 우리는 그 소리를 잘 듣지 못한다. "무슨 문제 있어? 너 아픈 것 같아"라는 친구의 말은 우리에게 실마리를 던져준다. 우리가 인식하기도 전에 당신이 행복한지 혹은 슬픈지, 정신이 맑은 상태인지 혹은 피곤한 상태인지에 따라 내면의 소리는 직접적으로 우리의 대화 방식에 영향을 준다. 이처럼 외부에서 일어나는 일을 당신의 귀로 직접 들을 수 있다면 당신 안에서는 어떤 일이 벌어지고 있을까? 실제로 우리의 내면에는 많은 목소리가 존재하고 있으며 서로 아우성치고 있다. 또 갖가지 문제에 따라 특정한 목소리가 우위를 차지하고 당신은 그 방향으로 이끌린다. 문제는 우리가 이를 반작용이라 부르며 당연한 것으로 받아들이고 달리 손을 쓸 수 없다고 생각하는 데 있다. 이는 잘못된 생각이다. 상황에 따라 어떤 목소리가 들리는지 배울 수 있다.

나는 여러 해 동안 사람들이 자신이 겪는 문제의 뿌리를 찾을 수 있도록 도왔다. 터무니없는 그들의 행동 뒤에 가려진 이유를 밝혀 그들이 참다운 변화를 이끌어낼 수 있도록 도움을 주었다. 우리는 변화할 수 없다는 믿음을 갖고 있다. 이는 자기 자신을 포기하는 것을 정당화하는 생각일 뿐이다. 당신은 변화할 수 있다. 마음에 들지 않는 곳, 도움이 되지 않는 부분, 그 어떤 것이든 변화시킬 수 있다. 열쇠는 당신 손에 있다. 다르게 생각한다는 것은 곧 인간의 근본에 대해 의문을 갖는다는 것이다. 인간이 다른 동물과 구별되는 것은 변화와 적응을 가능케 하는 생각하는 능력 때문이다.

놀라운 변화는 많은 시간과 고찰이 필요하다. 나는 수년 간 많은 부부들이 그들 자신을 이해하고 결혼 생활을 개선할 수 있도록 도왔다.

하지만 상담이나 세미나 시간 이외에 문제를 정확히 짚어줄 사람이 없는 상황에서 스스로 문제가 무엇인지를 가려내고 변화를 계속 유지하는 것은 그들에게 너무나 큰 도전이었다. 상담을 맡은 사람들과 24시간 생활하는 상담사를 그만두기로 결정한 후 나는 그들 스스로 치료법을 꾸준히 지킬 수 있도록 도울 방법이 없을까 계속 고민했다.

결혼 상담은 속도가 관건이라는 점에서 다른 상담과 구별된다. 결혼이 무너지기 시작할 때 우리에게 허용된 시간은 그리 많지 않다. 나는 심리학적 전문용어를 자제하면서 사람들이 문제의 핵심을 찾아내 이를 즉시 해결하고 재빨리 변화할 수 있도록 돕고 싶었다. 당신이 왜 그렇게 생각하는지 그 이유를 이해하고 노력하기 전까지 변화는 기대할 수 없다. 단지 자신이 논리적이고 책에 나와 있다고 해서 당신이 그렇게 할 수 있다고 자부하지 마라.

나는 내부에서 일어나는 투쟁을 이해하도록 돕는 한편, 아주 재빠르게 변화를 일으킬 수 있는 고찰의 과정을 아주 간단한 공식으로 만들었다. 이 공식은 내가 처음 만든 것은 아니다. 하지만 이 공식을 사용해서 나만의 방식으로 이리저리 얽힌 많은 진실을 표현할 수 있었다. 공식은 개인의 취향에 맞춰 가려낼 수 있고 금세 변화를 일으킬 수 있다.

뇌의 방해

인간의 뇌는 놀랍다. 우리는 하루에 7만 가지의 생각을 한다. 그럼에도 우리의 중추신경계는 사소한 일로 뇌가 신경 쓰지 않도록 감각으로 저장되는 정보의 99퍼센트를 흘려보낸다. 우리는 최대 70퍼센트의 정보를 듣고 이해할 수 있다. 뇌는 자동으로 그 사이의 부족한 틈을 채운다. 우리는 이 틈에 대해 좀 더 상세히 알고자 한다. 왜냐하면 이 틈이라는 것이 인생에서 일어나는 많은 사건에 기반을 두고 있고 뇌가 우리에게 따로 귀띔을 하지 않기 때문이다.

뇌의 활동을 잘 보여주는 한 예가 독서다. 우리는 글자 하나하나를 소리 내어 읽지 않는다. 뇌는 처음 한두 글자를 인식하고 문맥을 기초로 해서 건너뛰며 단어를 유추한다. 뇌는 대체로 훌륭하게 일을 해낸다. 감성적으로 상황을 읽을 때도 마찬가지다. 뇌는 개인의 역사와 현 상황을 기초로 앞뒤 상황을 인식한 후 건너뛰기도 하고 추측을 하기도 한다. 이러한 반응은 책을 읽는 것처럼 자연스럽기 때문에 상황과 내용을 제대로 살폈는지 천천히 그리고 진지하게 생각해보는 일은 거의 없다.

천천히 그리고 진지하게 따져보는 것이 내가 당신에게 요구하는 바다. 더 나은 결혼 생활을 위해서는 지금까지 당신이 앞뒤 상황을 제대로 따져보지도 않고 건너뛰고 추측을 일삼았다는 사실을 인정해야 한다. 뇌는 자동 조종 장치와 같아서 가능한 많은 정보를 흘려보냄으로써 우리의 정보 처리를 돕는다. 뇌를 통제하고 속도를 낮춰 반응의 원인에 대해 점점 더 많은 것을 알기 시작할 때 가장 알맞은 변화를 꾀할 수 있고 감성을 읽는 능력은 눈에 띄게 향상된다. 그렇게 되면 더 이상 추측할 필요가 없다.

내면의 소리는 작동 중

결혼 생활에 문제가 생길 때마다 머릿속에 울리는 세 가지 목소리가 있다고 가정해보자. 목소리라는 발상이 그다지 탐탁치 않게 들릴 수도 있을 것이다. 하지만 실제로 우리는 남에게 배운, 확실하지만 감지하지 못하는 메시지들과 더불어 결혼 생활을 한다. 타인의 생각들은 교묘히 탈바꿈되어 지금 당신의 목소리가 된다. 다음은 당신의 머릿속을 헤집고 있는 목소리들이다.

유년의 목소리 : 부모님이 나에게 보낸 메시지들이 지금 나에게 어떤 영향을 미치고 있는가? 부모님의 사고방식이 내가 어릴 때와 변함이 없다면 지금 부모님은 뭐라고 할까?

잘 상상이 안 될 수도 있지만 당신은 유년기를 지내며 상당히 많은 것을 부모에게 배웠다. 지금 당신을 이루는 상당 부분은 부모가 매번 신체적 접촉을 할 때, 키스를 할 때, 또 싸움을 할 때 받은 영향으로 형성되었다. 우리가 관심을 가져야 되는 부모의 목소리의 두 가지 측면이 있는데, 하나는 부모의 행동 양식으로 전달되는 결혼관이다. 어떤 부모의 행동은 소름이 끼칠 정도로 끔찍한 경우도 있다.

두 번째는 아버지와 당신의 관계를 통해 전달되는 남자에 대한 메시지다. 당신의 아버지는 남자란 다정하고 온화하며 강인하고 여성을 보호한다는 인상을 심어주었는가? 이 두 가지 측면을 짚어내면 자신의 결혼관을 훨씬 잘 이해할 수 있다. 누가 먼저 성적 접촉을 시작해야 하는가? 부부 중 안기는 쪽은 누구인가? 진정한 남자가 아내에게 바라는 것은 무엇인가? 온화한 남자는 성적 자극을 유발하는가 아니면 억누르는가? 당신 안의 소녀는 이 모든 질문의 답을 말하고 있다.

주변의 목소리 : 우리의 친구들, 형제자매, 대중매체는 결혼관의 옳고 그름에 관한 각자의 의견을 주장한다. 이렇게 혹은 저렇게 행동해야 한다는 노골적이면서 불분명한 메시지들이 넘쳐난다. 이 메시지들은 당신의 역할과 이상적인 결혼관을 결정짓는다.

가족의 목소리 : 가정은 날마다 그들의 결혼에 대해 말하고 있다. 아이들은 제발 좀 나가서 아버지와 즐거운 시간을 보내라고 말한다. "안방에서 사랑을 나누세요. 우리는 조용히 우리 할 일을 할게요." 그들은 또 부모의 결혼에 대해 긍정적인 평가를 하기도 한다. "아빠와 엄마가 키스를 하고 서로에게 다정할 때가 정말 좋아요."

한편, 지출 내역을 보면 결혼의 상태를 읽을 수 있다. 온통 아이들과 집안일에 관련된 지출만 할 뿐 남편과 외출하거나 낭만적인 휴가를 보내는 데 돈을 쓰지 않는다. 결혼에 대한 당신 자신의 의견도 있다. 남편 역시 결혼에 대한 그의 의견을 말한다. 이처럼 다양한 가정의 메시지들을 파악해야 한다.

내면의 소리 인식법

남편과의 관계를 결정짓는 세 가지 내면의 목소리를 파악해라.

- **유년의 목소리** : 부모의 메시지와 그들의 결혼관은 나에게 무엇을 말하는가?
- **주변의 목소리** : 친구들과 형제자매, 혹은 대중매체는 나에게 무엇을 말하는가?
- **가족의 목소리** : 아이들과 가사의 중압감은 나에게 무엇을 말하는가?
- **내면의 변화** : 특별한 일이 있을 때 당신의 마음은 어느 목소리에 기우는가?

이 세 가지 목소리를 면밀히 살펴봄으로써 당신은 특정 목소리를 기준으로 행동할지 아니면 자신만의 새로운 목소리를 창조해야 할지를 결정할 수 있다. 이 과정을 나는 '내면의 변화'라 부른다.

당신은 가끔 어떤 의견들을 듣고 그대로 따를 때가 있다. 하지만 점점 그 목소리들을 무시하기 시작한다. 반대로 어떤 목소리들은 삶에 잘 들어맞아 나중에도 그 목소리들에 귀를 기울이게 된다. 이제 당신은 자신에게 맞는 목소리가 무엇인지를 식별할 수 있는 능력과 주어진 상황에서 어떻게 느끼고 행동해야 하는지를 제어할 수 있는 능력을 가지게 되었다.

궁극적으로 당신은 여러 목소리를 충분히 고려한 후 마지막 결과물로써 자신만의 목소리를 창조해야 한다. 이 목소리는 결혼에 필요한 긍정적 변화를 만드는 데 쓰인다. 타인이 아닌 당신의 결혼이다. 부모도 포함되지 않으며 친구도 또 장기적으로는 아이들도 당신의 결혼에 포함되지 않는다. 자신에게 필요한 변화를 거부하는 혹은 꺼리는 이유가 무엇인지 알아내야 한다. 그런 다음 이상적인 결혼을 만들 수 있는 자신만의 유일한 목소리를 발전시킬 수 있다.

이제 당신은 특정한 행동 변화를 위한 모든 준비를 마쳤다. 행동 변화는 자주 남편을 칭찬하기와 섹스를 앞장서서 이끌고 횟수를 늘리고 재미있고 즐거운 섹스를 나누는 법까지 모두 아우른다. 먼저 당신은 실제로 성취 가능한 목표를 세워야 한다. 당신은 내면의 소리 인식법을 잘 익혀서 어떤 문제에 직면했을 때도 자동적으로 이 방법을 쓸 수 있도록 친숙해져야 한다.

감사는 성욕을 감퇴시킨다?

나는 이 책의 연구 조사를 위해 비공식적으로 신디라는 여성을 인터뷰했다. 신디는 확실한 증거는 잡지 못했지만 남편이 외도를 하고 있을지도 모른다고 믿었고 남편은 절대로 시인하지 않을 거라고 했다. 내 연구 결과를 보여주자 그녀는 소스라치게 놀랐다. "내가 더 감사해야 한다구요?" 감사의 의미에 대해 얘기를 채 나누기도 전에 신디는 말을 이어갔다. "저뿐만 아니라 대부분이 그럴 거예요. 여자의 입장에서 포옹을 원하는 남자는 성욕이 줄게 만들어요."

신디의 머릿속에는 이미 감사에 대한 부정적인 그림이 그려져 있었다. 이는 상당히 복잡한 문제다. 신디의 남편은 그녀에게 다정하며 그녀를 지지한다. 그런데도 신디는 남편에 대한 감사를 표현하고 싶어하지 않는다. 그녀는 만약 억지로라도 그래야 한다면 남편의 매력에 치명적인 역효과가 있을 거라고 했다. 이러한 생각은 특정한 원인도 없이 일어나는 여러 가지 기이한 감정의 하나로 사람들은 그냥 그렇다고 생각한다.

신디는 내면의 소리 인식법을 적용해 이 문제를 찬찬히 살펴보았다.

유년의 목소리 : 신디의 어머니는 아버지 대신 가정을 꾸려가기 위해서 늘 일을 했다. 생활고에 지친 어머니는 아버지를 비난했다. 신디와 두 남동생은 그런 어머니가 안타까웠고 상황을 이렇게 만든 아버지를 탓했다. 어떤 식으로든 부모에 대한 판단은 신디의 몫이 아니다. 신디는 어머니에게 아버지를 비난하는 것은 잘못이며 가족이 생각하는 것처럼 아버지가 그렇게 나쁜 사람은 아니라고 말할 의무도

없다.

신디가 깨달아야 할 것은 바로 어머니가 아버지에게 감사하지 않았으며, 어머니는 신디에게 아버지는 하지 못했던 일, 가족을 성실히 부양하여 엄마 노릇을 제대로 할 수 있는 여건을 만들어주는 남자와 결혼하라는 메시지를 무수히 보냈다는 사실이다. 신디는 무능력한 아버지를 얕보면서 자랐고, 남편이란 능력 있는 월급쟁이이며 재계에서 성공하는 방법을 아는 사람이라는 이미지를 만들어갔다. 이러한 남편의 이미지는 "올바른" 가족 부양에 걸맞았다. 이는 바로 신디가 자나 깨나 들었던 아버지에 대한 어머니의 외침이었다.

감사라는 단어를 들었을 때 신디는 자신의 부모, 정확히는 어머니의 목소리를 들었다. 어머니는 아버지가 능력이 없기 때문에 진정한 남자가 아니었다고 말하고 있었다. 신디는 분명 감사의 표현을 결코 감사를 필요로 하거나 바랄 리 없는 진정한 남자에 대한 모욕이라 생각했다. 진정한 남자란 누구의 도움을 받지 않고도 혼자 해낼 수 있어야 한다고 생각하는 것이다.

주변의 목소리 : 신디의 친구들은 대체로 자신들의 남편에 대해 불평을 했다. 불평은 몇 년 전에 색다른 이야기로 시작되었다. 하지만 시간이 지나면서 그녀와 가장 가까운 세 친구 중 두 친구는 이혼을 했고, 진정한 사랑은 동화 속 단어가 되어버렸다. 고심 끝에 신디는 자

신의 주변 사람들이 감사에 대한 자신의 생각에 동의하지 않는다고 결론지었다. 그리고 대중매체는 칭찬을 바라지 않는 남자의 이미지를 반영하고 있다고 생각했다. 광고 속의 남자들은 여자의 도움이 필요 없고 자신감과 힘이 넘치는 남자의 이미지를 보여주었다.

가족의 목소리 : 아이들은 신디가 남편에게 감사 표현을 할 때 너무나 좋아했다. 아이들은 아빠가 엄마에게 포옹이나 키스 혹은 장난을 치는 등 다정한 행동을 할 때 즐거워했다. 신디는 가정의 목소리가 남편에 대한 감사를 열렬히 뒷받침해주고 있다고 확신했다. 집안일의 부담도 남편에 대한 감사를 가로막지 않았다. 신디는 남편이 어떻게 생각하는지는 확신이 없었다. 이전의 그녀는 대놓고 남편에게 감사를 표시하면 남편이 모욕을 느낄 것이라고 믿었다.

내면의 변화 : 진실의 순간이다. 신디가 감사를 표현하는 데 그처럼 반감을 가졌던 이유는 무엇일까? 신디는 자신의 행동에서 유년 시절 집안 분위기가 여실히 드러나고 있다는 사실을 깨닫기 시작했다. 아이를 학교에 데려다주다가 만났던 몇몇 여자들이 기억났다. 신디는 그 여자들 근처에 있기가 좀 불편했다. 왜냐하면 그들은 자신들의 남편에 대해 상당히 긍정적이었다.

내면의 소리 인식법

신디는 남편에게 감사할 줄 몰랐다.

- **유년의 목소리** : 신디의 어머니는 자신의 기대에 부응하지 못하는 아버지를 항상 무시했다. 신디의 아버지는 더 열심히 일해야 했다.
- **결과** : 남편에게 감사하지 마라. 열심히 일해서 성공하도록 계속 채찍질해라.

- **주변의 목소리** : 신디의 친구들은 대부분 남편에게 불만이 많았다. 대중매체는 아내의 감사가 필요 없는 강인한 남성상을 보여주었다.
- **결과** : 남편의 부정적 측면을 강조해라. 남편은 강인해야 하고, 아내의 감사 따위는 필요치 않다.

- **가족의 목소리** : 아이들은 신디가 남편에게 감사 표현하는 것을 아주 좋아했다. 반면에 신디가 어떤 방식으로든 남편을 깎아 내릴 때는 반감을 표시했다. 가사의 부담은 크지 않았다.
- **결과** : 남편을 많이 안아주고 키스해주며 다정하게 행동해라.

- **내면의 변화** : 내면의 목소리 인식법으로 신디의 유년의 목소리와 주변의 목소리가 표면으로 드러났다. 신디는 가정의 목소리를 활성화하고 새로운 내면의 목소리를 창조해야 한다.

신디는 당시에 그 여자들이 자신과 맞지 않았고 또 시간이 없어서 친구가 될 수 없었다고 했다. 지금 신디는 그들에게 가까이 다가가지 않았던 이유가 실제로는 남편에 대한 그들의 의견이 부모의 목소리와 달랐기 때문이라고 생각한다. 그래서 신디는 남편에게 불만이 많은 친구들과 어울렸다.

내면의 소리를 변화시켜라

유년의 목소리, 주변의 목소리, 가족의 목소리는 모두 다르다. 그중 유년의 목소리가 가장 눈에 띈다. 유년의 목소리는 시간상 가장 오래 우리 안에 존재하고, 쉽게 영향을 받는 어린 나이에 시작되어 중요한 의미를 지닌 목소리들을 흡수한다. 신디의 사례에서 알 수 있듯이, 유년의 목소리는 삶의 방향을 결정하고 같은 목소리를 가진 사람과 상황으로 우리를 이끈다. 우리는 같은 감정과 본능을 지닌 사람들 사이에서 편안함을 느끼기 때문에 쉽게 그들을 찾아낸다.

주변의 목소리와 가족의 목소리는 유년의 목소리를 기초로 했는지 확인하면 된다. 신디의 경우가 그렇다. 이로써 미디어와의 관계도 설명될 수 있다. 부부가 서로 싸우고 윽박지르며, 상대방에게 전혀 시간을 내지 않고, 즐거운 성생활을 웃음거리로 삼는 텔레비전 프로그램이나 영화 혹은 신문 기사들을 즐겨 보고 있는가? 잘못된 결혼을 바로잡으려 노력하는 부부를 다룬 프로그램보다 이런 종류의 프로그램에 끌리는 이유가 당신 안에 있을 가능성은? 자신과 꿋꿋이 정직하게 맞서라. 그리고 인식하지 못했던 유년의 목소리가 전달하는 부정적인 결혼관이 자신을 둘러싸고 있지 않은지 확인해라.

가족의 목소리를 통해 이 과정을 이미 경험했을 수도 있다. 우리는 아이에게 결혼이란 이런 것이라고 가르친다. 당신의 가정은 사랑과 감사가 넘치는 가정인가 아니면 사랑과 감사가 늘 부족한 가정인가? 아이들에게 부부가 따로 시간을 가짐으로써 더 나은 배우자가 될 수 있다고 가르치는가? 이는 궁극적으로 아이들에게 큰 이득이 된다. 가정의 목소리를 잘 살펴보자. 혹 가족의 목소리가 부분적으로 유년의 목소리를 나타내고 있지는 않은가?

주변의 목소리와 가족의 목소리는 변화할 수 있다. 하지만 유년의 목소리는 이미 종결되었다. 유년의 목소리를 이해하고 그 영향에 준해서 필요한 변화를 꾀한다 할지라도 과거로 돌아가 그것을 바꿀 수는 없다. 하지만 주변은 변화할 수 있다. 새로운 친구를 찾아 남편에게 감사하고 배려하라는 새로운 목소리를 함께 나눌 수 있다. 주위의 친구들과 새로운 목소리에 대해 대화를 나누는 것도 가능하다. 이제 남편에 대해 불평하는 것을 멈춰야 한다. 이는 당신의 화를 부추기고 분노를 키우는 결과를 낳는다. 텔레비전 프로그램 역시 행복한 주제를 다루는 프로그램으로 바꿀 수 있다. 대중매체는 인생의 여러 이미지들을 골고루 보여주고 있다.

신디는 감사의 진정한 의미를 몰랐다. 하지만 그녀는 남편에게 감사하는 목소리, 즉 아이들의 목소리에 귀를 기울이기 시작했다. "아이들은 나에게 무엇을 말하고 있지?" 그녀는 자문했고 아이들이 진정으로 바라는 것을 적어 목록으로 만들었다. 신디는 아이들이 있든 없든 목록에 쓴 데로 하고자 노력했다.

신디와 나는 얼마간 계속 연락을 주고받았다. 그녀는 자신의 변화를 이야기했고, 처음에는 되풀이해서 부모의 목소리에 현혹되지 않도록 자신을 다잡아야 했다. 결국 신디는 자신의 새 목소리가 불러온 변화를 즐기기 시작했다. "남편은 정말 까무라칠 만큼 놀랐어요. 그리고 남편에게도 변화가 생기기 시작했어요." 새롭게 발견한 감사의 표현은 남편에게 자신을 향한 그녀의 사랑을 다시금 일깨워주었고 예전보다 편하게 아내를 배려하기 시작했다.

연구에 참여한 남성들은 한결같이 결혼 생활에 전환점이 되었고, 이 시점을 기준으로 아내와 교감하기 위해 노력하는 것을 그만두었다고 설명했다. 아내에게 책임을 돌리려는 것이 아니다. 그들에 따르면 어떤 얘기를 꺼내든지 아내의 비난을 피할 수가 없었다고 했다. 직장 일, 가정 문제나 부모님 문제 등 어떤 얘기를 해도 마찬가지였다. 언제나 잘못을 지적당한다는 생각 때문에 부부의 대화는 점점 줄어들었다. 신디는 남편의 잘못을 일일이 지적하던 그녀 안의 어머니 목소리를 뒤로 하고 남편의 장점만을 보려 했다. 이후 신디와 교감하고자 애쓴 남편의 노력은 신디를 감동시키기에 충분했다.

남편에 대한 연민의 정이 없을 때

남편의 설문 응답이 끝나자 그의 동의를 얻은 리사가 연락을 해왔다. 장담하건데 리사가 내게 연락한 이유는 남편이 응답한 내용을 알고 싶었기 때문이었다. 하지만 리사는 곧 조사가 익명으로 진행되었기 때문에 설문지에는 따로 이름이 표시되지 않았다는 사실을 알아챘다. 그녀는 여성들의 대변인이 되어 자신의 상황을 논의하는 데 동의했으며 가능하면 내면의 소리 인식법을 직접 경험해보기로 했다.

리사는 자신이 연민이나 자비를 잘 모르는 사람이라고 했다. 너무도 편안하게 자신을 그런 식으로 묘사하다니 놀라웠다. 리사는 가사일과 아들 양육은 자신이 최고라며 자신을 변호했다. 계획적이고 고등교육을 받은 리사는 아이들에게 좋은 교육 환경을 만들어주고 있다고 확신에 차 말했다. 리사는 아이들에 관해서만큼은 강한 연민을 느낀다고 했다. 놀라운 차이다. 남편에 대한 연민의 정이 없다고 스스럼없이 말했던 그녀는 아이들 이야기를 하자 완전히 상대적인 모습을 보였다. 리사는 세계 최고 경영자에 버금갈 정도로 어디든 아이들을 신속하고 정확하게 실어 날랐다. 그러면서도 아이들과 교감하고 즐거운 한때를 보냈다.

리사는 전업주부이고 남편 제프리는 생활비를 책임졌다. 그녀는 자신의 일에 너무 진지하게 임했던 탓에 남편에게 쓸 시간이 없었다. 그녀의 하루 일정을 듣고 보니 과연 그랬다. 리사는 남편의 불만을 솔직하게 털어놓았다. 남편은 그녀가 자신에게 너무 차갑게 대한다며 그 이유를 지나친 모성애 탓으로 돌렸다. "어쨌든 그는 성인이잖아요. 기다릴 줄도 알고 원하는 걸 그때마다 가질 수 없다는 것도 알고요. 그리고 남편 역시 아이들을 위한다면 훌륭한 엄마를 원하는 것이 당연하지 않나요?" 리사의 말은 구구절절 틀린 곳이 없다. 하지만 나는 그녀의 원래 목적이 남편의 설문 응답이었다는 사실을 다시 확인시켰다.

리사는 내면의 소리 인식법을 직접 해본 뒤 새롭게 발견한 문제들을 나와 함께 상의하기로 했다.

유년의 목소리 : 열한 살의 리사는 끔찍한 교통사고로 어머니를 잃었다. 이 사고로 리사의 아버지는 큰딸과 리사 그리고 리사의 쌍둥이 남동생을 돌봐야 했다. 리사는 아버지를 믿었다. 어른이 되어 아버지가 자식에게 헌신했음을 깨달은 리사는 아버지를 더욱 숭배했다. 아버지는 잠시도 쉬지 않고 일했다. 아버지는 자식들이 어머니의 빈자리를 느끼지 않도록 세심하게 신경 썼다. 아버지는 때로 어머니가 되었다. 물론 슬픔도 있었지만 아버지는 자식들을 잘 보살필 수 있는 생활 방식을 고집했다.

리사는 계속해서 아버지가 얼마나 이타적인 분인지 늘어놓았다.

그녀는 농담 삼아 아버지의 생일선물을 고르려면 몇 달 간 고민을 해야 하는데, 이 세상에 어떤 선물도 아버지에게 걸맞지 않기 때문이라고 했다. 리사와 형제자매들은 고민 끝에 마음을 담은 카드 한 장과 넥타이를 보내곤 했다. 아버지는 자신에게 큰 돈을 쓰는 것을 한사코 마다했다. 아버지는 그럴 돈이 있으면 본인들한테 쓰기를 바랐다. 또 아버지 때문에 자식들이 가족과 떨어져 있어야 하는 부탁 같은 것은 절대 하지 않았다.

리사의 이야기를 들어보면 그녀의 아버지는 정말 대단한 분 같았다. 누가 아버지의 놀라운 이타심이 작은딸의 결혼을 실패로 몰고 간 가장 큰 원인이라고 상상이나 하겠는가? 하지만 아버지의 목소리에는 남편에 대한 배려와 사랑이 담겨 있지 않았다. 만약 리사가 오늘 당장 아버지에게 물어보면 그는 단호히 죽을 때까지 남편을 사랑하라고 답할 것이다. 하지만 리사가 어렸을 때 굳어진 아버지의 목소리는 "아버지에게 주지 마. 자신을 돌보는 것 외에 아버지를 위해 네가 할 수 있는 일은 없어." 자식의 성공과 그들이 행복을 찾는 과정을 지켜보며 아버지는 행복과 기쁨을 찾았다. 리사는 그 메시지를 받아들여 자신의 것으로 만들었다. "남자에게 친절과 연민은 필요 없어." 이는 다시 "남자는 친절과 연민을 원하지 않거나 원해서는 안 돼"로 탈바꿈되었다.

우리는 리사의 아버지에게 왜 더 바라지 않았냐고, 왜 아이들에게 아버지를 배려해야 한다는 의무감을 심어주지 않았냐고 따져 묻지 않을 것이다. 내면의 소리 인식법의 목적은 부모를 판단하기 위한 것이 아니라 그들의 관점이 우리에게 미친 영향을 파악하는 것이다.

주변의 목소리 : 이 목소리를 언급하자마자 리사의 생각은 즉시 그녀의 언니와 쌍둥이 남동생에게로 향했다. 어머니가 돌아가신 후 그들은 뗄 수 없는 한편이 되었다. 끔찍한 사고를 겪고 2년 뒤에 언니가 집을 떠나고 나서도 그들은 여전히 가깝게 지냈다. 리사와 형제자매는 서로 너무 돈독해서 모두 차로 한 시간 이내 거리에 살았다. 그들은 정기적으로 같이 시간을 보냈기 때문에 다른 친구가 필요한 것을 전혀 느끼지 못했다.

리사의 주변의 목소리는 유년의 목소리와 별다르지 않다. 그들은 아버지의 모든 것을 사랑했다. 남동생과 언니 부부는 훌륭한 부모의 본보기였으며, 남동생은 아들의 학교에서 주는 올해의 부모상을 받기도 했다.

가족의 목소리 : 리사는 내면의 가족의 목소리에 대해 아주 곰곰이 생각했다. 리사가 내린 결론은 지금처럼 계속 하라는 압도적인 목소리였다. 아이들이 리사가 남편에게 애정 표현을 하기를 바랄 것이라고 추정했지만 아이들은 학교와 그 외 활동들을 하느라 너무 바빴

다. 분명한 것은 아이들이 엄마에게 상당히 의지하고 있으며 요구가 많았고 부모의 뒷받침을 필요로 한다는 것이다.

리사는 몇 년이 지나면 아이들에게 독립심이 생길 거라고 농담처럼 말했다. 하지만 어린 시절은 다시 오지 않으며, 이미 부모가 되어버린 우리는 과거로 돌아가 잘못을 되돌릴 수 없다고 다시 한 번 못 박았다. 어찌된 이유에서인지 결혼 얘기만 나오면 리사는 이 이론을 잊어버렸다. 남편이 외도를 하지 않는 한 몇 년 후에도 결혼 생활에는 별 차이가 없을 거라는 리사의 말은 어찌 보면 당연한 결과다.

내면의 변화 : 리사는 주의를 기울여 내면의 목소리를 들었다. 세 목소리는 이구동성으로 한 메시지를 외치고 있었으며 이는 그녀의 신념을 좌지우지했다. 리사는 계속해서 이 목소리를 자신의 목소리로 이용할 것인가? 리사는 한 번도 심각하게 고민했던 적이 없다. 하지만 결혼이 삐거덕거리며 제대로 돌아가지 않는다는 사실을 깨달았다. 리사가 틀리지 않다는 걸 이해시키는 데 많은 시간이 걸렸고 이 사실은 그녀에게 중요했다. 하지만 남편은 이미 오래전부터 자신의 불행에 대해 말하지 않았고, 리사는 너무 늦지는 않았는지 걱정했다.

재미있는 사실은 리사가 문제 해결을 위해 아버지에게 내면의 소리 인식법을 시도한 결과를 상의한 후 그의 도움을 얻었다는 점이다. 한 단계 더 나아가 자식 모두를 돕기 위해 리사의 아버지는 세 자식들을 모두 불러 리사의 일을 함께 논의했다. 나는 이 평범치 않은 어르신을 진심으로 존경하게 되었다.

내면의 소리 인식법

리사는 그녀의 연정을 남편이 아닌 아이들을 위해 아껴두었다.

- **유년의 목소리** : 리사의 아버지는 아주 이타적인 사람으로 자식에게 어떤 것도 받기를 꺼려했다.
- **결과** : 에너지를 남편이 아닌 자식에게 쏟아부어라. 남편은 자신의 임무를 다할 뿐 그에 대한 연민의 정은 필요 없다.

- **주변의 목소리** : 리사는 형제들과 아주 돈독했으며, 그들 역시 리사의 유년의 목소리와 같은 의견을 가졌다.
- **결과** : 남편이 아닌 아이들을 더 보살펴라.

- **가족의 목소리** : 아이들은 엄청난 주목과 부모의 후원을 받는 데 익숙해졌다.
- **결과** : 계속 아이들에게 퍼주어라.

- **내면의 변화** : 리사의 내면의 소리 인식법은 그녀 안의 세 가지 목소리를 활성화했다. 그 결과, 남편을 의도적으로 멀리 한 채 모든 신경을 아이들에게 쏟아붓게 만들었다. 리사는 남편에 대한 연정의 중요성을 강조하는 새로운 목소리를 발전시켜야 한다. 그녀는 내면의 목소리를 가시화할 때 자신에게 너무 의지하지 말아야 한다는 사실을 배웠다.

리사의 아버지는 자식들과 유람선 여행을 가고 싶어했다. 그의 생일 즈음에 가족 모두 함께 가면 더할 나위 없이 기쁠 것 같다 말하고서 경비는 각자 부담하도록 했다. 사실 리사의 아버지는 한사코 자신이 모든 경비를 부담하겠다고 했지만 이 정도만으로도 상당한 발전이었다. 리사의 아버지는 리사가 찾아 헤맨 유년의 아버지의 목소리에 맞설 수 있는 대안을 제시해주었다.

남편에게 연정을 느끼고 배려의 행동과 말을 건네기 위해 리사는 자신을 총체적으로 점검해야 했다. 이렇게 하기 위해서 빽빽한 일정을 미뤄야 했기 때문에 리사에겐 결코 쉬운 일이 아니었다. 하지만 시간이 흐르고 꾸준히 내면의 소리 인식법으로 자신의 발견을 되돌아본다면 그녀는 연정을 느끼는 사람으로 거듭날 것이다. 리사는 자신의 성공을 확신했다.

♥♥ 남편에게는 모든 게 과분해요 ♥♥

: 린다의 이야기

린다는 어찌해야 할지 몰랐다. 남편은 성공 가도를 달리는 기업체의 동업자였다. 문제는 나머지 세 명의 동업자들이 시아버지와 시동생, 시누이라는 점이다. 세월이 지나고 린다는 시댁이라면 질색을 하게 되었다. 상황이 어찌되었든 남편은 언제나 시댁 편을 들었다. 시댁과 소소한 문제가 생겨 얘기를 나누려고 하면 남편은 들으려고도 하지 않았다. 그녀는 다른 식구들이 남편 몰래 더 이익을 챙겨 가지는 않는지 의심스러웠다. 린다의 가족도 경제적으로 넉넉했지만 시누이 가족이 훨씬 더 부유해 보였다. 린다는 남편이 다른 식구들보다 더 열심히 일한다는 사실에 분개했다. 남편은 누차 자신의 가족들은 관대하며 서로를 신뢰한다고 말했다.

이로 인해 결혼에 문제가 생겼다. 얼마 되지 않아 린다와 남편은 각자 생활했고 결혼은 빠르게 몰락하고 있었다. 나는 인터뷰에 참여했던 남자들의 아내 몇몇에게 책을 검토해줄 것을 요청했다. 초고를 읽은 린다가 먼저 연락을 해서 자신의 딜레마를 털어놓았다. 린다는 도저히 남편에게 다정할 수가 없다고 했다. 린다는 모든 게 남편에게는 과분하다고 생각했고 남편이 잘못했는데 자신이 먼저 무릎을 굽히는 것은 상상도 못할 일이라고 했다. 하지만 린다는 남편과 두 아이에 대한 사랑에는 변함이 없음을 인정했다.

"밖에서는 장밋빛으로 보여도 안은 모두 허물어졌어요." 린다는 말했다. 린다는 자신을 좀 더 이해하고 변화시키고자 내면의 소리 인식법을 사용했다.

유년의 목소리 : 삼촌과 같이 가게를 운영하던 린다의 아버지는 가게에 침입한 강도에게 습격을 당해 돌아가셨다. 이 끔찍한 비극을 겪은 린다는 큰 충격을 받았다. 당시 그녀는 일곱 살이었고, 경찰이 집

으로 찾아왔던 일 또 어머니의 찢어지는 통곡 등 모두 자세히 기억했다. 외할머니가 이사를 와서 같이 살다가 린다가 대학에 가기 바로 한 해 전에 돌아가셨다.

그 후로 린다의 삶은 극적으로 변했다. 불행히도 가게의 동업자였던 삼촌은 아버지가 사망한 뒤 사업 규정에 동업자의 사망에 관한 조항이 없다며 린다의 어머니에게 한 푼도 줄 수 없다고 했다. 삼촌은 그 후 상당한 재력가가 되었고 삼촌의 자식들이 가게를 이어받았다.

린다는 비탄에 잠긴 채 살기 위해 허드렛 일을 찾아다녀야 했던 어머니를 지켜보며 자랐다. 그런 어머니의 모습은 아버지의 죽음에 대한 고통스런 기억을 계속 떠오르게 했다. 한때 사랑하는 가족이었던 삼촌과 사촌들은 갑자기 악마로 변했고, 린다의 어머니는 겨우 몇 블록 떨어져 살고 있는 삼촌네 가족을 찾아가지 말라고 했다. 아버지가 돌아가시기 전 두 가족은 주말마다 함께 시간을 보냈다. 린다는 친할머니가 다시 두 가족을 화해시키려고 모이게 한 날 어머니의 절규를 아직도 기억했다. 린다의 어머니는 화가 나 시어머니에게 맞섰다.

주변의 목소리 : 린다의 주위에는 남편의 가족들로 가득했다. 아이들은 이집 저집을 자기 집처럼 드나들었다. 린다는 친척들과 가깝게 지내는 것을 가로막고 싶지 않았다. 남편의 가족은 지역사회에서도 잘 알려져 있었기 때문에 린다 혼자서 새로운 친구를 사귀기란 불가능

해 보였다. 린다 역시 남편 가족의 일원이었으며 이 사실에서 벗어날 수 없었다. 남편의 가족들은 린다에게 다가와 린다의 불만을 이해하고 린다의 결혼 생활에 방해가 되길 원치 않는다고 했다. 하지만 린다는 그들이 의무감으로 그런 말을 한다고 생각했다.

가족의 목소리 : 아이들은 대가족 안에서 행복하게 지냈다. 아이들은 린다가 가족 모임에 더 자주 함께하기를 원했고 아버지를 더 사랑해주기를 바랐다. 집 안은 늘 잘 정돈되어 있었고 함께 사는 유모도 있었다. 그래서 린다는 여가 시간이 충분했고 아이들의 시간에 맞춰 자신의 일정을 짰다.

린다는 자신이 항상 대가족을 원하며 이는 과거의 영향 때문이라고 생각했다. 결혼할 당시 린다는 자신이 똘똘 뭉치는 대가족의 일부가 된다는 사실에 흥분을 감추지 못했다. 하지만 린다가 미처 깨닫지 못했던 사실은 바로 친정어머니의 시댁에 대한 이유 있는 분노가 담긴 유년의 목소리였다. 이제 린다는 시댁에 대한 자신의 감정이 친정어머니의 그것과 얼마나 닮은꼴인지 이해하기 시작했다. 이러한 고찰의 과정이 없었다면 린다는 여전히 시댁의 모든 행위를 자신에 대한 도전으로 보았을 것이다. 린다는 남편의 가족들에 대해 곰곰이 생각해보았다. 그들은 대체로 좋은 사람들이었다. 하지만 린다는 남편과 그의 가족에게 속상한 마음뿐이었는데 이는 자신의 과

내면의 소리 인식법

린다는 시댁 식구라면 치를 떨었고, 어떤 사랑의 말이나 행동도 남편에게는 과분하다고 생각했다.

- **유년의 목소리** : 린다의 아버지는 린다가 일곱 살 때 강도에게 살해당했다. 삼촌은 아버지와 동업을 했는데 아버지가 사고를 당하자 린다의 어머니에게 한 푼도 주지 않았고 가게에 대한 모든 권리를 빼앗았다. 린다의 가족은 경제적으로 많은 어려움을 겪었고, 린다의 어머니는 죽은 남편의 가족이라면 치를 떨었다.
- **결과** : 린다는 시댁 식구 누구도 믿을 수 없었다. 가족들과 너무나 가까이 지내는 남편에게 린다는 무척 화를 냈다.

- **주변의 목소리** : 린다가 시댁 식구 이외의 사람과 관계를 맺기란 쉽지 않았다. 시댁이 지역사회의 유명 인사였던 탓에 자신만의 독자성을 찾기란 불가능했다. 시댁은 오로지 린다가 남편에게 다정하기만을 바랐다.
- **결과** : 린다는 남편에게 다정하고 감사해야 한다고 생각했지만 시댁이 이런 생각을 강요한다는 느낌을 받아 오히려 반대 행동을 했다.

- **가족의 목소리** : 아이들은 시댁 식구들을 무척이나 좋아했고 언제든 아버지와 어머니가 서로 사랑하기를 바랐다.
- **결과** : 린다는 다정하고 사랑스런 아내가 되고 싶다고 생각했다.

- **내면의 변화** : 린다는 자신의 분노가 어머니를 대변하는 유년의 목소리라는 것을 깨달았다. 린다의 분노는 어머니에게서 비롯되었던 것이다. 린다는 더 이상 남편과의 문제에서 유년의 목소리에 귀를 기울이지 않고자 했다. 그녀는 평온을 되찾고 남편뿐 아니라 시댁에게 감사한 마음이 들도록 주변의 목소리와 가족의 목소리에 귀를 기울이고자 했다.

거에서 비롯된 분노의 불길 때문이었다.

이 사실을 깨닫자 린다의 마음은 한결 가벼워졌다. 린다는 생각하고 반응하기 이전에 주변과 가족의 목소리에 먼저 귀를 기울였다. 시댁 식구 모두 린다의 행복을 바랐고 그녀를 얕잡아본다거나 의도적으로 그녀를 따돌린 적이 결코 없다. 아이들은 뛸 듯이 기뻐했다. 엄마는 행복해 보였고 시댁 일로 아버지와 언쟁도 하지 않았다. 린다는 이제야 비로소 일곱 살 때부터 그토록 그리워했던 사랑하는 대가족을 갖게 되었다.

당신은 이 책에 명시된 제안이나 충고를 큰 문제 없이 받아들이고 있는가? 무엇보다도 내면의 소리 인식법을 이용해 자신의 목소리를 해독해보길 바란다. 누구도 완벽한 사람은 없다. 또 우리는 살아가며 불완전한 메시지들을 전해 듣는다. 때로 이유 없이 불편할 때 내면의 소리 인식법을 적용해 그 원인을 찾아내라. 그 다음 내면의 목소리를 향상시키는 법과 자신에게 이로운 목소리를 만드는 법을 확실히 찾아내어 하나하나 발전시켜야 한다.

| 5단계 | 감성 연결

변화하고 싶다면 시간을 내어 자신에게도 내면의 소리 인식법을 적용해보자. 내면의 소리 인식법에 아직 익숙하지 않더라도 결혼 생활에서 감사와 배려의 말과 몸짓의 중요성이 이미 밝혀진 이상, 자기 안에 있는 세 가지 내면의 목소리를 반드시 이해할 필요가 있다. 당신 안에 어떤 소리가 지금 왕성하게 활동하는 중인지 그리고 어느 목소리를 좀 더 활성화하고 싶은지 확인해보자.

{ 감사 }

유년의 목소리

✲ 부모님이 서로에게 감사의 말과 행동을 많이 했는가?

✲ 어릴 적 나는 사람들에게 감사의 말을 많이 들었는가?

주변의 목소리

✲ 친구들과 형제자매들은 그들의 남편에게 감사하는가?

✲ 내가 자주 보는 대중매체 속에서 아내가 남편에게 감사하는 모습이 나오는가?

가족의 목소리

✲ 내가 남편에게 감사의 말과 행동을 할 때 아이들은 어떻게 반응하는가?

✲ 집안 분위기가 남편에게 감사의 말과 행동을 할 수 있도록 되어 있는가?

내면의 변화

✻ 어떤 목소리를 더 활성화해야 하며 그 목소리를 유지하기 위해 어떤 방법을 강구해야 하는가?

{ 다정하고 배려하는 행동 }

유년의 목소리

✻ 부모님이 서로에게 다정하고 배려하는 행동을 많이 했는가?

✻ 어릴 적 주위 사람들로부터 다정하고 배려하는 행동을 많이 접했는가?

주변의 목소리

✻ 친구들과 형제자매들은 그들의 남편에게 다정하고 배려하는 행동을 자주 하는가?

✻ 내가 자주 보는 대중매체 속에서 아내가 남편에게 다정하고 배려하는 행동을 하는 모습이 나오는가?

가족의 목소리

✻ 내가 남편에게 다정하고 배려하는 행동을 할 때 아이들은 어떻게 반응하는가?

✻ 부부가 서로 다정하고 배려할 수 있는 여건이 마련되어 있는가?

내면의 변화

✻ 어떤 목소리를 더 활성화해야 하며 그 목소리를 유지하기 위해 어떤 방법을 강구해야 하는가?

성생활이 불만족스러울 때

이어지는 세 이야기는 섹스라는 중요한 문제를 다루고 있다.

♥♥ 캐서린의 이야기 ♥♥

: 언제나 일이 우선, 섹스는 뒷전

캐서린은 8년 전에 결혼했다. 그녀와 남편 사이에 다섯 살과 여섯 살 난 아이들을 두었다. 부부가 운영하는 부동산은 날로 번창하고 있었다. 이 모든 행복을 뒤로 하고 남편은 몇 년째 불만에 차 있다. 캐서린이 도대체 섹스에 관심이 없다는 것이 이유다. 캐서린은 남편의 빈정거림과 자주 몸을 만지는 것이 무엇보다 싫었다. 마침내 그녀는 남편에 대한 분노로 가득 찼다. 남편은 교감하는 섹스에는 관심이 없었고 아내의 즐거움 따위는 신경도 쓰지 않았다. 캐서린은 일과 부모로서의 책임을 다하느라 완전히 기진맥진한 상태였다.

유년의 목소리 : 캐서린의 어머니는 캐서린이 대학생이 되자 아버지가 과거에 외도한 사실을 털어놓았다. 아버지는 오랫동안 두 집 살림을 했다. 아버지의 외도를 전혀 몰랐는데도 그녀는 놀라지 않았다. 캐서린의 부모는 자주 부부 싸움을 했고, 그녀가 기억하기로는 서로에게 거의 애정 표현을 하지 않았다.

캐서린의 생각에 아버지는 늘 어머니를 무시했고 이 때문에 어머니는 술을 마시기 시작했다. 그녀는 아버지에게 형편없는 대우를 받고 어떤 존경도 받지 못하는 어머니가 너무 안타까웠다. 이러한 일련의 사건이 계기가 되어 캐서린은 학교에서 우등생이 되었고 대학에서도 상위권을 유지했다. 대학 졸업 후 지역 여성직업센터에 취직해 능력을 인정받아 간부가 되었다. 캐서린은 어머니처럼 되지 않겠다고 결심했다. 고등교육을 받지 못한 어머니는 자부심마저 잃어버린 채 절망에서 헤어 나오지 못했다. 캐서린은 곤경에 빠졌다가 한 남자에 의해 구원을 받은 후 다시 내던져지는 그런 여자의 삶을 살고 싶지 않았다. 사업뿐만 아니라 모든 부분에서 남편과 50대 50을 고집하는 것 역시 이런 이유에서다. 캐서린은 모든 법적 서류에 부부가 동등한 사업 동료임을 기록하는 것도 잊지 않았다.

어찌됐든 아버지가 어머니를 무시한 것이 결과적으로 캐서린에게 긍정적인 영향을 끼쳤다. 그녀는 남편에게 온전히 의지하면 안 된다는 것을 부모님을 통해 배웠다. 한편, 아버지가 어머니를 경멸하는 것을 보고 자란 캐서린은 성생활에 문제가 심각했다. 캐서린의 아버지는 여러 면에서 어머니의 위신을 땅에 떨어뜨리는 행동을 했다. 그중 한 예로 아버지는 어머니가 섹스 상대로밖에는 가치가 없다고 생각했다. 사실 아버지는 집에 널려 있는 '플레이보이' 잡지를 자랑스러워했고 캐서린보다 한 살 위였던 아들이 열두 살이 되자 잡지들을 물려주면서 무척 으스댔다. 캐서린의 유년기는 오빠와 그의 친구들이 떠들어대는 음탕한 얘기로 가득 찼다.

여자를 업신여기는 남자들에 대한 캐서린의 분노는 내면에 뿌리 깊게 자리 잡고 있었다. 남자는 여자를 성적 노리개로 볼 뿐이고 일단 자기 사람이 된 여자는 남자들에게 단순한 동물에 지나지 않는다고 캐서린은 생각했다. 캐서린이 대학 졸업반이 됐을 때 처음 성관계를 한 사실은 그리 놀랍지 않다. 그녀는 수없이 많은 섹스 제의를 거절했다. 그녀의 남자관계는 신뢰가 쌓이기 전에 절대로 진전되는 법이 없었다. 이런 캐서린의 태도 때문에 좋은 남자들을 무수히 놓쳤다. 결혼을 했어도 캐서린에게는 일이 가장 먼저였고 그 다음이 부모 노릇 그리고 좋은 친구 노릇 순이었다.

캐서린은 섹스를 싫어했다. 당연히 더 나은 섹스를 하기 위해 노력하지도 않았다. 그녀에게 섹스는 단순한 동물적 성행위에 불과했다. 캐서린에게 섹스는 여자에 대한 남자의 기득권 쟁취이며 한낱 육체적 대상으로 하락해버린 여자를 뜻했다. 두 아이를 낳자 더 이상 2세 계획은 없었다.

섹스는 캐서린에게 혐오 그 자체였다. 캐서린은 이따금 아내의 의무를 다하기 위해 섹스를 했다. 만약 남편이 계속 조르지 않으면 섹스는 기껏해야 일주일에 한 번 내지는 두 번에 그쳤을 것이다. 캐서린의 생각에 그 정도면 충분했다. 따라서 남편이 끊임없이 섹스를 하자고 보채고, 그녀를 안을 때마다 섹스를 하려고 해서 캐서린은 미칠 지경이었다. 한번은 사무실에 단둘이 있을 때 남편이 그녀의 가슴을 꽉 움켜쥐자 남편의 따귀를 때린 적도 있었다. 그녀도 그런 자신의 반응에 놀랐지만 정당한 대응이었다고 생각했다. 캐서린은 힘들게 쌓아온 일터를 섹스 장소로 만들 생각이 추호도 없었다.

주변의 목소리 : 캐서린 주위에는 섹스를 즐기는 여자들로 가득했다. 그들은 캐서린이 너무 얌전을 뺀다고 놀렸다. 그때마다 캐서린은 그들처럼 자신이 섹스를 즐겼다면 지금처럼 성공하지 못했을 것이고 그랬다면 몸으로 돈을 벌어야 했을 거라며 그들의 농담을 일축했다. 과거 유년의 목소리에 좌지우지되었을 때 캐서린에게 그녀의 친구들은 한심함 그 자체였다. 하지만 캐서린은 지금 그들이 부모로서 그리고 직장인으로서 혹은 지역사회 봉사에서 나름대로 성공을 거두었다고 생각했다. 그들의 연봉이 캐서린의 연봉에 비해 보잘 것 없어도 그것은 상관없었다.

캐서린의 주변의 목소리는 섹스란 재미있고 단지 불만이 있다면 너무 피곤해서 섹스를 즐길 에너지가 남아 있지 않다는 것 정도라고 말하고 있었다. 캐서린의 친구들은 좀 더 나은 섹스를 위해 여러 가지 방법들을 얘기하곤 했는데, 때로 아주 성공한 방법들이 있으면 아주 세세하게 얘기하곤 했다. 그럴 때 캐서린은 좌불안석이었고 자신이 내숭을 떨고 있지는 않은지 자문했다. 캐서린의 주변의 목소리는 캐서린의 나이에 섹스를 원하고 섹스를 좀 더 즐거운 행위로 만들고자 하는 것은 지극히 정상이라고 말하고 있었다.

가족의 목소리 : 아이들이 섹스에 방해가 될 수 있다는 사실은 캐서린에게 그리 뜻밖의 일이 아니었다. 물을 마시든 재밌는 얘기를 하든 부부의 침실 문은 항상 열려 있어야 한다는 것이 그들의 방침이었다. 두 아이는 모두가 잠들 때까지 안방을 계속 들락날락했다. 캐서린에게 이 방침은 전혀 문제가 되지 않았다. 오히려 이 방침을 좋아했다. 또한 아이들에게도 더할 나위 없이 좋은 일이다. 아이들은 온 집 안이 조용해지고 모두가 잠들기 전까지 언제든 엄마와 교감할 수 있었다. 캐서린은 부부만의 시간이 충분치 않다고 불평하는 남편이 어린애 같다고 생각했다. 어쨌든 그들은 하루 종일 함께 일하고 둘이서만 따로 사업에 관한 얘기도 자주 나누었다. 따라서 아이들은 부모가 따로 시간을 내어 그들만의 사생활을 갖는 것을 그리 반길 것 같지는 않다.

하지만 캐서린은 가족의 목소리는 결국 자신이 만들어낸 것임을 깨달았다. 그녀는 한 번도 부부만의 공간을 만들려는 노력을 하지 않았기 때문이다. 결국 아이들은 캐서린의 유년기 목소리를 그대로 뒤쫓은 것에 불과하다. 그녀는 자신의 유년의 목소리를 아이들에게 그대로 전달했고 그 목소리는 가족의 목소리로 확고히 다져졌다. 어떤 상황에서도 가족의 목소리는 여전히 부부의 성생활에 도움이 되기보다는 장애가 되고 있음이 분명했다.

내면의 변화 : 세 가지 목소리를 천천히 살펴본 캐서린은 아버지와 오빠가 만들어낸 유년의 목소리가 얼마나 자신의 섹스 능력을 좌지우지하고 있었는지 이해할 수 있었다. 케서린은 처음으로 자신이 섹스를 비하하고 있다고 생각했다. 오로지 섹스밖에는 남편에게 줄 것이 없다는 여성상과 남편을 멀리 하도록 부추긴 또 다른 부정적인 목소리는 어머니로 대변되었다.

캐서린은 섹스를 제외하고 일과 양육 그리고 그 밖에 다른 모든 부분에서 자신이 책임을 도맡고 있다는 사실을 확인하고 빙그레 웃기도 했다. 그녀는 남편과 동등한 입장에서 대화를 나누었고 자신의 생각을 밝히는 데도 거리낌이 없었다. 하지만 섹스를 할 때는 가만히 누워 남편이 모두 알아서 하도록 했다. 케서린은 섹스를 주도하는 것은 고사하고 참여조차 하지 않았다. 이는 어머니와 아버지의 목소리다. 캐서린의 부모는 섹스란 기본적으로 남자가 즐기기 위해 여자를 수단으로 사용하는 것이라는 가르침을 몸소 보여주었다.

이제 캐서린은 이 사실들을 이용해 새 목소리를 만들어낼 수 있었다. 캐서린은 주변의 목소리를 들었다. 그 소리는 바로 자신들의 성생활을 솔직하게 이야기하는 친구들이 보내는 응원의 소리였다. 용기를 얻은 캐서린은 성생활을 바꾸어보기로 결심하고 성생활, 섹스, 여성상 등을 다룬 책들을 구입했다. 캐서린은 가만히 누워 남편이 알아서 할 때까지 기다리는 대신 섹스가 두 사람에게 모두 즐거움이 될 수 있는 방법을 찾을 작정이다.

캐서린은 남편이 침실에서 그녀가 주도하거나 특별한 요구를 받는 것을 무엇보다 싫어한다고 확신했다. 그런데 그녀의 변화에 남편이 좋아하는 모습을 보고 무척 놀랐다. 캐서린이 섹스를 하다가 자세를 바꾸자고 하자 남편은 기꺼이 따라주었다. 이로 인해 캐서린은 지배감을 느꼈다. 남편은 사랑을 나누는 도중 그녀가 좋아하는 말들을 익히겠다고 흔쾌히 동의했다. 그리고 그녀가 싫어하는 외모에 대한 평가는 하지 않겠다고 했다. 또한 남편은 빈정대는 말투와 유치한 말장난을 두말없이 멈추고 사무실에서는 그녀를 만지지 않겠다고 약속했다.

캐서린은 남편에게 자신이 어떻게 하면 흥분을 하는지 알려주었고 또 남편과의 섹스를 즐길 수 있는 방법을 배웠다. 남편은 행복해했다. 두 사람은 더 자주 섹스를 즐겼고, 남편은 캐서린이 그에게 감사하고 있으며 자신에게 육체적 매력을 느낀다고 생각했다. 남편이 얼마 동안 자신이 매력이 없다고 생각했다는 사실은 캐서린에게 상당한 충격이었다. 그는 자신이 형편없어서 아내에게 섹스를 하자고 강요한다는 느낌을 떨칠 수 없다고 했다. 캐서린이 부모의 목소리에서 벗어나 진정한 자신의 모습을 대변해주는 주변의 목소리에 귀를 기울이기 시작하자 변화는 곧바로 찾아왔다.

내면의 소리 인식법

캐서린은 자신감에 찬 사업가이며, 섹스에 대한 관심은 자기 수준에 맞지 않는다고 생각했다.

- **유년의 목소리** : 캐서린의 아버지는 어머니를 두고 바람을 피웠고 어머니를 업신여겼다. 아버지는 플레이보이 잡지를 즐겨 보았다. 여자를 한낱 섹스 상대로밖에 보지 않았다.
- **결과** : 성욕은 하찮은 것이라는 생각과 섹스에 대한 반감.

- **주변의 목소리** : 친구들은 섹스를 즐겼고 캐서린을 내숭쟁이라 불렀다.
- **결과** : 섹스는 즐거울 수 있다. 하지만 캐서린은 친구들이 자신만큼 성공하지 못했기 때문에 이런 생각을 한다고 둘러대며 섹스는 그들의 자기만족을 위한 방법에 지나지 않는다고 생각했다.

- **가족의 목소리** : 부부 침실은 언제나 열려 있어 아이들이 밤새 들락날락했다.
- **결과** : 사생활이 없음, 섹스를 나눌 공간이 없음.

- **내면의 변화** : 내면의 소리 인식법은 캐서린의 섹스관에 아버지와 오빠가 끼친 해로운 영향을 표면으로 드러냈다. 캐서린은 섹스를 제외하고 모든 방면에서 책임을 도맡았다. 그녀는 주변의 목소리를 기준으로 새로운 목소리를 탄생시켰는데 이로써 그녀는 섹스를 마음껏 즐기게 되었다.

♥♥ 로나의 이야기 ♥♥

: 술 그리고 섹스

로나는 남편과의 성생활에 대체로 만족했다. 적어도 그녀는 자신이 그렇다고 생각했다. 문제는 남편과의 성관계가 꾸준하지 못하다는 것이다. 로나는 남편에게 그 책임을 물었다. 남편의 외모는 그다지 매력이 없었다. 그는 거칠게 키스를 퍼부었으며 성교밖에 생각할 줄 몰랐다. 로나는 곰곰이 생각해보았다. 남편은 로나를 진심으로 사랑했고 그녀의 부탁이라면 대부분 거절하는 일이 없었다. 물론 그에게도 결점은 있었다. 남편은 그다지 흥미진진한 사람이 아니다. 엄밀히 말하면 남편은 꼼꼼하고 재미없는 사람이다. 하지만 섹스할 마음이 내키지 않을 정도는 아니었다.

하지만 섹스는 점점 더 뜸해졌다. 그나마도 미리 술 한두 잔 정도를 마셔야 섹스를 즐길 수 있었다. 그렇지 않으면 남편을 위해서 섹스를 했을 뿐 섹스가 도저히 즐겁지 않았다. 남편도 더 이상 먼저 섹스를 제안하지 않았다. 로나는 실의에 빠졌다. 지금까지 항상 섹스를 즐겼던 그녀였지만 지금은 섹스에 전혀 끌리지 않았다. 심지어 산부인과 의사를 찾아가 막내를 낳을 때 제왕절개 수술을 할 때 문제가 생겨 성욕이 없어졌다고 주장하기도 했다. 로나는 성욕을 느끼지 못한 채 거의 2년을 지냈다. 로나는 내면의 소리 인식법을 시도해보았다.

유년의 목소리 : 로나의 부모는 서로 사랑했고 로나에 대한 사랑도 깊었다. 하지만 의붓오빠와 불편한 기억이 있다고 털어놓았다. 나는 부모의 목소리가 다른 유년의 목소리를 잠식했다고 설명했다. 로나의 부모는 모두 한 번씩 이혼을 경험했으며 로나는 두 번째 결혼에서 얻은 딸이다. 로나는 의붓언니 한 명과 세 살과 다섯 살 위의 오빠 둘이 있었다. 로나가 일곱 살 때부터 열 살이 될 때까지 의붓오빠들은 그녀에게 못된 장난을 쳤다. 로나는 오빠들을 상대로 성적 행위를 하는 놀이를 해야 했다. 이 못된 놀이는 의붓오빠들이 사립학교에 가면서 멈췄다. 로나는 그 사실에 대해 함구했다. 열세 살이 된 로나는 문란한 성생활을 했다. 로나 자신은 한 번도 자신의 문란한 성생활을 인정하지 않았지만 만약 딸이 그런 짓을 한다면 뒤로 까무러쳤을 것이다.

주변의 목소리 : 로나의 친구들은 모두 한결같이 남편에 대해 불평했다. 결혼 생활에 만족하는 친구는 하나도 없었다. 하지만 모두들 로나에게는 없는 나름의 평정을 유지하고 있었다. 로나는 절대로 친구들과 섹스에 대해 이야기하지 않았다. 자신의 과거 때문에 섹스 얘기는 일체 피했다. 로나는 얘기를 하다가 소녀 적 아픈 과거를 실수로 입 밖에 내는 일 따위는 하고 싶지 않았다. 로나는 친구들이 남편에 대해 불평하는 만큼 꽤 만족스런 성생활을 하고 있으며 흡족해한

다고 생각했다.

가족의 목소리 : 로나는 자신의 가정이 혼란 그 자체라고 했다. 로나는 집안일을 못하는 자신이 훌륭한 주부와는 거리가 멀다는 생각에 괴로워했다. 남편 혼자서 돈을 벌기 때문에 아이들과 집안일이 대체로 자신의 몫이라고 느끼고 있었다. 하지만 자신은 실패자라고 생각했다. 집은 언제나 어수선했고 아이들은 두서없는 생활을 하고 있었다.

로나는 전남편과의 사이에 딸이 하나 있었다. 딸은 상당히 독립적이었지만 여전히 숙제를 봐줘야 했다. 그리고 더 어린 두 딸들은 일일이 챙겨줘야 했다. 아이들은 모두 방과 후 활동 때문에 다른 시간에 숙제를 했다. 저녁 식사와 목욕은 모두 함께했다. 로나는 한 번도 여유 있게 집안일을 하고 장을 본 적이 없다. 집안일과 아이들을 다 챙기고 나면 로나는 너무 기진맥진해서 섹스는 말할 것도 없고 이를 닦을 힘조차 남아 있지 않았다. 로나는 큰딸이 잠들기 전에 심지어는 작은딸보다 먼저 곯아떨어지는 일이 잦았다. 남편과 섹스를 즐기라는 가족의 목소리는 애초에 불가능했다.

내면의 변화 : 로나는 내면의 소리 인식법으로 유년의 목소리가 내면의 다른 목소리를 짓누르고 있다는 사실을 확인했다. 로나는 철모를 때 했던 섹스가 자신의 즐거움보다는 또래 소년과 남자들을 위한 즐거움이었다는 사실을 깨닫기 시작했다. 로나는 첫 성경험 이후

10년이 지난 이십 대 중반까지 오르가슴을 느끼지 못했던 사실을 기억했다.

의붓오빠들의 목소리는 너무 공포스러웠다. 로나는 자신에게 화살이 돌아올까 두려워 의붓오빠들이 한 짓을 부모에게 알리지 않았다. 이 때문에 로나는 상처받고 자신이 가치 없는 존재이며 삶을 통제할 수 없다는 생각을 갖게 되었다. 그녀는 의붓오빠들에게서 남자들은 섹스를 중시한다는 가르침을 받았으며 그녀 역시 섹스를 통해 삶을 통제하려 했다. 로나는 문란한 성생활을 통해 자신의 삶을 지배하는 척 가장했다.

로나의 이런 가장은 어른이 되어서도 멈추지 않았으며 두 번의 결혼 생활에서도 계속되었다. 섹스는 빈번했고 황홀했지만 언제나 남자에게 기쁨을 주는 행위였다. 자신이 먼저 섹스를 제안해서 상황을 통제할 때 로나의 즐거움은 극대화되었다. 섹스는 이제 로나의 통제 아래 놓여 있으며, 남편과의 섹스 역시 로나의 결정 여부에 달려 있었다.

로나는 잘못된 성에 대한 생각을 바로잡기 시작했다. 그녀는 섹스 중에 남편과 진심으로 교감할 수 있는 새롭고 건강한 목소리를 찾고자 했다. 로나는 종종 남편이 아닌 자신만을 위한 섹스를 했다. 그녀는 남편이 섹스를 먼저 이끌도록 옆에서 도왔다. 로나는 솔직하게 남편과 섹스에 대한 얘기를 나눴다. 자신의 문제를 극복하기

내면의 소리 인식법

로나의 결혼 생활은 어릴 적 당한 성추행으로 망가져 있었다.

- **유년의 목소리** : 로나의 부모는 서로 사랑했다. 하지만 의붓오빠들은 로나가 어릴 때 그녀에게 못된 장난을 쳤다.
- **결과** : 섹스는 비행, 죄책감, 통제로 인식되었다.

- **주변의 목소리** : 로나의 친구들은 남편에 대해 불평했다. 로나는 과거의 아픈 기억 때문에 섹스에 대한 화제는 일체 피했다.
- **결과** : 결혼에 안주하고 긁어 부스럼을 만들지 마라.

- **가족의 목소리** : 로나의 집은 어수선했다.
- **결과** : 실패감과 압도감.

- **내면의 변화** : 로나는 내면의 소리 인식법을 통해 과거가 자신의 성생활을 얼마나 지배하고 있는지를 깨달았다. 로나는 섹스의 즐거움과 더불어 남편과 교감할 수 있는 새로운 목소리를 창조해야 했다. 그녀는 상담 치료를 받아 과거의 끔찍한 기억들이 자신을 압도하지 않도록 했다. 로나는 남편에게 자신이 섹스의 통제권을 갖고 싶다고 얘기했다.

위해서는 당분간 자신이 섹스의 통제권을 갖고 있어야 한다고 남편에게 양해를 구했다. 로나는 천천히 그리고 확실히 자신만의 목소리를 발전시켰다.

로나는 어릴 적 고통스러웠던 성추행이 가정을 혼란스럽게 한 원인이었다는 사실을 깨달았다. 성추행은 그녀에게서 통제력을 빼앗았고 그녀의 가정은 이를 상징하고 있었다. 로나는 집 안 정리 서비스를 불러 모든 물건을 제자리에 정리하고 아이들의 일정을 통일했으며 식단을 미리 짜놓고 자신만의 시간도 정했다. 로나는 곧 성욕뿐 아니라 자신의 가치를 찾았고 질서정연하고 따뜻한 집안 분위기도 만들 수 있게 되었다.

♥♥ 알리시아의 이야기 ♥♥

: 처음부터 잘못 끼워진 단추

결혼 전 알리시아와 토마스는 최고의 성생활을 즐겼다. 하지만 같이 살기 시작하면서 성생활의 즐거움은 사라져버렸다. 그들은 서로 사랑했고 이따금 섹스를 했지만 대개는 시간 여유가 없었다. 그들은 밤이 되면 완전히 탈진 상태가 되었고, 아이들은 자주 부부 침실에 머물렀다. 알리시아는 이혼 후 2년 만에 토마스와 재혼했다. 알리시아의 다섯 살배기 딸아이는 밤마다 엄마와 같이 잤다. 알리시아는 재혼하면서 딸을 따로 재워야 한다고 생각했다. 하지만 죄책감 때문에 재혼 후 한 달이 지나서 또 다시 딸과 함께 자기 시작했다.

토마스는 아빠로서 손색이 없었고 가족은 아주 화목했다. 알리시아의 전남편은 딸과 사이가 좋지 못했는데, 토마스와 딸이 아주 사이좋게 지내자 알리시아는 안도했다.

딸은 격주로 주말마다 집에 머물렀는데 부부는 대체로 그때 섹스를 했다. 한동안은 별 문제가 없었다. 하지만 삶은 곧 변했다. 잇달아 두 아이가 태어났고, 이제 열 살이 된 알리시아의 딸은 여전히 엄마와 함께 잤다. 두 아이가 더 보태지자 부부는 밤에 어떤 일도 할 수가 없었다. 침실 문을 잠그고 밤마다 부부만의 시간을 갖는다는 것이 알리시아에게는 너무 큰일이고 구미가 당기지 않았다. 나는 알리시아에게 문제 해결 방법으로 내면의 소리 인식법을 제안했다.

유년의 목소리 : 유년의 목소리로 알리시아의 색다른 모습이 드러났다. 알리시아의 부모는 두 사람 모두 성욕이 너무 강해 그녀는 외로운 어린 시절을 보냈다. 알리시아와 여동생은 부모님이 밤에 외출할 때마다 알아서 잠자리에 들어야 했다. 부모의 방문은 항상 잠겨 있었고 어머니는 부부 침실에는 절대 못 들어오게 했다. 가족이 거실에서 함께 보내는 경우는 아주 드물어서 알리시아와 부모 사이에는 정서적 교류가 거의 없었다. 한 번은 알리시아와 여동생이 큰마음을 먹고 부모의 방에 몰래 들어가보았다. 부모의 방에서 아이들은 성인

잡지와 섹스 장난감을 발견했다. 아이들은 이유도 모른 채 너무 당혹스러웠다.

알리시아는 부모가 자신에게 섹스를 많이 하고 또 즐기라고 외치고 있다고 생각했다. 하지만 현실은 복잡했다. 그녀의 생각에 부모님은 아이들을 희생하더라도 섹스를 즐기라고 말하고 있었다. "사랑하고 서로에게 더 나은 동반자가 되어 그 사랑이 아이들에게까지 넘치도록 해라." 알리시아의 부모님은 이렇게 말하지 않았다. 그들은 "아이들을 무시하고 어떤 희생을 치르더라도 마음껏 성욕을 채워라" 고 말하고 있었다.

주변의 목소리 : 초등학교 선생인 알리사이는 날마다 어린아이들에게 둘러싸여 있다. 그녀는 아이들의 교육에 열정을 바쳤다. 그 결과, 곧 학교운영위원회의 위원이 될 예정이었다. 알리시아는 아이들의 교육을 향상하기 위해 여러 지역 단체에서 활발히 활동했다. 알리시아의 인생의 목표는 학교 개혁이었고, 나머지는 우정, 사회생활 그리고 여가 시간으로 채워져 있었다. 알리시아 주변의 그 누구도 그녀에게 행복한 성생활을 즐기라는 메시지를 보내지 않았다.

가족의 목소리 : 알리시아는 아이들과 가정환경 때문에 성생활에 지장을 받고 있었다. 부부만의 시간과 사생활이 없는 것은 둘째 치고

집에 있을 때조차도 아이들과 학교에 관련된 일로 전화가 끊이지 않았다.

내면의 변화 : 알리시아는 세 가지 내면의 목소리를 깨닫고 무척 놀랐다. 부모님의 노골적인 성욕은 잘잘못을 떠나 그녀에게 크게 외치고 있었다. 섹스는 아이들에게 소홀한 것과 같으며 알리시아는 이를 피할 나름의 방법을 찾았다. 하지만 이제 알리시아는 결혼의 필수 요건이 무엇인지 또 부부가 당연히 즐겨야 하는 것이 무엇인지를 이해했다. 그리고 이 이해를 바탕으로 옛 목소리를 비우고 새로운 목소리에 길을 터주었다.

부부에게는 아이들과 직장 일을 내려놓고 그들만의 생활을 즐길 수 있는 장소가 필요했다. 알리시아는 다른 집안 분위기를 만들고자 노력했다. 그녀는 아이들이 자연스럽게 부모의 사랑을 느낄 수 있는 분위기를 만드는 한편, 남편 역시 아내의 사랑을 느낄 수 있게 분위기와 균형을 맞춰 나갔다. 집안에 새로운 구조가 자리를 잡자 아이들은 순진한 어투로 "엄마는 날 사랑하지 않아요"라고 말하며 그녀의 죄책감을 건드렸다. 하지만 알리시아는 흔들리지 않고 새로운 목소리를 고수했다.

내면의 소리 인식법

알리시아는 결혼 후 바로 아이를 가졌고 늘 지쳐 있었다.

- **유년의 목소리** : 알리시아의 부모는 너무 성욕이 강해 그녀는 외로운 어린 시절을 보냈다. 부모는 그들만의 시간을 즐기느라 거의 집을 비웠다.
- **결과** : 섹스와 열정은 아이를 외롭게 만든다.

- **주변의 목소리** : 알리시아는 학교 운영위원회와 교육 활동에 깊이 관여하고 있었고 동료들과 결혼에 관한 대화를 나누지 않았다.
- **결과** : 알리시아의 주위 사람들은 멋진 결혼 생활과 즐거운 성생활을 소홀하게 생각했다.

- **가족의 목소리** : 가족은 아이들, 아이들의 활동, 교육이 전부였다.
- **결과** : 모든 에너지를 아이들에게 쏟아부어라.

- **내면의 변화** : 내면의 소리 인식법을 통해 알리시아는 부부의 사랑을 위해 자식을 제외한 채 둘만의 시간을 보내는 부모에게 화가 난 자신을 보았다. 알리시아는 부부의 사랑을 키우고 섹스할 시간을 내면서도 아이들을 잘 돌보고 싶은 새로운 목소리를 원했다.

알리시아는 아이들에게 최고의 선물은 부부의 사랑이라는 것을 깨닫기 시작했다. 부모의 사랑이 깊어지면 아이들은 집 안에서 편안하게 지내고 스트레스를 덜 받으며 학교 생활도 잘한다.

액 션 프 로 그 램

| 6단계 | 섹스

외도남은 결혼이 만족스럽지 못한 첫 번째 이유로 섹스를 꼽지 않았다. 하지만 32퍼센트의 외도남은 감성적인 불만족과 성적 불만족이 대등하다고 답했다. 더불어 8퍼센트의 외도남은 외도의 첫 번째 이유로 성적 불만족을 들었다. 명백한 것은 사랑을 기반으로 하고 외도의 위험이 없는 안전한 결혼 생활을 위해서 꼭 필요한 요소가 바로 섹스라는 점이다.

외도남은 성생활에서 가장 중요한 것이 횟수라고 답했다. 다음에 소개한 목록들은 자신의 섹스 횟수를 점검할 수 있고 문제를 개선할 수 있고 실질적인 해결책이 될 수 있다. 아래의 질문을 통해 만족스러운 성생활을 위해 어떻게 해야 할지 확인해보자.

1. 성생활에 대한 다음의 각 항목에 대해 남편은 몇 점을 줄지 예상해보자. (최하 1에서 최고 10까지)

✲ 횟수 ✲ 아내가 주는 성적 쾌감

✲ 아내의 성적 쾌감에 대한 남편의 자신감 ✲ 전희

2. 당신이 선호하는 섹스 시간대는?

3. 섹스를 하기 위해 2번에 답한 시간대를 비워놓을 수 있는 방법과 그 시간대에 섹스를 하기 위해 에너지를 비축할 수 있는 방법은?

4. 성적 욕구를 고조시키기 위해 남편이 해줬으면 하고 바라는 점은?

5. 성적 쾌감을 늘리기 위해 남편이 할 수 있는 일이 있다면?

6. 2번에 답한 이상적인 섹스 시간대에 좋은 분위기를 만들기 위해 남편이 도울 수 있는 일이 있다면?

7. 더 즐거운 섹스를 위해 내 몸을 잘 알고 있는가?

다음 사항들을 바로 행동으로 옮겨라.

첫째 주 : 평상시보다 한 번 더 섹스를 하되 당신이 먼저 주도해라.

이때 꼭 해야 할 사항들은 다음과 같다. 이후 매주 한 번씩 지켜야 한다.

- 성감대가 아닌 다른 곳을 최소 5분 동안 애무하기
- 성교 전 최소 10분 동안 애무하기
- 오르가슴에 다다를 수 있도록 성교 전에 준비하기
- 성교 중에 음핵 자극하기
- 남편이 먼저 오르가슴에 오를 경우 계속 음핵을 자극해서 당신 역시 오르가슴에 도달할 수 있도록 전략 짜기

시간은 미리 계획할 수 있다. 부부가 서로 도와 아이들을 제때 잠자리에 들게 하거나 아이들보다 먼저 일어나라.

둘째 주 : 부부 침실 문을 잠가라.

- 아이들이 잠든 뒤 침실 문을 잠그고 나체로 자라. 침실 문을 잠그기가 꺼려진다면 내면의 소리 인식법으로 내면의 변화를 유도해라. 그리고 더 부드러운 이불을 준비해라.
- 밤마다 잠들기 전 1분이라도 남편을 안아라.
- 잘 자라고 입술에 키스해라.

7

성공적인 결혼에서 배운다

성공한 부부는 긍정적인 면을 강조하고 부정적인 면을 개선하려고 노력한다. 반면에 실패한 부부는 부정적인 면을 강조하고 긍정적인 면을 약화시킨다. 실패한 부부는 배우자를 실패의 이유로 지적한다. 그들은 성공한 부부들은 더 편안한 삶을 살아가고, 스트레스가 적으며 그들에 비해 문제가 적다고 생각한다. 실패한 부부가 가장 많이 하는 거짓말이다. 성공한 부부들 역시 많은 문제를 안고 있다. 돈 문제, 일과 관련된 스트레스, 양육 문제, 질병, 시댁과의 갈등 따위가 그것이다. 하지만 그들은 실패한 부부들과는 완전히 다른 방식으로 문제들을 처리한다. 이 점이 그들이 성공한 열쇠다.

성공한 부부는 과거의 좋은 기억들을 회상한다. 그리고 때로 배우자에게 문제가 생길 수 있다는 생각에 사소한 행동이나 말 때문에 기분

나빠 하지 않는다. 성공적인 결혼 생활을 하는 부부는 싸우는 대신 생각한다. '이 바보 같은 일로 얼마나 화를 내야 하는 거지? 그동안 그는 너무 잘했잖아', '요즘 스트레스를 너무 받아서 그런지 그의 상태가 좋지 않아', '어제도 나와 함께 있으려고 없는 시간을 쪼갰잖아.'

실패한 결혼 생활을 하는 부부는 싸우는 대신 생각한다. '감히 그가 어떻게', '그는 최근 들어 내게 사랑을 조금도 표현한 적이 없어', '스트레스를 받았는데 뭘 어쩌라고? 나 역시 스트레스를 받는데. 세상에 스트레스를 안 받는 사람도 있나', '시어머니한테는 저런 식으로 얘기 안 하면서.' 아내는 남편이 과거에 했던 멋진 행동들을 회상하며 그의 잘못을 용서하고자 노력하지 않는다. 자신은 아무 잘못도 안 했는데 그가 왜 신경질적인 행동을 하는지도 이해하려고 하지 않는다.

그렇다면 성공한 부부는 싸움을 피하려고만 할 뿐 아무것도 하지 않을까? 그들은 지체 없이 부정적인 면을 줄이고 빠르게 화해한다. 흔히 잘못을 한 쪽이 진심으로 사과를 하고 상대방은 이 사과를 겸손히 받아들여 더 큰 부부 싸움을 막는다. 남자는 보통 상대방이 적개심을 품고 가혹하게 대응할 경우 자신의 주장을 더욱 내세운다. 아내가 화를 풀지 않고 침묵으로 일관하며 전혀 섹스에 응하지 않거나 애정을 보이지 않을 경우 남편은 다른 곳으로 눈길을 돌린다. 그렇게 큰일도 아닌 것 같은데 벌을 받고 있다는 느낌을 받으면 남자는 화를 내고 자신도 아내에게 모질게 군다.

성공한 부부는 "계속 이 일로 싸우고 싶지 않아요. 그냥 용서를 구하고 내가 마음이 상한 이유를 이해해주면 안 될까요?" 라는 자세로 서로에게 다가간다. 이러한 자세를 보이면 남편은 곧 애처가로 돌아와 자신의 잘못을 인정하고 앞으로는 더욱 아내의 말에 귀를 기울이겠다고 맹세를 하기도 한다. 성공한 부부는 화해를 한 그날 사랑을 나누고 부부 사이의 작은 불화를 진정시키기 위해 다음날이나 아니면 빠른 시일 안에 '둘만의 시간'을 갖기로 약속한다.

여느 실패한 부부들처럼 성공한 부부들에게도 나쁜 추억은 있다. 하지만 그들은 행복했던 순간을 떠올리며 서로에게 다가간다. 두 사람이 부부이며 서로 사랑하고 있다는 사실을 기억한다. 그들은 당면한 문제를 풀어야 하는데 왜 서로에게 화를 내며 시간을 낭비하고 있는지 반문한다. 그들은 오랜 시간 공들여 쌓아온 서로에 대한 사랑을 느낀다. 그들은 힘들었던 기억 대신에 긍정적인 추억들을 우위에 둔다.

성공한 부부는 상대방이 아닌 해결해야 할 문제를 공략한다. 그들은 문제를 누구의 책임으로 돌리지 않고 죄책감으로 시간을 낭비하지 않는다. 반면에 실패한 부부는 부정으로 가득 차 있다. 그들은 서로에게 기회를 주지 않는다. 그들은 신물이 나고 지쳐 있다. 문제가 오랫동안 지속되었기 때문이 아니다. 그들은 그 전에도 짜증을 내고 힘들어했다. 그들은 싸우고 나서 어떻게 화해를 해야 할지 모른다. 계속 부부 싸움에 얽매여 서로를 벌주기 때문에 그들은 결코 해결책을 찾을 수 없다.

세월이 지나 부부에게도 역사가 생긴다. 성공한 부부의 역사는 대체로 행복했던 시간, 긍정적인 면으로 가득 찬다. 그들의 부부 싸움은 서로 가혹한 행동을 일삼지 않았기 때문에 기억 속에 오래 남지 않는다. 실패한 부부는 몇 년 동안 파란만장한 삶을 산다. 그들은 매번 부부 싸움을 할 때마다 예전의 싸움을 들먹이며 무의식적으로 계속 거짓말을 일삼는다.

✣ 성공한 부부 ✣

- 좋았던 기억들을 회상하고 마음에 담아둔다.
- 배우자의 비판적 태도에 너무 민감하게 반응하지 않는다.
- 결혼의 최종 목적지까지 오랜 시간이 걸릴지라도 변화하려는 노력이 가장 위대한 사랑임을 명심한다.

남자 역시 친절과 감사에 반응하는 감성적 존재라는 점을 잊지 말아야 한다. 그들은 자신의 잘못을 인정하고 당신의 마음을 이해할 수 있다. 기회만 주어지면 모든 감성적 행동도 가능하다. 다만 이 기회는 아내가 남편을 긍정적으로 생각할 때 가능하다.

부부 싸움에 대처하는 두 가지 방법

두 부부가 있다. 똑같이 부부 싸움을 했는데 한 부부는 사랑과 화해로 한 걸음씩 다가갔다. 반면, 또 다른 부부는 사랑과 화해에서 점점 멀어져 갔다. 당신은 남편에게 애정을 쏟아부었고 사랑도 자주 나눴으며 남편을 배려하고 그에게 감사했다. 드디어 몇 년 만에 단둘이 휴가를 왔다. 하지만 남편은 당신을 남겨두고 혼자 낚시를 가버렸다. 당신은 부당한 대우를 받았다는 느낌을 떨칠 수 없다.

당신이 실패한 부부라 가정해보자. 당신은 그간 남편에게 최선을 다하기 위해 얼마나 노력했는지를 떠올리며 그가 당신에게 전혀 감사하지 않는다고 생각한다. '그래, 그동안 엄청난 스트레스를 받았지. 그것이 인생인걸. 나 역시 내 일만으로도 스트레스가 많은데 그가 뾰로통할 때 살갑게 구느라고 받은 스트레스를 생각해보면…….' 당신은 말한다. "당신은 어떻게 나만 남겨두고 그렇게 가버릴 수 있어요? 나는 섹스만 하고 내동댕이칠 수 있는 한낱 장난감이 아니에요. 당신이 스트레스를 받는 동안 모든 일을 혼자 처리하는 게 쉬운 줄 알아요? 엄살 좀 그만 펴요. 세상 모든 남자들이 스트레스를 받아요. 나도 스트레스가 쌓여요. 이렇게 같이 휴가를 온 게 대체 몇 년 만인지 알기나 해요? 당신은 날 이용하기만 해요."

남편은 반문한다. "날 위로하는 게 그렇게 힘들었어? 당신은 스트레스의 '스'자도 몰라. 안다면 그렇게 얘기 못할 거야. 당신이 스트레스를 받는다고? 어떤 스트레스를 말하는 거지? 유모가 그만뒀어? 제발 나 좀 내버려둬. 우리가 왜 오랫동안 휴가를 못 왔을까 생각이나 해봤

어? 이런 당신의 태도 때문이라는 걸 아직도 모르겠어?"

부부는 점점 깊은 수렁으로 빠진다. 당신은 감정이 폭발했고 사랑은 안중에도 없다. 당신은 자신의 주장이 정당하다고 생각한다. 아이러니는 당신의 주장이 객관적으로도 꽤 이유 있는 주장이라는 점이다. 하지만 표현 방법이 잘못됐다. 남편이 당신을 이해하고 용서를 구하고 함께 휴가를 즐기는 것이 목적이었다면 불행히도 목적은 실패했다.

당신이 성공한 부부라 가정해보자. 당신은 최근 들어 남편이 얼마나 열심히 일했는지 또 그동안의 중압감을 떨쳐버리고 이번 휴가를 혼자서 보내고 싶은 바람이 얼마나 간절한지를 힘주어 말한다. 휴가가 나흘 더 남았으니 어떻게 휴가를 보내고 싶은지 당신의 의견도 좀 더 신경을 써주기를 요구한다. "여보, 그동안 이 여행을 얼마나 기다려 왔는지 몰라요. 요즘 당신이 힘들게 일하는 동안 늘 당신 옆에서 응원하려고 저도 노력했거든요. 오늘 당신이 나가 있는 동안 당신이 그리웠어요. 또 혼자 버려진 느낌이었어요. 계획을 짜서 같이 휴가를 즐기면 안 될까요?"

남편은 답한다. "정말 미안해. 그동안 너무 힘들어서 스트레스를 풀기 위해 혼자만의 시간을 가져도 괜찮을 거라 생각 했어(변명조로). 오늘 그렇게 했으니 됐어. 그리고 당신 그동안 너무 애썼어. 우리 내일 뭐할까?"

너무 완벽하고 단순한가? 하지만 정말 효과가 있다. 설사 효과가 없다 하더라도 계속 이 방법을 고수해야 한다.

사랑은 노력이다

당신에게 묻고 싶은 질문이 하나 있다. 당신은 왜 남편과의 관계를 개선하려고 하는가? 남편이 당신에게 좀 더 관심을 가져주기를 바라는가? 칭찬을 더 자주 해주기를 원하는가? 집안일에 좀 더 책임감을 갖기를 바라는가? 좀 더 다정해지기를 원하는가? 무엇이든 당신은 나름의 목표를 가지고 있다. 당신의 바람대로 남편이 온 힘을 다해 변화하려고 노력하는 데도 당신의 기대에 미치지 못한다면? 당신은 화가 나거나 절망하거나 맥이 빠지거나 아니면 무관심해질 수도 있다.

상대를 진심으로 사랑할 때 우리가 할 수 있는 최선은 상대방을 기쁘게 만들기 위해 노력을 아끼지 않는 것이다. 매번 목표 지점에 닿아 상대의 기대에 부응할 수만은 없다. 사랑은 결과가 아니라 상대를 행복하게 해주고자 하는 진심 어린 바람이다. 아내를 사랑하지 않는 남편은 그 어떤 노력도 하지 않는다.

변화는 절대 쉽지 않다. 변화한다는 것은 우리의 생각만큼 우리 자신이 완벽하지 않음을 인정하는 것과 같다. 변화하고 싶다고 결심하면 심각한 자기비판이 뒤따른다. 변화하고자 하는 의지는 남편이 당신을 사랑한다는 증거다. 그가 입 밖으로 소리 내어 말을 하든 그렇지 않든 또 당신이 세운 목표까지 도달하는 데 오랜 시간이 걸릴지라도 거기에는 사랑이 있다.

그의 변화를 유도할 수만 있다면 당신이 앞장서서 갈 수도 있다. 변화에 힘을 실어주는 것은 바로 희망이다. 자신의 노력을 아내가 인정해줄 때 남편이 변화하려는 동기는 더욱 커진다. 절망은 "항상 부족해"라는 태도에서 비롯된다. 남편은 맥이 빠지고 승리는 불가능해진다. 바로 그때 남편은 쉽게 포기한다.

♥♥ 캐런의 이야기 ♥♥

: 왜 그는 항상 부족할까?

캐런은 고등학교 시절 연인인 매트와 결혼했다. 그녀는 지금 서른여섯 살이고 20년간 그와 결혼 생활을 해왔다. 매트는 정말이지 속수무책이었다. 그녀의 말을 빌리면 더 이상 흥이 나지 않았다. 캐런은 두 사람의 관계가 한때의 유치한 필요에서 비롯되었다고 생각했다. 캐런과 매트는 자식을 소홀히 여기는 부모 밑에서 자랐기 때문에 많이 외로워했다는 공통점이 있다. 두 사람은 아주 어린 나이에 서로의 품에 안겼다. 하지만 지금 두 사람 사이에는 거리감이 생겼고, 각자 자신의 일만 하고 있다. 부부는 추억으로 간신히버티고 있었다.

캐런의 남편은 늘 늦게 퇴근했고 가족은 뒷전인 채 친구들과 어울려 여가 시간을 보냈다. 캐런은 가족과 함께 식사하기보다는 인터넷 포커 게임에 빠져 있는 남편에게 불만을 터뜨렸다. 어린 아이들은 징징댔다.

남편은 힘들게 일하고 돌아왔는데 집이 왜 이러냐고 캐런을 탓했다.

하루는 저녁 6시에 남편이 가족끼리 같이 저녁을 먹자며 밖에서 음식을 사 가지고 왔다. 하지만 캐런은 이미 저녁 준비를 다 해놓았다. 왜 남편이 저녁을 준비하지 말라고 미리 전화를 하지 않았는지 이해할 수 없었다. 또 한 번은 남편이 생전 처음으로 매주 수요일 밤에 열리는 친구들과의 포커 게임에 그녀를 초대했다. 하지만 캐런은 게임 내내 남편이 자신을 무시했고 게임에 참여할 수 있도록 전혀 배려하지 않았다는 느낌을 지울 수 없었다. 캐런은 포커의 규칙을 전혀 몰랐기 때문에 이방인이 된 느낌이었다. 그녀의 주장이 일리가 있을까? 상황은 그런 것 같다. 하지만 캐런은 뭔가 새로운 것을 시도해보려는 남편의 의도보다는 결과로만 판단했다. 다행히 매트는 아내의 마음을 눈치 챘다. 그때부터 캐런은 변화에 발맞출 수 있도록 나름대로 방법을 찾기 시작했고, 그의 노력에 찬사를 보내기 시작했다.

남편을 향해 박수를 보내고 감사를 표시할 때 그는 당신을 더욱더 배려하려고 할 것이다. 누군가를 사랑하는 것은 상대가 완벽해서 고칠 부분이 없어서가 아니다. 사랑은 두 사람이 서로 아끼고 또 서로를 위해 노력할 때 더욱 깊어진다.

상황을 좀 더 이해하기 위해 캐런은 내면의 소리 인식법을 사용했다.

유년의 목소리 : 캐런이 일곱 살 때 어머니가 사망했다. 얼마 후 아버지는 캐런이 '잔혹녀'라 부르는 여자와 재혼했다. 캐런과 세 남동생은 열여덟 살이 되기 전에 모두 독립을 해서 집을 떠났다. 아이러니하게도 아버지는 자식들 때문에 어쩔 수 없이 새어머니와 살았다고 했다. 아버지는 가능한 새어머니에게 거리를 두며 지냈는데 그래도 새어머니가 캐런과 아이들을 돌봐주었던 것을 고마워했다. 불행히도 새어머니가 아이들을 사랑하는 방식은 강박증 환자처럼 날마다 집을 구석구석 청소하고 해군이 고개를 숙일 정도로 정리 정돈을 시키는 것이었다.

주변의 목소리 : 캐런의 친구들 역시 그녀만큼이나 지치고 불행한 결혼 생활을 하고 있었다. 친한 친구 중 한 명은 오래전 외도를 시작했고 캐런은 그들의 위장막이었다. 반면 다른 친구들은 일에 매달리는 남편을 묵인했다. 캐런은 남편의 직장 동료 부인들과도 친했는데 그들 역시 긴 근무 시간에 대해 불만이 많았다.

가족의 목소리 : 캐런은 두 살과 다섯 살짜리 아이들을 두고 있었다. 다섯 살 난 아이가 자폐증을 앓고 있었는데 치료를 하느라 스트레스는 끝이 없었다.

내면의 변화 : 캐런은 유년의 목소리와 주변의 목소리를 알고 나서 무척 놀랐다. 어머니의 죽음과 신경질환을 앓았던 부정적인 새어머니는 캐런에게 외치고 있었다. "부정적이 되라! 부정적이 되라!" 캐런은 남편 매트에 대한 불만이 새어머니의 목소리임을 깨달았다. 새어머니의 사고방식이 자기 안에 자리 잡고 있다는 생각에 캐런은 치를 떨었다.

주변의 목소리는 피곤과 무관심 그 자체였다. 캐런이 생각하기에 친구들은 불만족스런 결혼 생활을 하고 있거나 문제를 모르는 척 회피하거나 효율적이지 않은 방법으로 문제를 해결하려고 했다. 주변의 목소리는 긍정적인 결혼관을 갖는 데 전혀 도움을 주지 못했다. 캐런이 새롭게 발견한 것 중 하나는 친구들의 부정적 표현이 자신의 얼굴에도 그대로 묻어나온다는 것이다.

아이들의 목소리는 분명 가장 사랑스럽다. 캐런은 아이들이 부모를 정말 사랑한다는 것을 안다. 물론 남편은 아이들과 좀 더 많은 시간을 보내야 하지만 집에 있을 때면 아이들과 놀아주고 사랑해주었다. 하지만 가족의 목소리는 한 아이가 늘 특별한 도움을 받아야 하는 상황에서 두 아이와 가정을 꾸려 나가려면 엄청난 노력이 필요하다고 외치고 있었다. 아이들의 바람은 애정이 깃든 가정환경이었지만 캐런은 자신이 처한 상황에 완전히 압도당한 상황이었다. 그리고 제때 도와주지 않은 남편에게 화가 나 있었다.

이제 캐런은 내면의 목소리들을 이해하기 시작했다. 그녀는 자신만의 새로운 목소리를 발전시켜야 했다. 새어머니의 모습이 깃들지 않은 목소리, 남편을 통해 아버지의 부재를 채우려던 욕구가 사라진 목소리, 아이들과 고된 일과를 보내는 그녀를 구출해주지 않았던 남편에 대한 분노에 서린 목소리가 아닌 새로운 목소리를 찾아야 했다. 남편에 대한 사랑이 담겨 있고 남편의 고통과 왜 가족에게서 달아나려 했는지를 이해하는 목소리를 찾아야 했다.

캐런은 남편의 세계에 그녀를 포함시키려고 부단히 노력한 남편에게 감사하고 싶었다. 남편과 그의 친구들과 외출도 하고 포커 게임도 같이하면서 잠시 집안일을 모두 잊는 것도 좋겠다. 또한 캐런은 남편에게 모든 책임을 돌리지 말고 부부가 각자 나름의 방법으로 열심히 노력하고 있다는 사실을 이해해야 한다. 만약 캐런이 남편이 변화하려고 시도한다는 사실을 받아들일 수 있다면 부부는 계속해서 서로 의지하며 모두를 만족시키는 더 나은 변화를 위해 노력해야 한다.

내면의 소리 인식법

남편의 어떤 노력도 캐런에게는 부족해 보였다. 캐런은 그 이유를 찾았다.

- **유년의 목소리** : 캐런이 어릴 때 어머니가 사망했다. 아버지는 매사에 부정적인 여자와 재혼을 했다.
- **결과** : 사랑하는 사람에 대한 부정적인 태도

- **주변의 목소리** : 캐런의 친구들은 지치고 외로웠다. 가장 가까운 친구 중 한 명은 바람을 피우고 있었다.
- **결과** : 결혼은 단지 삶의 한 부분일 뿐이다. 좋지도 나쁘지도 않다.

- **가족의 목소리** : 캐런은 아이 둘을 두었다. 한 아이는 자폐를 앓고 있어서 끊임없이 치료해야 한다.
- **결과** : 아이들은 엄마가 아빠에 대해 더 긍정적이길 바란다. 하지만 아이들의 이런 요구 역시 또 다른 결혼의 스트레스일 뿐이었다.

- **내면의 변화** : 내면의 소리 인식법으로 캐런은 어린 시절의 분노와 주변의 무관심이 결혼에 대한 희망을 가로막고 있다는 것을 깨달았다. 그녀는 가족의 목소리와 부모의 사랑과 협동을 몹시 바라는 아이들의 소리를 더욱 활성화해야 한다.

8

자기애自己愛

보살핌을 받지 못한 사람은 다른 사람을 보살피지 못한다. 그것이 결혼이든 자식이든 타인이든 마찬가지다. 제나는 중소기업의 팀장이다. 제나와 남편인 그렉 사이에 두 아이가 있었다. 큰아이는 그렉과 전부인과 사이에서 낳은 아이다. 그렉은 대체로 집안일을 잘 도와주는 편이지만 가끔 제나의 부탁을 잊어버리곤 했다. 시간제 파출부를 부르는데도 집안일은 끝이 없었다. 한 술 더 떠서 그렉의 전부인은 수시로 전화를 걸어 불평을 했고, 제나는 그 불평에 일일이 답해야 했다. 그 불평이란 것이 '남편이 의붓아들의 축구 경기를 보러 갔느냐' 같은 제나의 능력을 벗어난 경우도 있었다.

그즈음 제나는 아이들에게 짜증을 내기 시작했고 절망과 분노를 느꼈다. 대부분의 경우 이는 부부 싸움으로 이어졌다. 부부는 화를 내며 마음에도 없는 말을 내뱉었고 곧 후회했다. 얼마 동안 똑같은 상황이 계속되었다. 제나는 남편이 아이들과 크게 다르지 않다고 생각했다. 남편은 긍정적이든 부정적이든 상관없이 제나의 관심을 받고자 했고 그녀가 가장 힘들 때가 언제인지 간파하고 있는 것 같았다. 제나가 지쳐 있을 때 남편은 싸움을 걸거나 제나가 반대할 것을 뻔히 알면서도 새로운 생각들을 내뱉곤 했다. 이런 일들이 더 자주 되풀이되었고 남편은 제나의 신경을 거스르고 있었다.

제나는 이제는 도저히 참을 수가 없었다. 그러던 어느 날 제나는 한 노부인이 자신의 어머니를 회상하며 하는 말을 우연히 들었다. "어머니에게선 늘 향기가 났어요. 그리고 어머니는 우리를 바라보며 미소 지었죠." 제나는 노부인의 어머니가 자신의 모습과는 정반대이며 지금 자신이 얼마나 날카로운지를 깨달았다.

그날 제나는 향수를 뿌리고 밝게 웃으며 현관문을 들어섰다. 아이들은 경계하는 얼굴로 엄마에게 뭐가 잘못됐냐고 물었다. 제나는 다시 한 번 미소 지으며 자신을 포함한 가족 모두가 복 받은 사람들이란 사실을 기억했다. 아이들은 제나에게 과학박람회 프로젝트를 준비해야 한다고 말했다. "오늘 저녁에 모두 같이하면 되겠구나." 제나가 말했다. 그런데 계단을 오르던 제나가 계단 옆에 대충 던져놓은 남편의 등산화에 걸려 넘어지고 말았다. 제나의 얼굴이 다시 일그러졌다. 아침에 의붓아들의 중요한 시합이 있다고 그렇게 일렀는데도 남편은 이 시간에 컴퓨터 앞에 앉아 있었다. 전부인한테 곧 전화가 걸려 올 게 뻔했다. 또 제나에게 그 책임을 물을 것이다. 제나는 사람이 무너지는 건 이런 일상의 작은 스트레스가 쌓이기 때문이라는 사실을 떠올렸다. 제나는 숨을 깊이 들이쉬었다. 남편은 컴퓨터 화면에 눈을 고정한 채 오늘 경기를 같이 보려고 친구 둘을 초대했다고 말했다. 오늘도 역시 제나 혼자 모임에 참석해야 했다. 물론 대단한 모임도 아니고 남편도 집에서 자신이 하고 싶은 일을 할 수 있지만 제나는 더는 참을 수가 없었다.

바로 그때였다. 그녀는 쌓였던 것들을 내뱉었다. "혼자 알아서 해요", "너무 벅차요", "동시에 몇 가지 일을 해야 하는지 알기나 해요?", "나 스스로 그렇게 달랬는데……", "엄마가 행복하지 않으면 모든 가족이 불행해져요", "당신이 기쁨에 들떠 있으면 주위 사람도 기쁨에 들떠요." 그게 마지막이었다. 제나는 모임의 회장에게 전화를 걸어 모임에 참석 못할 것 같다고 설명했다. 그리고 그녀는 2층으로 올라가 따뜻한 물에 목욕을 했다. 제나는 자신의 체력과 정신력이 바닥났다고 생각했다.

제나는 사람들과 함께 스트레스를 극복하는 방법과 자신을 돌보는 법에 대해 얘기를 나누기 시작했다. 얼마 되지 않아 그녀는 걷기 모임에 가입해서 규칙적으로 운동을 하기 시작했다. 그녀는 에너지가 다시 솟아나는 걸 느꼈다. 제나는 집 안을 좀 더 평안하게 만드는 동시에 부엌에 작은 오디오를 놓았다. 그녀는 지역사회에서 혹은 직장에서 생기는 불필요한 의무를 거절했다. 제나는 아이들의 숙제와 프로젝트를 도와줄 고등학교 학생을 고용했고, 남편이 중요한 일을 잊지 않도록 휴대전화로 메시지를 보냈는데 효과가 있었다. 그녀는 이따금 시간을 내서 온천에 들렀는데 온천욕을 하면서 문제를 해결할 기발한 아이디어를 얻고는 했다. 죄책감이 느껴질 때마다 제나는 속으로 "나한테 좋으면 식구들에게도 좋은 거야" 라고 주문처럼 되뇌었다.

남편은 더 행복해 보였다. 제나의 취미 생활에 대한 얘기를 들은 친정어머니는 "얘야, 이혼 변호사나 의사한테 돈 쓰는 것보다는 훨씬 낳잖니" 라고 말해 제나를 놀래켰다. 또 제나의 친구는 말했다. "자신을 돌보지 않는데 어떻게 남을 돌볼 수 있겠니?" 모두 앞뒤가 맞는 말이다. 여전히 해결해야 할 일들이 태산이었지만 제나는 예전보다 잘 처리할 수 있었다. 그녀는 죄책감을 떨쳐버리고 자신의 몸과 마음을 보살폈다. 제나는 투지란 나약함이나 이기심의 표시가 아니라 결혼과 직장 그리고 가족을 모두 공존하게 만드는 힘이라는 사실을 깨달았다.

건강은 재산이다

오늘날 우리는 그 어느 때보다 큰 기대를 짊어지고 산다. 수많은 일을 해내야 하기 때문에 압박감은 쌓여만 간다. 비록 같은 시간을 소비했다 할지라도 여러 방면에서 월등해야 한다는 기대를 받을 때보다 한 분야에 시간과 정신을 집중할 때 스트레스를 훨씬 덜 받는다.

미국의 한 제약 회사의 추정에 따르면 스무 살에서 마흔네 살에 해당하는 미국 여성의 16퍼센트, 즉 거의 여섯 명 중 한 명 꼴로 현재 항우울제를 복용한다고 한다. 이는 5년 전과 비교해 57퍼센트 상승한 수치이며, 같은 나이에 항우울제를 복용하는 남성의 수보다 두 배가 높다. 마찬가지로 지난 4년간 스무 살에서 마흔 네 살에 해당하는 미국 여성 중에 주의력결핍장애 치료를 위해 흥분제 처방을 받은 수는 113퍼센트 증가했으며, 같은 나이의 남성의 경우 처방 건수는 20퍼센트 증가했다. 또, 불안과 스트레스 치료를 위해 잠재적 중독성을 가진 진정제 처방을 받는 횟수는 여자가 남자에 비해 두 배 더 높다.

남자는 쉽사리 성공의 요인을 자신에게 돌린다. 근면 성실하고 살림은 넉넉하며 아내와 아이에게 다정한 남편, 게다가 가족과 가깝기까지 하면? 만루 홈런이다. 남자는 이를 '큰 성공'이라 말한다. 하지만 여자에게 일은 끝이 없으며 성취감을 느끼는 경우도 상당히 드물다. 사랑하는 사람을 돌보느라 자신을 사랑할 시간은 거의 없다. 간혹 남편이나 아이들이 자신을 사랑해주길 기다리는 여자들이 있다. 나쁜 생각은 아니지만 남편과 아이들은 아내나 엄마가 사랑받고 싶은 욕구를 내비칠 때야 비로소 사랑하는 법을 배운다. 아내나 엄마가 자신을 돌보지 않으면 가족도 그렇게 할 경향이 많다.

자신을 사랑하는 법에는 정답이 없기에 문제를 다루기가 쉽지 않다. 내가 할 수 있는 최선의 말은 고작 당신이 사랑하는 사람들만큼 자신을 소중히 돌보라는 말이다. 건강하고 자신을 아낄 때 당신은 최고의 아내, 최고의 엄마가 될 수 있다. 끝이 없는 의무감에 빠져 탈진한다거나 자신만 위하는 것은 아닌지 하는 죄책감에 빠지지 않도록 조심해야 한다.

배우자가 상대의 욕구, 바람, 욕망 등을 쉽게 예측할 수 있다면 얼마나 좋을까? 당신은 남편이 원하는 것을 쉽게 알아챈다. 그렇다면 남편 역시 당신의 바람을 쉽게 예측할 수 있을까? 당신이 남편이 무엇을 바라는지 쉽게 알아챌 수 있는 이유 중 하나는 남편이 보내는 적절한 암시 때문일 것이다. 남편은 휴식 시간을 갖고 업무를 마감하기 위해 시간 외 근무를 하기도 하며 운동을 하고 긴장을 풀기 위해 야구장에 간다. 반면, 남편은 아내가 감사와 다정한 말과 행동을 더 자주 해주었으면 하는 자신의 바람을 표현하는 데 서툴다. 남편이 잘 표현하지 못하니까 당신도 제대로 그의 바람을 들어줄 수 없다. 둘 사이에 연관성이 있다는 얘기가 아닐까?

친구에게 건네는 진심 어린 충고

친구가 조언을 구하면 어떤 충고를 해야 할까? 당신과 똑같은 삶을 살고 있는 친구에게 어떤 말을 건네야 할까? 친구에게 지금도 자신을 잘 아끼고 있으니 그것으로 충분하다고 말할까?

당신과 같은 삶을 살고 있는 친구에게 당신이 건네고픈 충고 목록을 작성해보자. 자신을 돌보고자 노력할 때 고려해야 할 것이 두 가지가 있다. 바로 육체적 욕구와 정서적 욕구다.

1. **육체적 욕구** 가장 중요한 문제부터 시작해보자. 당신은 제대로 먹고 자고 운동하고 있는가? 아이가 있다면 장담컨대 당신은 영양가 있는 세 끼 식사를 꼬박꼬박 챙기는 것은 물론이고 아이가 푹 자도록 할 것이다. 또 아이에게 적당한 운동을 시키고 있을 것이다.

당신은 어떤가? 영양가 있는 식사와 적당한 수면과 운동을 하기 위해 어떻게 해야 할까? 주부는 늘 잠이 부족하다. 아이가 아파 밤을 샐 때, 특별 업무를 담당할 때, 또 집안일을 할 때 끝이 보이는가? 아이가 회복이 되거나 업무가 마무리되면 하루나 이틀 정도 휴가를 내어 부족한 잠을 보충하고 있는가? 남편이 아침에 조금 일찍 일어나 아이들을 돌보고 당신은 좀 더 잠을 자는 것도 좋다.

2. **정서적 욕구** 육체적 욕구는 정신적 욕구에 비해 명확하고 보편적이다. 남편에게 바라는 가장 중요한 세 가지 정서적 욕구를 생각해보자. 사랑? 우정? 섹스? 그 세 가지가 무엇이든 남편이 어떻게 이 욕구들을 충족시킬 수 있는지 구체적으로 생각해라. 남편의 사랑을 극대화하는 방법에는 어떤 것이 있을지 생각해라. 유쾌하고 다정한 대화를 동반한 신체 접촉? 함께 즐거운 시간을 갖는 것? 당신은 최적의 여건을 마련하고 있는가? 그렇다고 당신에게만 책임이 있다는 뜻이 아니다.

하지만 똑똑한 아내라면 알맞은 환경을 만들어 더 나은 부부 관계를 가지려 할 것이다. 즐거운 시간을 보내고 다정하게 어루만지며 방해받지 않고 친근한 대화를 나눌 만한 시간과 공간을 확보하고 있는가? 그렇지 않다면 그 이유는 무엇일까?

같은 문제를 가진 친구에게 당신은 뭐라고 충고할까? 주저하지 않고 상황을 바로잡으라고 하지 않을까? 남편과 외출할 수 있도록 보모를 구하든가, 쉬면서 즐거운 시간을 보내든가 아니면 돈이 부족해도 또 꼭 가고 싶은 곳이 아니더라도 남편과 같이 휴가를 떠나라고 말하지 않을까? 자신의 욕구를 충족하려면 말만 해서는 안 된다. 자신의 욕구를 만족시킬 수 있는 환경을 만들어야 한다.

우리는 때로 작은 변화로는 큰 변화를 만들 수 없다고 생각한다. 나 역시 거대한 변혁과 자신에 대한 깊이 있는 고찰이 최우선이라고 생각한다. 하지만 종종 10분 동안 고요하게 있어도 일상에서 평온함을 느끼기도 한다. 따뜻한 목욕 그 자체는 큰 차이를 만들지 못하지만 출발점은 될 수 있다. 영혼은 넉넉한 공간에서 저절로 자라며 공간이 늘어날수록 더 현명하고 창조적이 된다.

평안, 평정, 침착 그리고 보살핌

평안, 평정, 침착 그리고 보살핌. 이 단어들이 연상시키는 것이 있다면? 시각적 이미지를 만들어라. 이 단어들이 생활의 일부가 되려면 어떤 단계를 밟아야 할까? 다음의 방법들을 참고해보자.

1. 숲으로 가라. 헨리 데이비드 소로Henry David Thoreau의 말처럼 "인간은 소리 없는 절망에 둘러싸여 살아간다." 그는 숲으로 갔다. 밖으로 나가 산책을 해라. 자유롭게 날아가는 새를 보고 깊이 숨을 들이쉬어라. 연구에 따르면 규칙적인 운동은 항우울제보다 훨씬 효과가 있다고 한다. 하지만 굳이 항우울제가 필요할 경우 운동과 병행해라.
2. 어릴 적 즐겨 하던 것들을 적어라. 지금도 그것들을 좋아할 가능성이 크며 이는 다시 삶의 일부가 될 수 있다.
3. 유머, 가벼움, 웃음은 암을 막는다. 메멧 오즈Mehmet Oz 박사는 유머, 가벼움, 웃음이 노화 방지와 건강 유지에 중요하다고 했다. 웃긴 영화를 보거나 혼자 혹은 부부가 같이 폭 빠질 수 있는 재미있는 행동을 해라. 코미디 프로그램을 보며 유머 감각을 키워라. 즐거운 친구를 사귀어라. 약속을 정하고 가장 웃긴 친구를 식사에 초대해라. 신경과학자인 리 버크Lee Berk는 웃으면 더 건강해진다고 말한다. 웃음은 혈압을 낮추고 스트레스 호르몬 수치를 낮추며, 고통을 줄이고 근육을 이완시키며 면역력을 강화할 뿐 아니라 당신 몸에 엔돌핀을 불어넣는다.
4. 주위를 경쾌하게 만들어라. 경쾌한 친구와 더불어 주위를 경쾌한

이미지로 채워라. 잠시 뉴스 보기를 중단하고 부정적인 시각적 이미지를 없애라. 집 안을 둘러보고 신경에 거슬리는 물건이 있으면 기증을 하거나 팔아라. 조명을 환하게 켜놓아라. 때때로 블라인드를 올려라. 어떤 의사들은 날마다 10분 정도 태양광선을 쪼일 것을 권장한다.

5. 숨을 쉬어라. 요가를 배우거나 명상을 하는 것도 좋다.
6. 수전 아리엘 레인보우 케네디Susan Ariel Rainbow Kennedy는 아이들이 심술궂은 행동을 할 때 물놀이를 시키라고 말한다. 물놀이는 어른에게도 좋다. 따뜻한 목욕이어도 좋고 바다나 실내 수영장도 상관없다. 물은 마음을 느긋하게 만든다. 개인의 기호와 별도로 물이 주는 편안함에 집중하자.
7. 간식을 먹어라. 식사 사이에 너무 오래 위를 비워두면 혈압이 내려가고 식탐이 생긴다. 영양학자 캐서린 톨마지Katheine Tallmadge는 "과식의 가장 큰 원인은 너무 소식을 하는 것이다"라고 말한다.
8. 편안한 옷을 입어라. 옷장 안에 편한 옷이 몇 벌이나 있는가? 너무 오랜 시간 불편한 신발과 옷을 입고 지내지 않는가? 불편한 옷을 벗고 몸에 안락함을 주어라. 아이와 사랑하는 이들에게는 편한 옷을 추천하지 않는가? 자신의 몸 역시 사랑해라.
9. 우리는 일생의 3분의 1을 침대에서 보낸다. 나는 부부가 사용하는 침대에 관심이 많다. 부부는 가장 많은 시간을 침대에서 보낸다.

이는 리트머스 테스트와 같다. 부부가 불편한 침대를 쓰고 있다면 일반적으로 그 부부는 자신이나 배우자를 충분히 보살피지 않는다. 매트리스를 규칙적으로 바꿔줘야 한다. 매트리스는 탄탄한가? 즐거운 잠자리를 만들어주는가? 일어날 때 개운한가? 편안하고 부드러운 이불과 베개도 중요하다.

10. 게본덴Gevonden. 네덜란드인 친구 헨리와 마리에트는 내가 아는 가장 차분한 사람들이다. 그들은 암스테르담 중심가에서 자전거를 타고 갈 수 있는 곳에 살고 있다. 그들의 삶은 편안했고, 네덜란드 사람들이 '게본덴'이라 부르는 것으로 가득 찼다. 게본덴은 대략 '작은 변화'로 번역할 수 있다. 이 작은 기쁨들은 개인 고유의 것으로 일상에 즐거움을 선사해 삶을 달콤하게 만든다. 즐거움을 만끽하기 위해 네덜란드 사람들은 휴가와 특별한 외출보다는 여유를 택한다. 사람들로 북적대는 스타벅스에서 오래 기다려 커피를 사서 허둥지둥 걸어가며 다급하게 마시는 풍경과는 정반대다. 천천히 목구멍을 타고 흐르는 에스프레소, 한 조각의 다크 초콜릿, 동네 선술집에서 시원한 맥주 한 잔이 삶의 진미다. 삶에 이 작은 기쁨들이 더해질 때 우리는 행복해지고 배우자와 자신에게 더욱 감사하게 된다.
11. 자신에게 휴일을 선물해라. 하루 온종일 혹은 반나절 동안만이라도 오직 당신이 원하는 것만 하도록 해라. 심부름이나 가족을

위한 일은 잊어라. 하루를 계획해라. 다른 가족들에게 아이를 맡기든가 다른 방법을 찾아라.

12. 두뇌를 개발해라. 아이들은 날마다 두뇌를 키운다. 새로운 것을 배우거나 낱말 맞추기 혹은 퍼즐 맞추기 따위로 머리를 훈련해라. 연구에 따르면, 2주의 기억력 연습과 퍼즐을 맞춘 뒤에 참가자들의 구두시험 결과가 크게 향상되었고 실제로 생각에 소모된 에너지가 감소했다.
13. 휴가를 떠나라. 연구 결과에 따르면 우리는 적어도 1년에 한 번은 휴가를 가야 한다. 대규모로 연구 조사한 결과, 휴가를 떠나지 않은 여성이 심장마비에 걸릴 확률은 1년에 두 번 이상 휴가를 가는 여성에 비해 일곱 배나 높다. 스트레스 조절은 심장 건강에 가장 중요하다. 돈이 여유가 없을 경우 하루나 이틀 정도 휴가 계획을 잡거나 국립공원이나 근처 경치 좋은 곳에서 캠핑을 하는 것도 좋다. 집을 떠나 잠시 모든 것을 잊어라.

9

남편 사랑 되돌려주기

이 책의 주요 내용은 흔들림 없는 결혼을 유지하기 위한 능동적인 방법이다. 지금까지 나는 그 방법의 과정들을 전체적으로 서술하는 한편, 당신이 먼저 남편의 요구를 충족시켜준다면 남편은 반드시 그 몇 배로 되돌려준다는 사실을 역설했다. 또한 남편이 열매만 쏙쏙 받아먹은 후 아무것도 하지 않을지도 모른다는 염려는 하지 않아도 된다고 강조했다.

이제 결정적인 문제는 남편의 화답에 당신이 어떻게 반응할 것인가이다. 당신은 속으로 생각한다. '여보, 당신 멋져요.' 물론 당신이 이렇게 생각할 것이라 확실히 믿는다. 하지만 당신을 사랑할 수 있게 계속해서 그의 동기를 자극할 것인가 아니면 그의 의욕을 꺾을 것인가? 물론 의식적으로 또 계획적으로 남편의 사랑을 막으려 하는 아내는 없겠지만 당신이 무의식중에 남편의 의지를 꺾지 않는다고 장담할 수는 없다. 지난 수년 간 내가 자주 보았던 흔한 사례들이 몇 가지 있다.

남편의 선물이 마음에 안 든다면?

남편이 아내에게 보석을 선물한다. 하지만 아내는 그 보석이 마음에 들지 않아 다른 보석과 교환한다. 분별력 있다고? 분명 합리적인 행동이지만 남편은 이제 다시는 당신에게 보석 선물을 하지 않을 것이다.

남편이 당신에게 꽃을 선물한다. 당신은 말한다. "다음부터 꽃에 돈 쓰지 말아요." 혹은 "대신 화분을 사요. 꽃은 시들잖아요." 또는 "갈색 얼룩 같은 것이 있어 별로 마음에 들지 않아요."

남편이 아내에게 줄 값비싼 보석을 산다. 아내가 좋아한다. 하지만 생일 카드가 빠졌다. 혹은 카드에 "사랑해"라는 말과 그의 이름만 달랑 적혀 있다. 아내는 보석보다는 예전 데이트할 때 그가 보내곤 했던 정성스러운 카드가 더 좋다고 말한다.

깜짝 보석 선물이 싫어도 그냥 걸쳐라. 특히 당신 기준에 비해 비싼 것이 아닐 경우에는 더욱 고마워해라. 만약 중요한 기념일에 비싼 선물을 받는 경우라면 반드시 마음에 드는 선물을 받고 싶을 것이다. 그러면 남편과 미리 아이쇼핑을 해라. 당신이 마음에 드는 것들을 남편에게 알려줘 그가 실수하지 않도록 해라. 그래도 걱정이 된다면 받고 싶은 세 가지 선물을 고른 뒤 마지막 결정은 남편이 하도록 남겨두어

라. 남편이 어떻게 선물을 건네면 당신이 더 행복해질지도 한번 생각해 본다. 당신으로 인해 그가 기뻐하고 또 이 모습을 보며 당신 역시 얼마나 기분이 좋을지 상상해본다. 남편 역시 당신과 같은 기분을 느껴야 한다는 것을 명심해야 한다. 그렇지 않으면 그는 게임에서 졌다고 생각해서 더 이상 노력하지 않을 것이다. 당신에게 선물을 건네는 남편의 마음이 기쁨으로 가득 차도록 만들어라. 사랑하는 사람들은 항상 서로에게 베풀어야 하고 또 그 과정을 즐겨야 한다.

부부가 이런 마음가짐을 갖고 있으면 남편은 기쁜 마음으로 아내에게 베풀고자 한다. 그는 아내를 사랑하고, 아내는 그에게 감사하고 다정다감하다. 사랑하는 아내의 얼굴이 선물을 받은 기쁨으로 넘칠 때 남편은 큰 행복을 느낄 것이다. 남자도 여자만큼이나 사랑하길 원하고 자신을 사랑해주는 사람들과 지낼 때 기쁨을 느낀다. 당신도 이런 부부가 되어 행복하고 안전한 결혼 생활을 영위해라.

♥♥ 쉐릴의 이야기 ♥♥

: 생일에도 빈손으로 들어오는 남편

쉐릴은 몇 년간 남편에게 생일 선물이나 기념일 선물을 하나도 받지 못했다고 불평했다. 그렇게 수도 없이 귀띔을 했는데도 남편에게 어떤 선물도 받지 못하자 그녀는 화가 머리끝까지 났다. 이 문제에 대해 남편의 태도는 흔들림이 없었다. 이는 부부 관계 구석구석까지 영향을 미쳤다.

쉐릴은 남편 리처드가 자신의 말을 무시하고, 너무 이기적이며 자신의 감정을 무시한다고 생각했다.

하지만 리처드의 얘기는 전혀 달랐다. 리처드가 말하길 예전에 아내에게 줄 선물을 곧잘 샀는데 언제나 아내가 꼬투리를 잡았다고 했다. 선물이 마음에 들지 않았던 것이 아니다. 그녀는 늘 남편이 선물에 돈을 너무 많이 쓴다고 생각했다. 부부는 열심히 일했고 몇 년 동안 저축해서 아이를 낳고 집을 장만할 만큼 경제적으로 여유로워졌다. 하지만 남편이 보석을 사든 꽃을 사든 아내의 반응은 늘 같았다. "당신은 정말 자상해요. 그런데 다시는 이러지 마세요." 몇 년간 이런 말을 계속 듣자 리처드는 더는 선물을 사지 않고 축하 카드만 건넸다. 그는 심각하거나 우스운 그림이 그려져 있는 카드를 주었고 또 별 뜻 없이 카드를 하나 더 사곤 했다. 쉐릴은 이런 남편의 습관도 고쳐야 한다고 생각했다. 오래지 않아 리처드는 아내와 두 아이를 데리고 외식을 하는 것으로 또 작은 기념일에는 집에서 케이크를 먹는 것으로 그쳤다.

그게 끝이 아니었다. 리처드는 아내를 끔찍이 사랑했다. 하지만 그녀가 좀 더 자신을 가꾸길 바랐다. 아내는 몸무게가 많이 불었지만 헬스장에 갈 짬이 없었다. 리처드는 회원권을 끊어주겠다고 했다가 단번에 거절당했다. 아내는 아직 어린애들을 키우느라 몹시 바빴다. 둘째아들이 태어나면서 쉐릴이 일을 그만두었다. 지금은 리처드 혼자 그 어느 때보다 더 열심히 일을 하고 있다. 리처드는 아내에게 아이들을 시어머니한테 맡기고 짧은 휴가를 가자고 했다. 시어머니는 기꺼이 와서 아이들을 돌봐주겠다고 했다. 하지만 쉐릴은 지금까지 그렇게 열심히 일하고 오래 기다려서 아이를 가졌는데 아이를 떼놓고 놀러갈 수는 없다고 주장했다. 앞으로도 시간은 충분하다고 했다. 진짜 앞으로 휴가 갈 기회가 많을지 리처드의 말투에서 미심쩍은 어감이 느껴졌다.

고심 끝에 쉐릴은 문제에 대한 자신의 책임을 좀 더 자세히 살펴보기로 마음먹었다. 그녀가 자신을 챙기려는 남편의 마음을 몰아냈던 이유는 무엇일까? 쉐릴은 흔쾌히 자신의 내면의 목소리를 알고 싶어했다.

유년의 목소리 : 쉐릴은 어머니를 놀라운 모성애의 소유자로 묘사했다. 쉐릴의 어머니의 여덟 자식에 대한 애정은 말 그대로 놀라웠다. 어머니는 가정부를 둘 형편이 못 되었기에 집안일은 모두 그녀의 몫이었다. 쉐릴이 가장 좋아하는 어릴 적 기억은 새벽에 일어나 아래층에서 다리미질을 하는 어머니의 모습이다. 쉐릴은 다시 잠자리에 들기 전에 한 시간 정도 다리미질을 끝내고 다른 집안일을 하는 어머니와 얘기하는 시간이 너무 좋았다.

어머니는 언제나 활기차게 아침을 시작했고, 따뜻한 달걀과 사랑으로 빚은 팬케이크로 아이들을 맞았다. 어머니는 숙제를 도와주었고 아프면 의사에게 데려갔으며 햇볕에 탄 등에 로션을 발라주었고 생일 파티와 가족 휴가를 계획했다. 어머니는 정말 대단한 분이었다.

하지만 그 많은 일을 완벽하게 한 어머니였지만 한 가지는 그렇지 못했다. 쉐릴의 집안에는 언제나 긴장감이 흘렀다. 어머니와 아버지는 심하게 싸우곤 했다. 두 분은 이혼하지 않았지만 쉐릴은 두 분 모두 사랑해서 결혼 생활을 유지하지는 않았다고 확신했다. 어머니는 아버지가 돈을 잘 못 번다고 불평했다. 어머니의 건강은 좋지 못했다. 쉐릴이 기억하는 한 어머니의 건강은 위험한 상태였다. 당뇨병을 앓았던 어머니는 일에 지친 자신을 잘 돌보지 않았다. 결국 어머니는 몇 년 간 앓다가 예순두 살에 죽음을 맞이했다. 쉐릴의 아이들이 태어나는 것도 보지 못했다.

주변의 목소리 : 쉐릴과 리처드는 아이들을 중심으로 생활하는 지역에 살았다. 이웃들은 일요일마다 정기적으로 모여 바비큐 파티를 열거나 다른 가족의 행사에 참석했다. 쉐릴은 주변의 엄마들 대부분이 자신과 비슷하게 말보다는 행동이 앞서는 부모들이라고 생각했다. 이웃들은 모두 열심히 일을 했고, 근사한 휴가는 가지 않았다.

가족의 목소리 : 비록 아이들은 엄마가 행복하길 바라지만 엄마가 가끔 며칠씩 휴가를 가거나 자신들의 일상에 깊이 관여하지 않는다면 그리 좋아하지 않을 것이다. 아이들은 엄마가 아빠에게 보석을 받는 안 받든 상관하지 않을 것이다. 하지만 자신들의 생일에 그렇듯이

엄마가 선물을 받는 걸 본다면 행복할 것이다.

내면의 변화 : 쉐릴은 자신에게서 어머니의 모습을 보았다. 자신이 어머니처럼 아이들에게 헌신적인 것은 좋은 일이었지만 어머니는 행복한 결혼 생활을 하지 못했다는 사실을 잊었다. 쉐릴은 일종의 순교자가 되었고 남편이 다정하게 다가오면 거부했다. 대신 그녀는 주로 자신이 주는 쪽이 되어버린 환경을 만들었고 남편이 더 많이 자신에게 베풀지 않자 화를 냈다. 쉐릴은 훌륭한 엄마였지만 그녀가 배우지 못했던 것이 있다. 훌륭한 엄마는 다른 사람을 아끼듯 자신을 아껴야 하고, 아이들에게 성공적인 결혼과 서로 사랑하는 부부의 모델이기도 하다는 사실이다.

쉐릴은 인식하지 못하는 사이에 친정어머니의 목소리를 들었다. 그 목소리는 남편의 친절을 거부하고 놀랄 만큼 훌륭한 엄마가 되기 위해 남편과 거리를 두라고 말하고 있었다. 또한 쉐릴은 친구들에 대한 의견을 바꿨다. 친구들은 실제로 그녀에게 자기 자신을 더 잘 보살피고 또 남편에게 더 사랑을 요구하라고 말하고 있었다.

쉐릴이 생각하기에 아이와 가족의 목소리는 자기 자신을 챙기는 엄마, 남편에게서 더 많은 사랑을 받으려는 엄마의 모습을 지지하지 않았다. 아이들은 어릴 때부터 엄마는 언제나 같은 자리에서 자신들에게 헌신하는 사람이라고 배웠다. 아이들이 엄마와 아빠에게는 둘만의 시간이 필요하고 그들에게서 떨어져 있어야 한다는 생각에 익

내면의 소리 인식법

쉐릴은 남편이 자신을 무시하고 버려둔다고 느꼈다. 쉐릴의 남편은 아내가 자신의 사랑을 받아주지 않는다고 생각했다.

- **유년의 목소리** : 쉐릴의 어머니는 슈퍼 맘이었다. 친정어머니는 이타적이었으나 아버지에게 불만이 많았다.
- **결과** : 쉐릴은 받는 것에 익숙하지 않았고 베푸는 것이 더 중요하다고 생각했다.

- **주변의 목소리** : 쉐릴 주변의 가족들은 거의 휴가를 가지 않았고 대체로 아이들을 중심으로 생활했다.
- **결과** : 아이와 관련된 활동에 많은 노력을 기울여라.

- **가족의 목소리** : 아이들은 엄마가 헌신적이어서 행복했다. 아이들은 엄마가 보석을 받는 안 받든 별로 신경 쓰지 않았다.
- **결과** : 아이에게 관심을 집중하라.

- **내면의 변화** : 내면의 소리 인식법의 결과는 쉐릴이 친정어머니처럼 변했고 친정어머니의 목소리는 여전히 크고 선명하다는 사실이다. 쉐릴 역시 친구들은 휴가를 떠나고 남편과 다정한 관계를 유지하고 있다고 인정했다. 그녀는 주변의 목소리를 활성화하고 결혼 생활을 좀 더 즐기며 기쁨을 찾기로 결심했다.

숙해지기까지는 약간 훈련이 필요할 것이다.

쉐릴은 자신의 새로운 목소리가 주변의 목소리와 조화를 이루어야 한다는 것을 깨달았다. 친구들은 좋은 엄마였지만 자신을 아꼈으며 남편의 보살핌을 받았다. 쉐릴은 엄마는 모든 걸 희생하고 언제나 아이들을 만족시켜야 한다는 올가미에 빠지지 않도록 신경을 써야 했다. 쉐릴은 자신의 생각보다 훨씬 더 많은 걸 받을 자격이 있다는 사실을 깨달아야 했다. 쉐릴은 늘 친정어머니가 손자손녀들이 주는 즐거움을 만끽하지 못하고 일찍 죽은 것은 비극이라고 생각했다. 어머니가 아이들에게 조금 덜 신경 쓰고 자신을 더 돌보았더라도 어린 쉐릴에게는 큰 문제가 없었을 것이다. 쉐릴은 과거를 회상하며 어머니가 자신을 더 보살피고 아버지와 더 좋은 관계를 가졌다면 좋았을 것이라고 생각했다.

쉐릴의 친구들은 합리적이고 좋은 사람들이다. 쉐릴은 지금 그들에게 이 변화를 헤쳐 나가는 방법에 대한 조언을 얻고 있다.

남편과 야밤 데이트를 하자

이 얘기는 전에도 한 바 있지만 또다시 얘기해도 좋을 만큼 가치가 있다. 남편과 최소 두 시간 정도를 보낼 수 있는 날을 정해 매주 규칙적으로 야밤 데이트를 계획하는 것이다. 다른 부부와 함께 가고 싶다면 부부끼리 두 시간을 보낸 후에 만나는 것이 좋다. 매주 같은 날을 정해

데이트를 나가든 안 나가든 미리 예약해둔 보모에게 돈을 지불한다. 이렇게 하면 아무리 피곤하더라도 나갈 수밖에 없을 것이다.

부부가 데이트할 때 지켜야 할 규칙이 있을까? 돈, 일, 아이들 얘기를 제외하고 어떤 얘기든 상관없다. 그리고 가장 흔한 두 가지 데이트 코스인 저녁 식사와 영화 보기는 피해라. 저녁 식사는 한두 시간 가량 서로 마주보며 대화를 해야 하는 부담이 있다. 가벼운 대화만으로 몇 시간을 버틸 수 있는 사람이 과연 몇이나 될까? 솔직히 나 역시 대화에 그다지 소질이 없다. 다행히도 아내는 대화를 잘 이끄는 편이라 나는 항상 아내에게 의지한다. 아내는 언제나 멋진 화제와 사려 깊은 의견들을 내놓는다. 하지만 평범한 우리는 쇼핑몰을 느긋이 걷는다든가 책방에 들른다든가 혹은 카페에서 커피 한 잔을 마신다든가 아니면 함께 여유롭게 자전거를 탄다든가, 클럽에서 재즈나 자신이 원하는 음악을 듣는 것이 좋다. 이는 대화와 소박한 즐거움의 발판이 된다. 가끔은 영화도 좋다. 하지만 피곤에 지친 부부에게 규칙적으로 영화를 보는 것은 고역이 될 수 있고 결국 대화는 영화의 주제 같은 것으로 지극히 한정된다.

야밤 데이트는 꼭 지켜야 한다. 즉, 상대방의 허락 없이는 약속한 날 절대 다른 계획을 잡아서는 안 된다. 마찬가지로 정해진 날에 데이트를 못할 경우에는 다른 날로 정해 일관성을 유지해야 한다. 이렇게 하지 않으면 계획이 슬그머니 무산되기 쉽기 때문이다.

재미있는 시간을 보내는 것이 중요하다. 당신과 남편을 즐겁게 하는 것이면 아무것이나 좋다. 재미있는 시간을 보낼 때 야밤 데이트는 매주 지속될 수 있다. 그렇지 않으면 이 시간은 쉽게 사라져버린다. 삶은 쉽게 야밤 데이트를 몰아낼 수 있다. 아이들은 하루 평균 3백 번 이상 웃는데 반해 어른은 하루에 고작 여섯 번 내지 열일곱 번 정도 웃는다고 한다. 믿기 힘든 통계지만 수치야 어찌되었든 우리는 자라면서 점점 웃음을 잃어버린다. 남편이 배꼽을 잡으며 웃도록 만드는 최고의 방법은 당신이 그렇게 웃는 것이다. 남편은 점점 당신과의 데이트를 기다리게 될 것이다.

남편이 데이트 계획을 짤 때 너무 안절부절하지 마라. 대부분의 경우, 아내가 집안의 대소사를 기억하고 있다. 그렇기 때문에 여기에 야밤 데이트 계획까지 짜야 한다면 아내는 쉽게 지칠 수 있다. 남편이 조금 힘을 보태고 싶어한다고 문제될 것은 없다. 주말에 다음 주 신문을 훑어보면서 다음 데이트 얘기를 꺼내는 것이 좋다. 그럴 경우 부부가 함께 참석할 수 있는 흥미로운 주중 행사에 어떤 것이 있는지 또 다음 야밤 데이트에 뭘 하고 싶은지 남편에게 물어보기 쉽다. 이렇게 하면 혼자가 아니라 부부가 함께 계획했다는 느낌을 받을 수 있다. 일단 야밤 데이트가 정기적이 되면 남편은 무엇을 하고 싶은지 자신의 의견을 명확히 얘기할 것이고, 표를 예매하거나 혹은 데이트 준비를 할 수도 있다. 기다려라. 부부가 함께 재미있는 시간을 보내면 보낼수록 남편은 더 깊이 개입하고 싶어할 것이다.

규칙적인 신체 접촉

1950년대, 해리 할로우Harry Harlow는 갓 태어난 원숭이를 대상으로 실험을 했다. 실험 결과, 신체 접촉의 놀라운 영향력이 밝혀졌다. 갓 태어난 원숭이를 두 가지 모형으로 실험했다. 먼저 철사로 만든 모형 안에 우유가 계속 나오는 장치를 해두었다. 그리고 또 다른 모형은 철사 로 된 틀을 직물로 감싸 따뜻하게 만들었지만 우유는 없었다. 놀랍게도 새끼 원숭이는 우유는 없지만 따뜻한 모형 곁을 거의 떠나지 않았다.

이 연구는 어머니가 자식에게 전하는 따뜻한 감촉의 중요성을 입증해주었다. 또한 우리가 살결의 감촉을 얼마나 갈망하는지 말하고 있다. 여자와 마찬가지로 남자 역시 신체 접촉을 통해 사랑받고 싶어한다. 사랑의 손길은 가장 간단하고 빠르면서도 효과가 아주 큰 교감의 방법이며 상대의 사랑을 느낄 수 있다. 자주 남편을 만지고 키스하고 포옹해라. 신체 접촉을 자주해 언제나 사랑이 가득한 환경을 만들어라.

액 션 프 로 그 램

| 7단계 | 사랑할 시간 만들기

부부가 하루 평균 고작 12분 동안 대화한다는 사실은 앞에서 언급한 바 있다. 이는 다정하고 가까운 부부 관계를 가질 기회가 그만큼 줄어든다는 것이다. 부부의 시간을 늘리기 위한 다음의 액션 프로그램을 행동으로 옮겨보자.

1. 매주 네 번, 45분 동안 누구에게도 방해받지 않고 남편과의 시간을 만들어라. 이 시간은 휴식 시간이다. 이 시간에 할 수 있는 활동은 다음과 같다.

- 서로에게 책 읽어주기
- 잡담하며 안아주기
- 한가하게 산책하기
- 사랑 나누기
- 가볍게 술 마시기
- 카드나 보드게임 하기
- 인터넷으로 재미있는 이야기 거리나 휴양지 검색하기
- 목적 없는 텔레비전 시청은 삼가기

2. 야밤 데이트에서 할 수 있는 일들.

- 매번 같은 날 정하기
- 부부끼리 적어도 두 시간 동안 데이트 하기
- 돈, 일, 아이 이야기를 뺀 깊이 있는 대화 나누기

✲ 식사를 하거나 영화는 보지 않기

✲ 흥미와 재미에 집중할 것

3. 아이들에게는 다음과 같은 원칙을 지키게 한다.

✲ 만약 아이들이 제시간에 자려 하지 않으면 잠자기 전 많이 움직이게 해서 잠잘 시간쯤에는 완전히 녹초가 될 수 있도록 한다.

✲ '모든 일과는 9시에 끝난다'를 규칙으로 정한다. 이 시간 이후에는 부부의 침실 문을 잠근다. 9시가 지나면 시험지 사인이나 숙제 검사 혹은 용돈을 주는 일을 일체 금한다.

4. 과외 활동을 짤 때 아이들의 체력을 감안한다.

✲ 과외 활동은 집 근처로 제한한다.

✲ 아이들을 적어도 한 가지 활동에 참여시킨다.

✲ 처음부터 결석은 안 된다고 못을 박는다.

5. 규칙적인 신체 접촉

✲ 날마다 다섯 번 이상 다정하게 남편의 몸을 만진다.

에필로그

결혼 상담을 할 때 지켜야 할 중요한 규칙 중 하나는 한 사람에게 모든 책임을 떠넘기지 말아야 한다는 것이다. 세상에 남이 원망하는 소리를 듣고 싶어할 사람은 없으며, 성공적인 결혼은 혼자 노력해서 완성되지 않는다. 아내들이 힘써야 할 부분에 초점을 맞춰 책을 쓴 이유를 꼽자면 단순하다. 효과가 있기 때문이다.

이 책의 목적은 책임 전가가 아니다. 모두 당신 탓이니 변화의 책임을 혼자서 짊어지라는 얘기가 아니다. 외도에 대한 변명이나 그 정당성을 주장하는 것도 또 피해자에게 그 책임을 물으려는 것도 아니다. 내가 이 책을 쓴 이유는 당신에게 유익한 조언을 해주고 싶었기 때문이다. 앞장서서 변화를 도모하면 남편도 같이 발맞출 것이다. 나는 사랑이 가득한 결혼 생활을 위해 또 이를 보호하기 위해 어떤 부분에 노력을 기울여야 하는지를 짚어주고 싶었다.

세계적인 베스트셀러 《시크릿*The Secret*》은 개인이 가진 영향력을 잘 보여준다. 변화는 당신에게서 비롯될 수 있다는 굳은 믿음으로 이 책에 소개된 조언들을 하나하나 실천해라. 당신이 원하는 남편 상을 마음속에 그려라. 변화를 시도했을 때 남편이 변화하는 것을 상상해라. 남편에게 어떻게 사랑받길 원하는지 보여줘라.

우리는 종종 결혼이 사랑하는 두 사람으로 이루어졌다는 사실을 잊어버린다. 더 많이 사랑하자는 데 반대할 남편은 없다. 하지만 결혼의 목적은 너무나 쉽게 잊혀져 한때 꿈꾸었던 기쁨과 행복에 대한 믿음을 잃어버린다. 당신과 남편은 한편이라는 사실을 기억하자. 남편 역시 사랑을 베풀고 사랑받기를 원한다. 그는 당신에게 기쁨을 주고 싶어 하고 당신이 그의 세계를 이해하길 바란다. 그렇기 때문에 남편은 당신의 변화를 인식하고 기쁨에 젖어 당신을 위해 그가 무엇을 할 수 있을지 고민한다.

나는 연구 결과와 몇 가지 조언들을 처음 발표하는 자리에 남자들을 제외했다. 결과를 처음 발표하는 자리는 일주일에 걸쳐 진행되는 회의의 한 순서였는데, 나는 첫 순간을 여성들과 함께하기로 결정했다. 그런데 강연을 하기 전에 남자들이 긴장해서 찾아왔다. 그들은 강연 내용에 대해 물었다. 강연이 끝나고 며칠 동안 적어도 남편들 50여 명이 찾아와서 말했다. "어떻게 하셨는지는 모르겠지만 지난 며칠 간 벌어진 일은 믿기 어려울 정도입니다." 그들의 기쁨과 놀라움이 섞인 표정에서 나는 결혼에서 기쁨을 발견하고자 하는 또 아내와 가까워지고자 하는 남편들의 바람을 읽었다. 회의가 끝나기 전에 아주 많은 아내들이 찾아와서 며칠 동안 남편에게 받은 사랑을 확인시켜 주었다. 전혀 생각지 못했다고 했다. 단 며칠 만에 놀라운 변화가 일어나고 있었다.

내 목적은 당신에게 명확한 목표를 제시하는 것이다. 남편에게 중요한 사실을 다시 짚어보면 다음과 같다.

1. 감사와 배려, 사랑이 담긴 말과 행동은 남편에게 상당한 의미가 있다.
2. 남편의 성적 욕구는 무엇보다 잦은 섹스로 충족된다.
3. 남편의 절친한 친구와 그의 직장과 취미에 대해 관심을 갖는다.
4. 재충전하는 시간을 가짐으로써 결혼 생활에 신경 쓸 수 있는 정신적, 감정적 여유를 갖는다.

물론 우리가 다룬 내용은 이보다 방대하지만 위의 네 가지 사항들을 완전히 숙지하면 행복한 결혼 생활을 계속 유지할 수 있다. 간혹 속수무책으로 이혼을 생각하는 여성들이 있다. 특히 아이가 있는 상황에서 이혼을 하면 고통은 피할 수 없다. 어떤 후회도 남기지 않아야 한다. 이혼을 막고 결혼을 튼튼하게 할 수 있는 모든 노력을 다해야 한다. 이 책을 적재적소에 사용해라. 최악의 경우, 당신은 혼자만 노력해서는 결코 행복한 결혼 생활을 할 수 없다는 사실을 깨닫는다. 그래도 모든 노력을 다 기울였다는 평안한 마음은 얻을 수 있다. 결혼이 위기에 처해 있다면 책과 더불어 결혼 상담(부록 1 참조)을 제안하고 싶다. 마찬가지로 설사 결혼 상담이 실패로 돌아가더라도 노력에 대한 후회는 없어야 한다. 미련이 없어야 앞으로 닥칠 역경을 헤쳐 나갈 수 있다.

아내가 사무실에 올 때마다 하는 말이 있다. 만약 내가 그녀를 힘들게 하더라도 아내에게 불만이 있어서 그런 것은 아니라는 사실이다. 하지만 분명한 것은 내 앞에 서 있는 아내야말로 변화를 가능하게 하는 유일한 존재다. 그 외에 사무실을 찾는 사람들은 내 도움을 필요로 하는 이들이다. 아내와 나는 상담 환자에 대해 상의할 때도 있으나 이는 지적 흥미를 유발할 뿐 많은 시간을 들일 만한 가치는 없다. 아내가 앞장서서 상황을 변화시키려고 노력할 경우 남편은 반드시 아내와 닮아간다는 사실에는 예외가 없다. 변화는 변화를 부른다. 부부 중 어느 한쪽이 먼저 변화를 시작하면 상대방도 함께 변화하기 시작한다. 남편의 꽁무니를 좇는다는 기분은 사라진다.

물론 예외도 있다. 극소수의 남자는 아내가 아무리 노력을 해도 외도를 한다. 그럴 경우 결정은 당신의 몫이다. 또 세상에는 폭력적인 남자, 정신적으로 문제가 있는 남자, 또 해만 끼치는 남자들이 있다. 그들은 여성을 경멸할 뿐이다. 여성들은 자신을 그들로부터 보호해야 한다.

하지만 당신의 남편은 사랑하고 사랑받기를 원하는 평범한 남자일

가능성이 훨씬 크다. 빠른 시일 안에 큰 변화가 일어날 수 있다. 책에 있는 제안들을 꾸준히 지키고 집중하면 경쾌한 메시지가 들릴 것이다.

"결혼이 우선이에요. 우리는 서로 사랑하고 흔들림 없는 즐거운 결혼 생활을 할 거예요."

| 부록 1 |

상담 치료의 효과

내 친구 마리아(가명)는 남편 롤프(가명)의 외도 사실을 알아차렸다. 서류 가방에서 발견한 편지 때문이었다. 남편은 줄기차게 부인했지만 명백한 증거 앞에서는 마침내 힘을 잃었다. 롤프가 상담 치료를 제안했을 때 마리아는 단번에 거절했다. "물어보나마나 도움이 필요한 건 남편이에요. 맹세를 깬 사람은 바로 남편이에요. 내가 왜 남편이 시키는 대로 해야 하죠?" 마리아는 말했다.

롤프는 혼자 여섯 차례에 걸쳐 상담 치료를 받았다. 그즈음 롤프는 아내에게 같이 가자고 제안했지만 그녀는 또다시 거절했다. 마리아는 우리 부부에게 속내를 털어놓았다. 그녀는 남편에게 아직 진심 어린 후회의 말을 듣지 못했다고 했다. 또 남편의 처지를 이해하고 그를 외도로 내몬 결혼의 문제를 헤아리라는 상담사의 충고는 듣지 않을 작정이라 했다.

마리아는 결혼 상담은 그저 그런 얘기들을 하는 것이며 상담사들은 으레 외도를 실패한 결혼의 한 증상으로 설명한다고 믿었다. 그녀의 말이 전혀 근거가 없는 것은 아니다. 물론 외도가 실패한 결혼의 한 징후라 하더라도 이는 여전히 그릇된 행동이며 변명이나 설명으로 잊어버릴 수 있는 문제가 아니다. 외도는 그 자체만으로 상담 치료의 대상이다. 하지만 마리아는 결혼 문제를 해결하고 외도를 극복할 수 있는 기회를 놓쳐버렸다. 나중에 마리아가 이혼했다는 소식을 전해왔을 때 우리는 그리 놀라지 않았다.

수많은 심리학 이론들에 둘러싸여 있다 보니 심리 치료가 없는 세상은 상상조차 할 수 없다. 나는 한때 모든 종류의 상담은 득이 된다는 믿음을 가진 적이 있었다. 나는 내 생각이 틀렸다는 것을 경험으로 배웠고, 지금은 훌륭한 상담이 득이 된다고 믿는다. 부부는 결혼의 마지막 보루로 결혼 상담사를 찾는다. 결혼 상담이 어떤 다른 상담보다 힘든 이유가 여기에 있다. 배우자는 말한다. "어떻게 해야 할지 모르겠어요. 그가 무슨 짓을 해도 눈에 거슬려요. 음식을 먹을 때도, 말을 할 때도 심지어 그의 숨소리도 참을 수가 없어요." 그러면 사람들은 상담사가 마법 가루를 뿌린 뒤(실제로 어떤 상담사가 가루를 뿌린다고 들은 적이 있다) 약 50분이 지나거나 혹은 길게는 두 번의 상담이 끝나면 모두가 기분이 좋아지고 그리하여 일주일의 168시간 중 한 시간 치료를 받아 모든 문제를 치유해야 한다고 생각한다. 이 단계에 이른 결혼에서는 정체란 없다. 제자리를 찾든 실패하든 둘 중 하나다. 여기에 외도가 더해지면 적의와 적나라한 책임 회피는 피할 수 없다.

상담은 처음 시작할 때부터 난해하다. 이런 경우가 비일비재하기 때문에 나는 처음 몇 주 동안은 반나절이나 하루를 통째로 할애하기로 환자가 약속하지 않으면 상담을 시작하지 않는다. 성공적인 상담을 위해서는 전체적인 골조를 잡아야 하고 여유 있고 편안하게 많은 얘기들을 할 수 있어야 한다. 불만으로 가득 찬 부부들은 결혼이 상담 치료를 통해 일그러진 결혼이 얼마나 빠르게 복구될 수 있는지 스스로 체험하기도 한다.

하지만 상담 치료에는 정석이 없기 때문에 사람들은 실질적인 상담 치료의 결과를 궁금해한다. 몇 쌍의 부부가 실제로 상담 치료의 도움을 받고자 했을까? 또 실제로 도움을 받은 부부가 몇 쌍이나 될까? 때로 사람들은 결혼 상담사에게 성공률에 관해 묻는다. 그들은 상담사가 따로 자신의 득점표에 기록을 한다고 생각하는 것 같다. 나는 아직까지 "도움을 받은 부부보다는 엉망이 된 부부가 더 많아요"라고 말하는 결혼 상담사를 만나보지 못했다. 내가 상담 치료에 대한 태도를 바꾼 이유는 상담 치료를 최후의 보루로 여기는 부부들을 통해 배운 바가 있기 때문이다. 그들은 일단 상담 치료를 통해 문제가 해결되지 않으면 이혼을 한다. 만약 그들이 상담 치료를 받지 않았더라면 다른 방법을 찾느라 함께하지 않았을까?

상담 치료는 효과가 있을까?

외도에 대한 조사를 하며 나 자신을 다시 돌아봐야 했다. 나는 외도남과 상담 치료에 대해 내가 배웠던 것을 신뢰할 수 없었다. 우리는 사람들이 외도를 한 후에 대부분 어떤 형태로든 상담 치료를 받을 거라고 생각한다. 하지만 절대 그렇지 않다. 83퍼센트의 외도남은 한 번도 상담 치료를 받지 않는다. 무슨 일이 일어났냐고? 대개의 경우 외도에 대해 심각하게 논의하지 않는 것이 보통이다.

당혹스러운 것은 외도 후에 여러 치료법을 선택할 때에도 상담 치료는 제외된다는 것이다. 평생 상담 치료를 받지 않은 남자 중에 70퍼센트는 상담 치료가 무엇인지도 모른다. 불행하게도 23퍼센트의 남편들은 아내에게 상담 치료를 제안했지만 거절당했다. 아내가 먼저 상담 치료를 제안했으나 남편이 거절한 경우는 7퍼센트에 불과했다. 위기에 놓인 부부를 돕고 외도를 치료하는 상담사의 능력에 문제가 있는 걸까? 아니면 부부들이 너무 허망하고 화가 나 상담 치료를 고려할 여유마저 없는 걸까? 내가 연구한 바에 따르면, 상당수가 시도조차 하지 않는 상황에서 상담 치료의 성패에 대해 명확한 답변을 얻기란 불가능하다.

그렇다면 상담 치료를 받은 17퍼센트의 부부들은? 17퍼센트 중에서 최대 세 번까지 상담 치료를 받은 부부는 10퍼센트, 세 번에서 열 번 상담에 참석한 부부는 6퍼센트이며, 안타깝게도 오직 1퍼센트의 부부만 열 번 이상 치료를 받았다. 이 17퍼센트 중에서 남자 31퍼센트는 치료가 도움이 됐다고 답한 반면, 69퍼센트는 치료가 대체로 도움이 안 되었다고 답했다. 하지만 세 번 이상 상담을 한 남자가 전체의 7퍼센트에 그친 상황에서 이 수치만을 가지고 외도에 대한 상담 치료의 성패를 결론 내리기에는 한계가 있다.

어떤 사람들은 일반적인 상담 치료의 효과가 그리 크지 않기 때문에 사람들이 상담 치료를 재고하지 않는다고 주장할 수 있다. 당신의 결혼을 지키고 싶은가? 내가 터득한 것은 남편이 결혼 상담을 제안한다면 주저하지 말고 따라나서야 한다는 것이다. 마리아처럼 당신에게 화살이 돌아올 것이라고 두려워하지 마라. 만약 그런 일이 발생한다면 상담사에게 당신은 외도를 용납한다는 식으로 말하고 있다고 말해라. 하지만 상담을 받아 굳건한 결혼을 위해 노력하는 모습을 보여라. 그렇다고 남편이 바람을 피운 다음에야 상담을 받으라는 뜻이 아니다. 언제든 남편이 상담을 제안하면 함께 동참해라. 상담을 신뢰하든 불신하든 상담을 회피하면 결혼을 개선할 수 있는 기회를 놓치게 된다.

많은 사람들이 내게 말하길 자신들은 상담을 좋아하지 않거나 혹은 믿지 않는다고 한다. 이들의 피드백을 받아 나는 이렇게 생각하는 사람들의 우려를 처리할 수 있다. 이것이 내가 피드백을 소중히 생각하는 이유다. 그들은 상담사는 그냥 듣기만 하고 기본적으로 모든 사람들의 말에 동의하기 때문에 상담 치료가 도움이 안 된다고 말한다. 그들은 또 상담사들이 확실하거나 부분적인 해결책을 제시하기까지 정해진 시간을 채우려고 상담을 질질 끈다고 했다. 당신이 결혼 상담사에 대해 가지고 있는 이와 같은 고민을 상담사와 상의해라. 그렇게 하면 상담사는 당신에게 필요한 상담을 계획할 수 있다.

나는 종종 부부들에게 헤어질지 말지를 결정하기 이전에 석 달 동안 집중 상담 치료를 받으라고 권한다. 그렇지 않으면 그들의 삶이 마치 압력솥처럼 되지 않을까 염려되기 때문이다. 그들은 단 한 번 상담한 것을 기준으로 계속 부부로 지내야 할지 말아야 할지를 고민한다. 위기에 처한 부부들에게 도움을 주기 위해 훈련을 받은 수많은 사람들이 있다. 하지만 93퍼센트가 상담 치료를 받지 않거나 세 번 참석한 것으로 그치면 그들은 도움을 줄 수가 없다.

상담 치료에 대한 충실남의 자료는 상당히 흥미롭다. 외도남과 견주어 충실남들은 상담 치료에 적극적이었다. 대부분의 충실남은 결혼에 문제가 없기 때문에 상담이 필요하지 않았다고 대답했고, 충실남의 25퍼센트는 때때로 결혼에 문제가 생겨 상담 치료를 받으러 갔다고 했다. 외도남의 17퍼센트와는 아주 큰 차이가 있다. 가장 놀라운 사실은 상담에 참가한 25퍼센트의 충실남 중에서 56퍼센트는 상담 치료가 도움이 되었다고 답했으며, 44퍼센트는 치료가 별 도움이 안 되었다고 답했다. 치료가 도움이 되었다고 인정한 충실남의 수치는 외도남과 견주어 25퍼센트가 더 높다. 44퍼센트의 충실남은 결코 상담에 대해 진지하게 생각해본 적이 없다고 답했는데 외도남의 70퍼센트에 견주어 상당히 낮은 수치다.

충실남이 지속적인 상담 치료와 더불어 외도를 하지 않을 경우 상담 치료가 더 효과적이라고 볼 수 있는데, 이는 그들이 계속 충실남으로 남아 있다는 사실로도 확인이 된다. 결혼이 실패하고 있다고 느껴질 때 상담 치료를 받아야 한다. 잃는 것보다는 얻는 것이 훨씬 많다. 상담 치료란 정신이 온전치 못한 사람들과 특별한 문제를 가진 사람만 받는 것이라는 편견 때문에 상황이 악화될 때까지 기다리지 마라. 또한 치료사는 당신을 꿰뚫어보거나 당신이 밝히고 싶지 않은 것을 밝혀내는 주술사가 아니라는 것도 명심해라.

상담 치료의 효과를 최대화하는 법

사람들은 결혼이나 외도를 전문으로 다루는 상담사가 있다고 생각한다. 당신이 무엇을 바라는지 확실히 할 필요가 있다. 종종 상담사들은 한 가지 분야에 많은 경험을 쌓으면 자신을 그 분야의 전문가라고 생각한다. 이는 어떻게 정의하느냐에 달렸다. 미국의 몇몇 주에 결혼과 가족 상담 학위가 있지만 다른 학위와 별 차이가 없다. 이 학위들은 다른 상담사 과정과 과목만 약간 다를 뿐이다. 이 학위 역시 많은 실습 과목을 이수해야 한다. 내가 받은 교육과 다르기 때문에 허풍을 떨지는 않겠다.

이름 뒤에 붙는 그 글자들은 도대체 무엇일까? 심리학 박사 학위를 가진 심리학자들이 있는데, 그들은 이름 뒤에 PhD나 PsyD라는 약어를 붙인다. 그 다음 정신과 의사들이 있는데, 그들은 인간의 뇌를 전공한 의학 박사들로 약을 처방할 수 있는 이들이다. 많은 정신과 의사들은 결혼 상담에 대해 아주 조금 훈련을 받았을 수도 있다는 사실을 기억해라. 정신과 의사일 경우, 결혼 상담 교육을 충분히 받았는지 잘 알아보는 것이 좋다.

어딘지 미심쩍거나 불편한 구석이 있는 뉴에이지 기술을 사용하는 상담사는 조심해야 한다. 예를 들어 상담의 일환으로 환자에게 자신의 집을 페인트칠하도록 시키는 비윤리적인 행동을 하는 상담사도 있다. 만약 의심이 들거나 일반적이지 않다면 당신에게 맞지 않는 것이다.

추천받기

당신을 아는 사람에게 상담사를 추천받는 것이 가장 좋다. 결혼에 문제가 있어 상담 치료를 받은 부부에게 추천을 받는다면 더할 나위 없이 좋다. 당신의 담당 의사에게도 자문을 구할 수 있다. 아주 가까운 사이라면 시어머니에게 추천을 받는 것도 나쁘지 않다.

질문법

상담사와 전화로 혹은 직접 만나서 대화를 나눌 경우 스스럼없이 이것저것 질문해서 편안한 분위기를 만드는 것이 좋다. 하지만 처음부터 당신에게 딱 맞는 상담사를 찾고 싶다면 당신이 원하는 답변을 내비치는 질문을 하지 마라. 많은 사람들이 자신이 듣고 싶은 답을 은연중에 말한다. 그러면 훈련된 청자인 상담사는 먼저 당신의 마음을 편안하게 만든 뒤 당신이 필요로 하는 답변을 건네고 당신의 의견을 지지할 것이다.

먼저 상담사를 확인하고 그 다음 앞으로 편안하게 치료를 받을 수 있을지 없을지를 확인해야 한다. "남편의 외도를 어떻게 받아들여야 하나요? 제 말은 결혼 생활이 행복하지 않았기 때문에 일어난 결과라는 말은 듣고 싶지 않아요." 혹은 "바람을 피웠으니까 그의 자유를 제한해야 한다고 생각하지 않으세요? 그렇지 않고 어떻게 남편을 다시 신뢰할 수 있겠어요?"라는 말 속에서 상담사는 이미 질문의 답을 얻는다. 상담사는 외도는 잘못이며 치료받아야 한다는 말로 당신을 안심시킬 것이다.

놀랍게도 남편이 전화를 걸어 "상담이 주로 외도에만 집중되어 있나요? 저는 우리 결혼 문제와 제가 왜 외도를 했는지 근본적인 이유를 밝혀줄 전문가가 필요해요"라고 말한다. 그러면 상담사는 자연스레 문제를 외도에 집중시켜 남편의 처지에서 그가 듣고 싶어하는 말을 한다. 이미 서너 번 상담을 해서 많은 얘기를 나누었는데 그때서야 상담사와 당신의 목적이 다르고, 상담사가 당신이 기대하는 만큼 자신의 문제에 세심한 배려를 하지 않는다는 사실을 알게 된다면? 여기서는 외도를 예로 들었지만 외도가 아닌 다른 문제로 상담 치료를 받을 때 알맞은 치료사를 찾기란 더욱 어렵다.

당신이 원하는 방향으로 상담이 진행되어야 한다는 뜻이 아니다. 다만 문제 해결을 위해서는 당신과 교감을 나눌 수 있는 치료사를 찾아야 한다는 것이다. 문제에 대한 당신의 의견을 상담사가 눈치 채지 않도록 간단히 질문만 하고 상담사의 답변을 주의해서 들어라. 이렇게 하면 시간 낭비를 줄일 수 있을 뿐 아니라 상담사에게 화를 낼 일도 없다. 일단 상담이 시작되면 상담사가 태도를 바꾼다고 느끼는 경우가 있기 때문이다.

목표를 정해라

가장 중요한 것은 상담하는 첫날부터 명확히 말하는 것이다. 이 상담사는 나에게 어떤 도움을 줄까? 상담사는 실제적인 결과를 얻기까지 시간이 얼마나 필요하다고 하는가? 이 질문에 답변하기까지 한 번 혹은 두 번 정도 상담을 받아야 할 수도 있다. 하지만 당신이 가고 있는 방향이 명확하다고 생각되면 훨씬 기분이 좋아질 것이다. 상담사는 당신에게 문제에 대처할 방법을 알려주고 있는가? 상담사는 당신이 가진 문제를 충분한 시간을 두고 논의하는가? 또 부부가 그 문제에 대처하도록 도와주고 있는가?

첫 번째 상담

나는 상담을 시작할 때 대개의 경우 부부가 함께 첫 번째 상담에 참석하도록 요청한다. 부부와 함께 이야기를 나누어보면 그들을 돕기 위해 내가 할 수 있는 일이 무엇인지 들을 있기 때문이다. 만약 첫 번째 상담에 한 사람만 왔을 경우 나는 나를 두 번째로 본 배우자는 내 목적이 벌써 흔들렸다고 느낀다. 다른 배우자가 첫 번째 상담에 오는 걸 거절했다면 나는 한 사람만을 상담한다. 그러면 나는 배우자에게 둘이 참석했을 때만큼 상담의 효과가 크지 못할 수 있다고 경고한다. 나는 또 처음 상담을 한 후 개별적으로 상담을 하는데, 이는 각자가 전혀 눈치를 보지 않고 아주 솔직하게 얘기할 수 있도록 하기 위해서다.

책에 쓴 것처럼 내면의 목소리를 발견할 수 있는 기회도 마련할 수 있다. 나는 그들이 한 번도 살펴보지 않았던 내면의 목소리들 때문에 자신도 모르게 실수를 하고 있다는 걸 그들의 배우자들이 알 수 있도록 돕고 싶다. 나는 첫 번째 상담에서는 사교 수완을 발휘해 상담을 받으러 온 사람들이 희망을 가지도록 또 상담에서 자신이 너무 제멋대로 굴어 상황이 더 나빠졌다고 화를 내지 않도록 돕는다.

결혼 상담사는 최상의 상태를 유지해야 하며 상황을 통제하고 결혼에 긍정적인 변화를 일으켜야 한다. 만약 당신이 첫 번째 상담을 한 뒤에 화가 나고 통제 불능이고 상담 내용이 대체로 방향이 없다는 느낌을 받는다면 시간을 더 낭비하지 말고 다른 상담사를 찾아야 한다. 당신에게 맞는 상담사는 첫 번째 상담을 해보면 알 수 있다.

| 부록 2 |

외도, 그 후

우리는 외도에 흔들리지 않는 결혼 생활을 할 수 있는 방법을 배웠다. 하지만 이 책을 읽는 바로 지금 이미 외도로 고통받고 있다면? 시중에는 배우자가 외도를 했을 때 대처하는 방법을 집중적으로 다룬 책들이 즐비하다. 하지만 나는 당신과 배우자가 놓쳐서는 안 되는 꼭 필요한 부분만을 뽑아 간략히 다루고자 한다.

나는 이 책에서 여성 독자를 주요 대상으로 해서 행복하고 건강한 결혼 생활을 하기 위해 그들이 앞장서서 할 수 있는 일에는 어떤 것이 있는지를 설명했다. 하지만 이와 달리 일단 남편이 외도를 했다면 결혼을 재건하고자 하는 남편의 노력 없이 외도는 치유될 수 없다. 이 단계에서 남편이 영원한 충실남이 될 확률은 그의 노력 여하에 달려 있다. 남편이 중년의 위기라는 핑계를 대며 책임을 떠넘기거나 사과하는 것으로 얼렁뚱땅 넘어가려 한다면 조심해야 한다. 이는 위험한 각본이다. 대부분의 남자들이 외도를 하는데 나는 왜 안 되냐며 따지거나 혹은 당신에게 불만이 있는데 당연한 결과가 아니냐며 자신을 정당화한다면 이는 더 위험하다. 그렇다면 결혼이 치유되거나 남편이 영원한 충실남이 될 확률은 아예 없다는 뜻일까? 완전히 불가능하지는 않다. 나는 우리 부부에게 앞에 든 예와 같은 최악의 경우가 발생하지 않기를 바란다. 당신도 물론 나와 같은 마음일 것이다.

이혼을 하느냐 참느냐

이것만은 명심하자. 당신의 결정으로 인한 결과를 짊어지고 살아야 할 사람은 당신과 아이들이다. 부모도 친구도 아니다. 오직 당신만이 남편 옆에 머물지 떠날지를 결정할 수 있다. 아무도 당신의 결정을 판단할 수 없다. 만약 남편이 외도한 사실을 알고도 결혼을 계속 유지하길 원한다면 당신은 여전히 남편 옆에 머무를 권리가 있다. 당신은 시간을 갖고 아이들을 위해 문제가 개선되는지 지켜볼 수 있다. 하지만 모든 것이 엉망인데도 괜찮다고 말하지 마라. 만약 남편이 확실히 변화할 것이라는 확신이 없다면 당신의 마음과 영혼을 위험에 빠트리지 마라.

만약 당신이 원한다면 결혼을 유지할 수 있다. 하지만 만약 당신이 남편에게 자신의 약한 모습을 보이고 남편이 당신에게 신뢰할 만한 이유를 말하지 않는다면 당신은 아주 유해한 행동을 하고 있다. 내면의 소리 인식법을 이용해 즉시 자신을 살펴보아야 한다. 이 책에 있는 모든 것을 실행에 옮기고, 남편이 폭력적이거나 현재 바람을 피우고 있다면 상황을 냉철하게 판단해야 한다. 당신 자신과 아이들을 보살피고 상담사를 찾아라. 당신은 충분히 그럴 자격이 있다.

외도한 남편을 둔 아내에게 내가 가장 하고픈 제안은 전문가의 도움을 받으라는 것이다. 외도에 대한 우리의 감성은 지극히 변덕스러워 훈련을 받고 객관성을 지닌 제3자의 도움을 받지 않고 외도를 제대로 논의하고 극복하기 어렵다. 다음에 이어지는 지침은 심리 치료 대용이 아니라 부부 관계를 다시 만드는 데 도움을 주는 내용이다. 배우자가 외도를 했을 경우 결혼을 제대로 치유하기 위해서는 다음의 두 가지 핵심 요소가 반드시 선행되어야 한다.

1. **후회하는 배우자.** 바람을 피운 배우자가 잘못을 인정하지 않으면 결혼 생활을 계속할 의미가 없다. 자신의 잘못을 전혀 반성하지 않는 배우자에게 어떻게 마음을 열 수 있겠는가? "결혼이 정말 끔찍했어요"라고 배우자가 말한다. 그렇다면 상담사나 성직자를 찾아가 도움을 구하거나 먼저 이혼을 했어야 했다. 그렇게만 했어도 사정은 완전히 달라졌을 것이다. 하지만 자신의 이기적인 탐닉을 인정하지 않고 외도의 원인을 다른 곳으로 돌리려 할 때 신뢰는 무너지고 당신은 경

계를 풀지 못한다.

2. 끝이라는 확신. 남편이 여전히 다른 여자를 만나고 있다면 고통은 치유될 수 없다. 마찬가지로 남편은 자신의 잘못을 뉘우치고 다시 가정으로 돌아올 수도 없다. 먼저 외도한 남편이 가정으로 돌아올 동기를 찾도록 도와야 한다. 그런데 이는 간단하지 않다. 많은 남자들이 다른 여자와 사랑에 빠진다. 비록 아내와 다시 한 번 잘해보고 싶어도 그들에게 다른 여자가 필요하다면 진전은 없다. 만약 정부와 아직 헤어지지 않았다면 그는 결혼을 위해 흔쾌히 그녀와 헤어질 수도 있다. 하지만 남편이 정부와 이별한 것을 슬퍼할 수 있다. 이는 이미 고통을 감내하고 있는 아내에게 지속적으로 외도 사실을 상기시킬 수 있다. 하지만 관계가 완전히 정리되었고 남편이 진심으로 후회한다면 자신의 슬픔은 뒤로 하고 남편에게 시간을 줘야 한다.

하지만 조금이라도 다른 여자와 연루되어 있다면? 여전히 전화를 한다거나 직장에서 프로젝트를 함께 맡고 있다거나 또 단둘이 시간을 보낸다면 이는 끝이 아니다. 나는 상담하러 오는 모든 아내들에게 남편이 바람을 피웠던 여자와 어떤 식으로든 연루되어 있는 경우에는 남편과 교감하기 위해 노력하라고 말하지 않는다. 남편이 확실하게 희생하지 않는데 어떻게 아내에게 장애물을 넘고 희망과 신뢰를 가지라고 할 수 있겠는가? 그런 상황에서 부부를 위한 길 안내는 불가능하다. 외도는 육체, 감성, 섹스의 모든 면에서 끝나야 한다.

남편들에게

1. 사과해라. 누군가를 다치게 했을 때 관계를 개선하기 위해서는 다친 사람에게 진심 어린 사과를 해야 한다. 당신의 자존심은 설 곳이 없다. 자신의 실수를 변명하려고 하지 마라. "당신이 다정했다면, 좀 더 관심을 가졌더라면 이런 일은 일어나지 않았을 거야"와 같은 말은 피해라. 당신의 의견이 전혀 타당성이 없다는 뜻이 아니다. 당신은 바람을 피웠고 아내에게 배신과 고통을 준 것에 대해서 변명이란 있을 수 없다.

실제로 배우자가 잘못된 행동을 했다면 대화나 상담 치료를 통해 바로잡는 것도 결혼 서약의 일부다. 결혼을 했는데 또 다른 섹스 상대를 두겠다고 결정을 내린 그 순간 당신은 잘못을 범한 것이다. 결혼 생활에 큰 문제가 있다면 그 문제를 처리하는 것도 역시 당신의 책임이다. 만약 이혼밖에 다른 선택이 없다고 생각하면 헤어질 때까지 그리고 당신의 배우자 역시 결혼이 끝났다는 걸 확실히 할 때까지 기다려야 한다. 그러면 당신은 즉시 다른 사람과 관계를 맺을 수 있다. 하지만 결혼을 다시 재건하기 위해 당신에게 어떤 변화가 필요한지 의논할 기회가 있으니 안심해라. 그 얘기는 나중에 따로 논의할 것이다. 당신이 진심으로 사과하고 당신의 실수를 인정할 때 결혼은 다시 설 수 있다.

2. 적극적으로 들어라. 아내는 자신의 고통을 하소연할 자격이 있다. 설사 당신이 뼛속까지 후회한다고 해도 아내는 당시의 상황이 얼마나 끔찍했고 또 지금도 여전히 힘들다고 얘기할 수 있다. 아내의 얘기를 듣기가 힘들 수 있다. 왜냐하면 얘기를 듣는 당신은 슬퍼질 것이고 또 마땅히 슬퍼져야 하기 때문이다. 아내의 말을 집중해서 듣고 공감하려고 노력해라. 당신 자신의 아픈 감정은 잠시 잊어라. 아내의 감정을 이해하고 아내가 외도를 했을 경우 자신도 같은 기분이었을 거라는 마음을 배우자에게 전해라.

3. 외도에 대해 얘기해라. 아내는 분명 외도에 대해 갖가지 질문을 할 것이다. 어떻게 외도를 시작하게 되었는지 등과 같은 몇 가지 질문에 대해서는 자세하게 대답해야 한다. 하지만 당신과 아내에게 도움이 되는 정도에서 멈춰야 한다. 앞에서도 얘기했듯이 너무 많은 얘기를 하면 오히려 역효과가 생길 수 있다. 아내가 당신을 믿을 수 있도록 아내의 질문에 진실하게 답해야 한다.

4. 삶의 방식을 바꿔라. "다시는 안 그럴게"라는 말만으로는 부족하다. 아내에게는 말로 하는 약속 이상의 것이 필요하다. 부부가 함께 외도의 원인과 예방책을 많이 고민해야 한다. 당신은 마치 부모의 감시를 받는 십 대가 된 것 같은 기분이 들 수 있다. 하지만 아내와 신뢰를

쌓기 위해서 그 정도의 규제는 필요하다. 아내가 당신을 두고 바람을 피웠다면 당신은 어떻게 하겠는가? 대부분의 남자가 가까이에서 감시를 할 거라고 말한다. 당신의 아내도 마찬가지다.

당신이 어디에 있는지 무엇을 하는지 또 언제 집에 들어오고 왜 늦는지 속속들이 알고 있어야 한다. 다시 아내의 마음이 열리려면 앞으로 다시는 외도를 하지 않을 것이라는 믿음이 필요하다. "한 번의 외도는 남편 망신. 두 번의 외도는 내 망신"이라는 격언을 잊지 마라. 외도를 했어도 아내가 곧바로 예전처럼 당신을 신뢰할 수 있을 거라는 기대는 부당한 것이다.

5. 당신이 바라는 아내의 변화에 대해 얘기해라. 아내와 여러 가지 문제가 있는데 이 문제들이 외도의 원인이 되었다고 생각한다면? 외도를 합리화하기 위해 아내가 변화해야 한다고 주장하지 마라. 하지만 아내에게 솔직하게 갈등을 일으키는 문제들을 의논할 필요는 있다. 다시 한 번 말하지만 진심으로 사과하고 아내의 고통을 진심으로 공감한 후 이 문제들을 처리해야 한다.

6. 외도와 직접 관련이 없는 부분도 바꿔라. 아내가 당신의 외도 사실을 알고도 감춰주었던 가장 친한 친구와 관계를 끊으라고 요구한다. 당신은 친구와는 아무 관련이 없다고 생각한다. 내 연구 결과에 따르면, 외

도남이 충실남이 아닌 외도남을 가까운 친구로 두었을 확률은 충실남이 외도남을 친구로 둘 확률보다 월등히 높다. 아내의 요구에 동의를 하든 하지 않든 아내가 당신을 다시 신뢰할 수 있도록 아내의 말을 유의해서 듣고 변화를 모색해야 한다. 당신이 변화를 꺼리면 아내는 당신이 진심으로 잘못을 뉘우치지 않았다고 생각할 것이다. 아내의 요구가 부적절하다고 생각된다면? 예를 들어 아내가 가족 중 누구와도 말하지 말라는 등의 요구를 하는 경우 상담사와 의논하는 것이 좋다.

7. 치료 기간이 길어도 최선을 다하라. 많은 외도남들은 단 몇 주 후에 아내의 고통이 덜해지고 걱정을 하지 않을 것이라고 생각한다. 당신은 마음속으로 다시는 외도를 하지 않을 거라고 다짐하지만 오랫동안 당신의 행동을 보는 것 외에는 아내가 당신의 마음을 알 도리가 없다. 아내는 보통 1년 정도 당신을 면밀히 관찰할 권리가 있다. 아내가 외도를 했던 배우자를 다시 신뢰하기까지 많은 시간이 걸린다. 어떤 경우에는 남편이 늦게 집에 돌아와도 외도를 의심하지 않게 되기까지 몇 년이 걸리기도 한다. 아내는 확신해야 한다. 이를 존중해라.

8. 사랑을 통해서만 아내의 신뢰를 다시 얻을 수 있다. 아내와 교감하고자 하는 또 아내의 친구이자 연인이 되고자 하는 당신의 열망을 느낄 때 아내는 치유되고 다시 당신을 신뢰할 수 있다. 결혼 관련 서적을 많

이 읽고 이 부분에 대해 아내와 의논해라. 결혼 전문가가 되라. 그리하여 아내에게 당신은 가깝고 교감을 나누는 부부 관계를 열망하고 있다는 것을 보여줘라. 이러한 태도가 최선이다.

거짓말은 또 다른 거짓말을 낳을까?

거짓말이 가능해지면 이를 기초로 거짓말과 외도가 더 쉬워진다는 건 두말할 것 없이 확실하다. 당신은 "만약 남편이 바람을 피울 생각이면 그는 그렇게 할 거야. 그리고 남편이 지난밤에 내가 너무 싫어하는 그 친구와 있었는지 아닌지 솔직히 얘기한다고 해서 달라질 건 없어"라고 생각할지도 모른다. 틀렸다. 조사 결과에 따르면, 남자들은 외도를 후회한다는 사실을 기억해라. 그들은 어떤 상황에서든 외도를 할 나쁜 남자들이 아니다. 88퍼센트는 만약 결혼 생활이 달랐더라면 외도하지 않았을 거라고 주장했다. 다시 한 번 말하지만 남자 역시 그 변화의 일부분이었어야 했다.

거짓말, 기만 그리고 잘못된 정보를 바로잡지 않으면 역겨운 거짓말과 기만을 더욱 부채질한다. 결혼을 기만의 온상으로 만들지 않기 위해 거짓말은 절대 안 된다는 규칙을 만들어라. 이는 우리 모두에게 힘든 일이다. 왜냐하면 우리는 모두 거짓말을 하기 때문이다. 아내가 옷을 입었을 때 어떻게 보이냐고 물으면 남편은 무조건 "멋지다고" 말하는 게 낫다. 그렇지 않으면 며칠 동안 괴롭다. 우리는 어디까지 선을 그

어야 할까? 스스로 생각해봐라. 그리고 아래 항목들을 적어보자.

- 감수할 수 있는 거짓말 :
- 감수할 수 없는 거짓말 :

나는 부부들에게 내가 '액션인액션Action/Inaction 정직'이라고 부르는 규칙을 사용하도록 한다. 이 규칙을 적용하면 최소한 액션인액션에 대해서만은 완벽하게 정직할 수 있다. 만약 당신이 남편에게 보증금을 냈냐고 물었는데 그가 하지 않았다면 그것은 인액션이다. 물론 남편은 아내에게 정직해야 한다. 만약 당신이 같이 어울리지 말라고 부탁했던 친구와 외출했냐고 묻는다면 남편은 정직하게 그랬다고 대답해야 한다. 그것은 액션을 행동으로 옮긴 것이다.

또 질문을 받지 않더라도 상대방이 신경 쓴다는 걸 안다면 알아서 액션과 인액션을 해야 한다. 그래서 비록 당신에게 남편이 친구와 시간을 보냈는지 전혀 알 길이 없을지라도 남편은 당신에게 솔직하게 얘기해야 한다. 문제를 비밀로 덮어두기보다는 함께 공유하고 해결한다는 이 개념은 당신의 결혼이 진실할 수 있도록 돕는다. 만약 남편이 나체 여성이 있는 총각 파티에 참석했다든가 섹스를 제안하는 메시지를 받았다면 이 사실들은 어떤 상황에서도 숨겨져서는 안 된다. 진실은 마주하기 어려운 만큼 현실 왜곡을 넘어서 근본적인 문제를 해결할 수 있는 기회가 될 수 있다. 만약 당신이 생각하기에 남편의 친구가 인간의 형상을 한 악마이고 남편에게 위험하다고 느껴지면 행동에 나서라. 상황이 늘 원하는 대로 가지 않는다는 사실을 받아들여야 할 때도 있다. 하지만 적어도 당신은 진실을 알게 되고 원하는 대로 그것을 처리할 수 있다. 그리고 액션인액션 규칙은 당신에게도 똑같이 적용해야 한다.

이 규칙은 의견을 기초로 한 거짓말을 용납한다. "나 어때요?", "섹스가 좋았어요?", "우리 엄마를 어떻게 생각해요?"와 같은 정직하게 대답해야 하는 질문들은 때로 현실에서는 거짓말이어도 좋은 말로 얼버무리는 것이 더 현명할 수도 있다. 이런 종류의 거짓말은 악의가 있는 거짓말과는 뚜렷이 구별된다. 자신의 의견을 거짓으로 말할 때는 악의가 있는 거짓말을 할 때처럼 현실을 왜곡하지 않는다.

또 이 규칙에 예외가 있을 수 있는데, 오직 의견에 대한 질문에 관해서 대답하지 않을 수 있다는 것이다. "나는 당신 엄마에 대해 내 의견을 말하고 싶지 않아. 나는 그녀에게 친절할 거야. 그리고 그렇게 하는 것이 우리에게 이로워……." 만약 남편의 솔직한 의견이 듣고 싶지 않다면 옷에 대해 묻지 않는 편이 좋다. 그보다는 어떤 옷을 남편이 좋아하는지 묻는게 좋다. 혹 칭찬이 듣고 싶다면 노골적으로 말해라. "저녁에 외출하려고 옷을 차려입었을 때 내가 멋져 보인다고 당신이 칭찬해 줄 때가 정말 좋아요."

내 연구에 따르면, 남편들은 증거를 코앞에 갖다 대지 않는 이상 외도를 인정하지 않으려고 하는 경향이 강하다. 부부는 서로 정직하려고 노력하는 것이 중요하다. 이는 외도의 확률을 줄이고 남편이 감성적으로나 혹은 육체적으로 멀어지는지 빨리 알아차릴 수 있다. 또, 남편의 불만족이나 거짓 행동을 더 일찍 발견할 수 있도록 돕는 한편, 복구할 수 없는 피해를 피하도록 한다. 당신은 남편이 진실을 말하는지 가늠할 수 있게 된다. 실질적인 문제에 대해 거짓말을 잘하지 못하는 남편은 거짓말에 서툴기 때문이다. 남편은 당신이 화를 내더라도 당신 앞에서 정직할 수 있다는 사실에 익숙해진다. 그는 외도의 전조가 될 수 있는 행동을 했을 때 얼른 당신에게 의논하러 다가온다. 이로써 당신은 그의 삶에 어떤 일이 벌어지고 있는지 알 수 있고 이로써 부부는 손을 쓸 수 없을 때까지 기다리는 대신 함께 문제를 처리할 수 있다.

♥♥ 패트리샤의 이야기 ♥♥

: 거짓말은 절대 안 된다고?

패트리샤는 거짓말은 절대 안 된다는 규칙이 별로 내키지 않았다. 패트리샤는 이 규칙이 유치하고 비현실적이라고 생각했다. 그녀는 남편의 지나치게 정직한 성향이 약간 멍청하다고까지 생각했다. 나는 패트리샤에게 내면의 목소리 인식법을 권해보았다.

유년의 목소리 : 패트리샤는 부모님이 정직한 분들이라고 생각했다.

동시에 패트리샤의 어머니는 물건 값을 곧이곧대로 아버지에게 말하지 말라고 그녀에게 수도 없이 당부했다. 부모님은 매주 일요일에 아버지가 수표장의 잔액을 맞출 때마다 부부 싸움을 했기 때문이다. 패트리샤는 늘 엄마를 위해 거짓말을 했는데, 특히 할머니에게 전화로 선의의 거짓말을 했다. "엄마 지금 집에 없어요", "엄마는 샤워 중이에요", "엄마가 머리가 아파요."

패트리샤는 엄마가 식료품점에서 빨리 나가라고 자신을 다그쳤던 사건을 떠올리고는 크게 웃었다. 패트리샤가 일곱 살이었을 때 엄마가 물건을 훔친 줄 알고 차에서 울었다. 엄마는 그녀에게 그 이유를 설명했다. 엄마는 상점에 있던 어떤 친구한테 들키고 싶지 않았다. 엄마는 그날 아침 그 친구에게 몸 상태가 좋지 않아 점심 약속에 못 나가겠다고 둘러댔기 때문이다.

주변의 목소리 : 패트리샤는 그녀의 친구들이 꽤 정직하다고 생각했다. 패트리샤는 그들이 일부러 그랬다고는 생각하지 않았지만, 그들이 몰래 다른 친구를 험담하고 험담했던 사람 앞에서는 아무 일도 없는 척 행동하는 것을 좋아하지 않았다. 그녀의 여동생은 이런 일을 하는 데 여왕이었다. 여동생은 패트리샤에게 어떤 여자를 심하게 흉본 뒤 어느 날 그 여자를 점심에 초대했다. 패트리샤는 전날 전화로 마구 헐뜯었던 그 여자에게 여동생이 어떻게 그렇게 다정하게 대

할 수 있는지 이해할 수 없었다.

가족의 목소리 : 패트리샤는 남편이 고지식하다고 생각했다. 그는 세금 신고를 거짓으로 하는 것을 질색했다. 그는 자신을 자랑스러워했고 거짓말하는 것이 더 쉬웠지만 그렇게 하지 않았다고 여러 번 강조했다. 아이들은 초등학생이었고 사실을 말하는 것이 얼마나 중요한지에 대해 배우고 있었다.

내면의 변화 : 내면의 소리 인식법이 발견한 결과는 이렇다. 패트리샤의 가정이야말로 그녀가 정말로 받아들여야 하는 목소리다. 남편과 아이들은 거짓말은 절대 사절이라는 규칙을 잘 지켰다. 반면에 패트리샤의 유년의 목소리와 가족의 목소리에 따르면, 거짓말은 절대 사절이라는 규칙은 불편하기 짝이 없었다. 패트리샤는 선의의 거짓말은 어느 정도 괜찮다는 과거의 가르침이 거짓말 때문에 결혼을 위험에 빠트릴 만큼 가치가 없다는 사실을 깨달았다.

당신은 어디까지 선의의 거짓말을 허용하는지 확인해보라. 하지만 행동에 대한 거짓말은 한도를 넘어서는 안 된다는 것을 명확히 해라. 이는 결혼의 안전망 역할을 한다.

내면의 소리 인식법

패트리샤는 거짓말은 절대 안 된다는 규칙을 받아들일 준비가 되어 있지 않았다.

- **유년의 목소리** : 패트리샤의 부모는 대체로 정직했지만 선의의 거짓말을 많이 했다.
- **결과** : 작은 일에 대해 거짓말하는 것은 괜찮다.

- **주변의 목소리** : 친구들은 뒤에서 서로에 대해 험담을 했고, 그 사람 앞에서는 모든 것이 훌륭한 척 가장했다.
- **결과** : 친구와 같이 있을 때도 기만적 행동은 정상적이다.

- **가족의 목소리** : 남편은 아주 정직했고 엄격했다. 아이들은 집과 학교에서 정직을 배웠다.
- **결과** : 가끔 지나치다는 생각을 하긴 했지만 남편은 정직함의 긍정적 표상이었다.

- **내면의 변화** : 패트리샤는 내면의 소리 인식법으로 남편의 정직함은 어리석은 것이 아니라는 사실을 받아들였다. 그녀는 무의식적으로 자신이 부모와 친구의 예를 따르고 있었지만 지금은 의식적으로 피하고 있다.

바람 난 남편을 둔 아내의 역할

가장 힘든 일은 당신이 변화해야 할 부분을 밝혀내는 것이다. 믿는 도끼에 발등을 찍혔을 때 우리는 종종 그 도끼를 그냥 내버려두고 그런 일이 일어날 때까지 자신이 무얼 하고 있었는지 의아해한다. 자기 방어 전문가는 당신에게 침략당할 확률을 줄이는 방식으로 삶에 다가서라고 가르친다. 피해자에게 화살을 돌리려는 의도가 아니다. 다시 한 번 말하지만 당신이 피해자일지라도 결혼이 실패로 곪아 터지기 전에 결혼에 어떤 문제가 있었는지 제대로 이해해야 한다. 결혼과는 전혀 상관 없는 이유로 외도를 했다고 답한 12퍼센트의 남자들이 있다는 것을 명심해라. 그들은 상습적인 외도남들이고 이들의 결혼이 치유될 확률은 아주 적다. 하지만 만약 남편이 진심으로 후회하고 있다면 그리고 당신 역시 다시 한 번 시도해보자고 결정을 내렸다면, 자신의 행동을 되돌아보고 더 나은 결혼을 위해 당신이 할 수 있는 일이 무엇인지 알아야 한다.

1. 당신의 결혼이 곪아 터지기 직전이었다는 사실을 받아들여라. 당신이 하지 않았던 것이 있다. 더 나은 결혼을 만들려고 충분히 노력하지 않았다든가 또는 결혼 상담사를 찾아가자고 재촉하지 않았을 수 있다. 이러한 노력을 하지 않은 것이 결혼을 압박한 원인이 되었을 수도 있다.

잠시 남편이 외도한 사실을 잊어라. 가장 좋은 방법은 남편이 당신에게 와서 "우리 헤어져" 라고 말하는 상상을 하는 것이다. 그러면 전문가에게 도움을 구하고 문제를 해결할 방법을 모색하는 일은 부부가 함께 해야 할 일이 된다. 하지만 치료 후에 결혼을 지킬 수 있는 열쇠는 부부가 지속적으로 서로에게 관심을 갖으려고 노력하는 것이다. 이것은 이 시점에서 위험에 빠진 결혼을 구제할 수 있는 유일한 방법이다.

당신은 길을 헤쳐 나가는 것은 남편의 몫이며 당신은 그의 행동에 답할 뿐이라고 자신을 보호할 수도 있다. 하지만 남편은 자신의 노력을 당신이 알아주길 바라고 그렇지 못할 경우 희망을 잃는다. 많은 여성들은 남편의 행동에 답하길 원하지 않는다. 이해가 간다. 만약 남편에게 답할 준비가 안 되었으니 남편의 사랑의 말과 행동을 받아들일 준비가 안 되었다고, 그러니 지금 너무 애쓰지 말라고 남편에게 말해라. 하지만 가능한 빨리 남편의 사랑을 받아들일 수 있도록 준비를 해라. 이를 최우선의 과제로 삼아라. 시간이 촉박하다.

2. 변화에 대비하라. 자신의 결점에 대해 아플 만큼 솔직해져라. 남편의 마음과 요구에 마음을 열고 경청할 준비를 해라. 먼저 남편이 수없이 사과하고 변화하겠다고 다짐해야 한다. 당신의 결점이나 결혼의 문제를 외도의 변명거리로 이용하지 않도록 주지시켜라. 이를 허용하면 남편은 다시 외도할 가능성이 있다.

남편이 자신의 삶의 방식을 바꾸고 또다시 외도하지 않겠다고 다짐

하면 당신도 변화해야 한다. 남편이 변화하기 시작한다면 당신 역시 변화하기 쉽다. 예전의 결혼 생활은 남편뿐 아니라 당신에게도 결점투성이였을 뿐이다. 내가 액션 프로그램에서 했듯이 종이 위에 새롭고 확실한 아이디어를 적어라.

3. 질문을 자제해라. 당신은 분명히 세부적인 내용이 궁금할 것이다. 또 모든 질문에 일일이 답변을 듣기 전까지 불안해하는 것도 당연하다. 어떤 아내들은 질문을 하고 남편에게 답을 듣는 것이 고통을 이겨내는 데 도움이 된다고 주장한다. 하지만 대개의 경우 이는 고통을 연장하고 더 깊은 상처를 줄 뿐이다. 이렇게 하는 것은 끔찍한 장면을 글로 읽는 것과 눈으로 직접 보는 것의 차이와 같다. 세부적인 내용을 알면 알수록 머릿속의 이미지는 선명해지고 이 이미지들은 과거를 떨치고 미래를 향해 나아가려는 당신의 발목을 잡는다.

반면에 꼭 남편으로부터 해답을 얻어야 하는 질문들이 있다. 이 질문들은 미래를 계획하고 다시금 남편을 신뢰할 수 있는 수단이 된다.

- 정부의 이름
- 만난 장소와 방법
- 외도 기간
- 지금 정부와 어떤 식으로든 연루되어 있거나 앞으로 그럴 가능성이 있는지

의 여부

- 외도 사실을 알고 있는 사람이 있는지, 있다면 누구인지
- 어떤 생각으로 외도를 하게 되었는지 등

마지막 사항은 꼭 확인해야 한다. 하지만 당신이 판단을 내리지 말아야 한다는 사실을 명심해라. 남편은 "내 친구들도 해서", "당신이 나한테 너무 화가 나 있어서" 또는 "당신이 나를 미치게 해서"와 같은 부적절한 말을 할 것이다. 하지만 당신은 남편에게 지금 외도를 어떻게 생각하는가가 아니라 외도를 할 당시에 무슨 생각을 하고 있었는지를 질문했다. 즉 당신은 외도를 할 당시 남편이 어떤 생각을 하고 있었는지 알아야 하고 이는 남편을 이해하도록 돕는다.

남편의 첫 번째 답은 이른바 친구들이라는 사람들을 멀리해야 한다고 말하고 있다. 두 번째 답은 남편이 당신의 분노를 대면하기 힘들어 한다는 사실을 말해준다. 기억할 것은 당신의 분노는 그 당시에는 그럴 만한 이유가 있었다는 것을 그리고 당신이 생각하는 만큼 그렇게 나쁘지 않았다는 것이다. 하지만 남편이 그것을 합리화의 방법으로 마음속에 담고 있었다는 사실은 바로 이 점이 당신이 고쳐야 할 부분이라고 지적하고 있다. 세 번째 답변도 마찬가지다. 당신은 남편이 당신이 화를 내도록 몰고 갔거나 당신은 남편을 화나게 만든 적이 없다고 생각할 수도 있다. 핵심은 이 부분을 심각하게 고려해서 장기적으로 적절한

해결책을 찾기 위해 노력해야 한다는 사실이다.

앞으로 부부 사이의 신뢰를 쌓는 데 도움이 될 만한 질문이면 무엇이든 상관없다. 하지만 당신이 답을 듣고 싶어하는 질문 중에 필요없는 질문도 많이 있을 것이다.

- 그 여자와 얼마나 자주 섹스를 했어요?
- 그 여자와 섹스하는 것은 어땠어요?
- 나보다 그 여자와 섹스하는 것이 더 좋았어요?
- 그 여자가 나보다 더 예쁘고 똑똑하고 매력 있어요?
- 그 여자에게는 나한테 없는 뭐가 있나요?

당신이 답을 들을 권리가 없다는 뜻이 아니다. 하지만 이 점을 명심해야 한다. 이 질문에 대한 답변은 당신에게 고통을 줄 가능성이 크고, 어떤 대답도 당신을 기분 좋게 만들 리가 없다. 남편이 진심으로 정직하게 답해줄 경우 당신은 어떤 답을 기대하는가? 섹스가 끔찍했다고? 내내 당신을 머릿속에서 지울 수 없었다고? 그 여자가 끔찍하게 못생겼다고? 남편이 어떤 식으로 답변을 해도 당신은 혼란스러울 것이다.

만약 그가 이미 잘못했다고 인정하고 당신에게 돌아오기로 결정했다면 가능한 빨리 당신과 남편에게 집중해야 한다. 새로운 기억을 만들고 지난 과거를 자세하게 상상하려고 하지 마라. 외도가 아무리 몇

졌더라도 당신의 배우자는 당신을 선택했다. 이 결정 뒤에 가려진 원인은 당신이 바람과는 다를 수 있다. 예를 들어 아이들 때문에 남편이 당신에게 되돌아왔을 수도 있다. 이유가 어찌되었든 간에 당신의 배우자를 다른 여자에게서 끌어낼 만큼 충분히 강했다. 그 이유 중에는 당신과 다시 한 번 잘해보고자 하는 열망도 있다. 세부적인 내용을 더 알면 알수록 당신의 배우자를 사랑하기가 더 힘들어진다. 남편과 섹스를 할 때마다 그가 다른 여자와 섹스를 하는 장면을 머릿속에 그리고 싶은가? 자신에게 관대해져라. 그리고 지금 발등에 떨어진 현실적인 문제를 처리해라.

4. 계속해서 외도를 들먹이지 마라. 남편이 아무리 잘못을 했어도 끊임없이 사과를 해야 한다면 불만에 가득 찰 수밖에 없다. 당신은 진심 어린 사과와 다시는 그런 일이 일어나지 않을 것이라는 확신을 원한다. 하지만 자신의 잘못을 인정하고 사과하고 어떻게 자신의 행동이 남에게 상처를 주었는지 세심하게 배려하기란 쉽지 않다.

당신은 남편이 거듭 사과하길 바란다. 하지만 만약 당신이 계속해서 외도를 들먹인다면 이는 불공평하다. 이런 행동은 변화하려는 남편의 의지를 약하게 만든다. 남편이 외도하면서 했던 행동과 비슷한 행동을 했다든지 하는 타당한 이유가 없다면 계속해서 외도를 들먹이지 마라. 친구들과 외식하는 자리에서 외도 이야기가 나오면 옆구리를 친다거나 빈정거리는 행동은 자제해야 한다.

만약 남편이 다시 외도를 할 낌새가 보이면 즉시 상담을 받아야 한다. 하지만 불쑥불쑥 외도를 들먹이거나 외도를 떠올리게 하는 행동은 부부의 정직한 의사소통을 가로막는다. 당신은 화가 나서 제어할 수가 없었다고 말한다. 자신의 화를 다스릴 수 있도록 노력해야 한다. 그렇지 않으면 결혼은 쳇바퀴를 돌 것이다.

5. 해결하고 다음으로 넘어가라. 마술로 용서를 얻을 수 없다. 용서란 정신의 힘이고, 잘못은 용서하고 배우자와 함께 새 삶을 만들겠다는 마음이다. 만약 남편을 믿을 수 있고 더 나은 결혼을 만들 수 있는 새로운 계획에 만족한다면 당신이 할 일은 과거를 흘려보내는 것이다. 미래를 보고 당신과 배우자가 앞으로 누릴 행복한 결혼 생활을 상상해라.

마지막으로, 때때로 외도 이후에 별거가 필요할 수도 있다. 남편이 사과를 한다고 해서 즉시 남편과 아내로 돌아가야 하는 것은 아니다. 그와 앞으로 나아가기 이전에 남편이 진실로 변화하는지 지켜볼 시간이 필요할 수도 있다. 당신은 남편과 같이 생활하거나 섹스를 하거나 혹은 신체적 접촉을 꺼릴 수도 있다. 외도 중에 안전한 섹스를 했다고 남편이 아무리 주장하더라도 혹시 성병의 위험이 있는지 검사를 꼭 받도록 해라.

하지만 무작정 너무 오래 시간을 끄는 것은 역효과를 낳아 두 사람이 서로에게 냉정해질 수 있다. 주변의 도움을 얻어 계획을 세워라. 그리고 배우자가 가정과 정절을 지키겠다고 확실하게 약속했다면 그와 당신을 위해 승리하는 결혼 생활을 해라.

| 추천 도서 |

Brizendine, Louann, *The Female Brain*(New York: Broadway Books, 2006).

Druckerman, Pamela. *Lust in Translation: The Rules of Infidelity from Tokyo to Tennessee*(New York: Penguin Press, 2007).

Glass, Shirley, and Jean Coppock Staeheli, *Not "Just Friends": Rebuilding Trust and Recovering Your Sanity after Infidelity*(New York: Free Press, 2004).

Gottman, John M., and Nan Silver, *The Seven Principles for Making a Marriage Work: A Practical Guide from the Country's Foremost Relationship Expert*. (New York: Crown Publishers, 1999).

Hillman, Garolynn, *Recovery of Your Self-Esteem: A Guide for Women*(New York: Fireside, 1992).

Juan, Stephen, *The Odd Brain: Mysteries of Our Weird and Wonderful Brains*

Explained(Sydney: HarperCollins Australia, 1999).

Lieberman, David J, *Never Be Lied to Again: How to Get the Truth in 5 minutes or Less in Any Conversation or Situation*(New York: St. Martin's Press, 1999).

Lusterman, Don-David, *Infidelity: A Survival Guide*(New York: MJF Books, 1999).

Miller, Alice, *The Drama of the Gifted Child: The Search for the True Self*(New York: Basic Books, 1997).

Pittmann, Frank, *Private Lies: Infidelity and the Betrayal of Intimacy*(New York:W.W.Norton & Company, 1990).

Webb, Michael, *The RoMANtics Guide: Hundreds of Creative Tips for a Lifetime of Love*(New York: Hyperion, 2000).